통합가치와 사상

다 함께 사는 세상

다 함께 사는 세상

통합가치와 사상

초판 1쇄 인쇄일 2024년 2월 1일
초판 1쇄 발행일 2024년 2월 15일

지은이 조혜리 신민주 신민아
감   수 우광식
펴낸이 양옥매
디자인 송다희 표지혜
교   정 조준경
마케팅 송용호

펴낸곳 도서출판 책과나무
출판등록 제2012-000376
주소 서울특별시 마포구 방울내로 79 이노빌딩 302호
대표전화 02.372.1537   **팩스** 02.372.1538
이메일 booknamu2007@naver.com
홈페이지 www.booknamu.com
ISBN 979-11-6752-422-5 (03300)

통합가치와 사상

다 함께 사는 세상

조혜리 * 신민주 * 신민아

 책나무

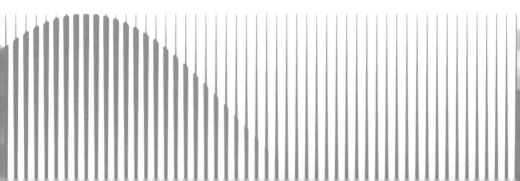

　서평을 요청받고 많이 망설였습니다. 우선 저자의 폭넓은 지적 추구와 고상한 연구를 이해하기에는 저 자신의 부족함을 느꼈기 때문입니다. 그러나 독자의 한 사람으로서 이 책을 이해하면서 한편 저자의 방향을 공유해 볼 필요성을 인식해 참여하게 되었습니다.

　저자는 인류의 문명 발달이 끊임없이 이어져 내려오면서 오히려 인간의 본성은 상실하였다고 봅니다. 인간의 본성은 신과 인간이 하나 되는 '신인합일'의 상태이며 우리는 일찍부터 '홍익인간 이화세계'의 세계관을 표방하였으나 변화된 사회에 맞는 새로운 지도자가 필요하다고 봅니다. 즉, 신을 경외하는 인간의 본모습이 회복될 때 비로소 인류의 문명도 재탄생되고 진정한 평화가 도래할 수 있다고 봅니다.

　한편 인류는 끝없는 종교분쟁을 일으키는데, 유대교 · 이슬람교 · 기독교의 믿음의 조상은 같은 아브라함이고, 그들의 성지인 예루살렘은 히브리어로 '평화의 마을'이라는 뜻이나 세계의 화약고의 하나로 되어 있는 아이러니가 있다고 지적합니다. 저자는 동서양의 역사를 성경과 유물 및 유산의 해석을 통해 해박하게 분석하며 역사는 곧 승자의 기록이며, 이런 역사는 종교에서 비롯되고 종교는 세상에서 으뜸가는 생명을 연장해 가는 방법을 알려 주어야 한다고 역설합니다.

그동안 인류는 철학과 문명에 있어 수많은 이론을 제시하였으나 그것이 완전하였더라면 신의 영역에 들어갔을 수 있었겠으나, 그동안의 이론이 불완전하여 인간의 본성을 밝혀 주지 못했습니다. 더욱이 보편적 진리와 법칙의 발견을 기반으로 한 과학의 영역에서도 새로운 관찰을 통해 기존의 이론이 일순간에 뒤집히기도 합니다. 세상을 바라보는 새로운 시각으로 믿은 자신의 생각이 헛되고 무모할 수 있는 것입니다.

저자는 동서양 사상의 발전을 근본적으로 분석하여 홍익사상의 재건립 필요성을 강조하고, 한민족도 잃어버린 홍익인간 정체성의 역사를 찾게 된다면 통일이 가능하다고 봅니다. 남북한은 통일을 넘어 세계 평화를 위해 '세계통합공유가치관'을 제시하여야 하고, 이는 전쟁의 폐허 속에서 세계의 지도국으로 성장한 대한민국의 소명으로 보았습니다.

저자는 향후 세대에게 평화를 물려주기 위해 남북 교류의 중요성과 통합신뢰 프로세스 구축의 필요성을 역설하면서 이 책의 대미를 장식합니다.

인간이 로봇에게 답을 묻는 AI 시대에 이르러 기존의 철학과 과학에서 얻는 지식에 많은 혼란을 겪고 있습니다. 특히 평화를 추구하는 인류가 분쟁을 일상화하는 모순을 어떻게 풀어야 할지에 대해 이 책은 나름 큰 흐름을 제시하고 있다고 봅니다. 다만 세세한 방법론은 이 책의 교훈을 바탕으로 독자들이 만들어 가야 할 숙제로 남기고 있습니다. 여러분의 일독을 권합니다.

서영득 변호사, 법무법인 정론 대표변호사 / 전) 서울변호사회 통일법제특별위원회 위원장 역사는 승자의 기록이다. 하여 역사를 연구하는 데 있어 사료를 중심으로 하되 야사도 참조해야 하며 구전으로 내려오는 신화·종교·문화·지리·언어·인구·기후 등 당시 복잡한 상황을 다각적으로 듣고볼 수 있는 눈과 귀가 있어야 한다. 토인비는 『역사의 연구』를 통해 영국의 역사는 그 자체만으로 이해할 수 없고 서유럽 문명이라는 큰 틀 안에서 바라봐야 한다고 주장했다.

이것은 역사가로 독립운동의 길을 걸은 신채호 선생과도 같은 맥락이다. 선생은 올곧고 힘차게 뻗어 갈 역사는 혼자만의 힘으로 이룰 수 없다고 했다. 또 역사를 서술할 때는 반드시 정치는 어떻게 흥했고 쇠퇴했는지, 산업은 어떻게 번창하고 망했는지, 그 무력(武功)은 어떻게 나아가고 물러났으며, 당시 생활관습과 풍속은 어떠한지를 살펴야 한다고 했다. 당시 시대상은 어떠했으며 어떤 것이 변화했는지 그리고 외부로부터 들어온 각각의 민족을 어떻게 받아들이고 다른 지역의 나라들과 어떻게 교류했는지 등을 두루 살펴야 이것을 역사라고 말할 수 있다고 강조했다.

미국 작가이자 연설가인 타밈 안사리도 지금 영원할 것 같은 것들이 사라지고 새로운 것이 재발명된다고 했다. 오래된 문화나 습관은 인간이 창조한 고리로 연결된 세상에 의해 재구성된 것으로, 전 세계 주요 문명과 그곳에서 일어난 다양한 충돌과 연계된 역사들이 우리가 사는 '지금'을 만들어 냈다고 설명했다.

이렇게 만들어진 지금이라는 현재를 살아가는 우리는 서로 다른 존재가 아니라, 하나의 뿌리다. 혈연 학자들은 지금 지구상에 현대 인류는 10만 년 전 아프리카에서 살기 시작했으며, 해 뜨는 동쪽으로 이주하기 시작해 6만 년 전에 동남아세아에 이르렀고 5만 년 전에 동아세아에 이르렀다고 지난 2008년 7월에 미국의 과학 잡지(Scientific American)에 발표했다. 혈연 학자들이 인류의 연속성을 하나의 근원에서 찾아내어 그동안 많은 의문과 추측을 하나로 정리했다. 지금 지구촌에 존재하는 이 많은 민족을 따지고 보면 전부 조상이 하나라는 것이다.

이 발표는 한민족 정신사상과 일치한다. 한민족의 삼대 경전 중 하나인 『천부경』은 "일시무시 일석삼극 무진본(一始無始 一析三極 無盡本)"으로 시작한다. 곧 모든 우주 만물은 하나에서 시작돼서 둘이 되고 다시 셋이 됐지만, 그 근본은 다함이 없는 그대로라는 뜻이다.

하나가 바로 '한얼'이다. 『삼일신고(三一神誥)』에는 "자성구자(自性求子), 강재이뇌 신(降在爾腦 神)", 즉 '스스로 구하라. 너희 머리 꼴 안에는 신의 정신이 내려와 있다.'는 것을 알리고 있다. 이는 '한얼 속에 한 울 안에 한알', 곧 우리는 우주 만물 안에 한 울타리로 나라는 존재로 연결돼 있다는 것이다. 서로 각자인 것 같지만 우리는 하나로 연결된 생명나무라 할 수 있다. 생명이라는 한 그루 나무에 핀 각각의 꽃이지만 뿌리는 하나다.

대한민국 3대 경전 중 하나인 『천부경』의 마지막도 "일종무종일(一終無終一)"로 끝난다. 모든 것은 다시 하나로 연결돼 끝이 난다는 뜻이다. 모든 인간은 결국 '우리는 하늘 아래 하나다'라는 것과 일맥상통한다. 인간이 이를 아는 것이 '나는 누구이고 또 어떻게 살 것인가'를 깨닫는 길이다.

지금 내가 겪고 있는 현재는 과거에 겪었던 또는 미래에 겪게 될 역사다. 곧 역사를 통해 교훈을 얻고 교훈을 통해 미래를 보고 현재의 우리를 발견한다. 하여 역사를 잊은 민족에게 미래가 없다. 이제 인류는 그 뿌리가 어디서 왔는지 정확히 찾을 시점이 왔다. 인류의 뿌리를 찾기 위해서 대단히 중요한 단서가 되는 것이 한민족의 역사다.

대한민국은 하늘을 사랑하고 숭상하는 경천애인(敬天愛人) 사상으로 태초의 인류 시대 마고 · 환인 · 환웅의 시대를 거쳤다. 이후 단군 시대로 넘어오면서 경천애인 사상을 꽃피우는 홍익인간 이념으로 고조선 개천 재세이화 덕으로 인류 세상을 다스렸다. 하지만 인류 문명을 꽃피워 전파했던 이 웅장했던 개천 재세이화의 정신의 기상을 잃어버렸다.

세상을 바로잡아 주는 장자 역할을 하던 한민족이 정신을 잃자, 세계 질서가 무너지기 시작했다. 이에 대해 서양의 역사서 성경에는 태초의 사람 '아담의 범죄'라고 표현하고 있다. 한민족은 기상을 잃어버리고 어린아이 같은 자가 되어 남의 나라 정신으로 살아가기 시작했다. 삼국을 통일한 신라는 불교 정신으로, 정복 활동을 벌여 제국의 시작부터 끝까지 모든 전쟁사를 갈아 치운 몽고의 침입으로 고려는 몽고 정신으로 살았다. 조선은 유교 정신으로, 일제강점기 35년간은 일본 정신으로 살아왔다.

현재 대한민국은 다종교로 살아가고 있다. 이렇다 보니 시대마다 민족의 정신은 하나 되지 못하고 갈라졌고 피폐해졌다. 현재는 남과 북이 분단돼 오도 가도 못 가는 처량한 신세가 된 지 78년째다. 민족이 이렇게 오랜 시간 분열된 것은 조상의 뜻도 아니요, 수천 년 동안 나라를 지키다 순교한 순국선열들의 뜻도 아니며 현재 우리 국민의 뜻도 아니다.

2차 세계 대전 일본 패망으로 우리나라는 독립됐다. 남쪽은 미군이, 북쪽은 소련군이 군정 통치를 했다. 이때까지만 해도 우리 국민은 남북으로 자유로이 왕래할 수 있었다. 이런 나라의 허리를 누가 잘라 38선을 만들었는가? 3·1절 독립선언과 8·15 광복을 맞이한 이 나라 국민의 뜻이겠는가? 한반도는 동족상쟁의 비극으로 지금도 총부리를 동족 가슴에 겨누고 있다. 나라를 지킨 조상의 핏값 앞에 어찌 낯을 들 수 있겠는가!

이는 후손에게 부끄러운 일이며 절대로 분단된 조국을 물려줘서는 안 된다. 하여 대한민국은 신한국 통일시대를 열어야 하는 절체절명의 시간을 맞이했다. 신한국 통일시대를 여는 열쇠는 잃어버렸던 '황금 시절'을 회복하는 것이다. 이것이 남과 북이 싸우지 않고서도 이기는 방법이다. 그러기 위해서 대한민국은 자주독립 국가로서 본래 모습대로 통일돼야 한다. 남과 북이 통일되면 잃어버렸던 황금 시절을 되찾게 될 것이다. 평화를 이룰 수 있는 재료를 대한민국이 세계에 제시해 세계 평화를 이뤄 영원한 유산으로 후대에 물려줘야 한다.

이 평화 재료는 바로 신성이신 하나님을 찾는 것이다. 신성인 하나님과 상통하는 것은 한민족의 DNA 속 경천애인 사상, 곧 홍익인간 이념이다. 널리 세상을 이롭게 하는 이 홍익인간은 신과 신통한 사상이다. 이 홍익의 씨앗을 찾아 잃어버렸던 한민족 국혼을 되찾고 분열되고 갈라지고 전쟁하는 세계를 평화로 우뚝 세워 정신 지도국으로서의 역할을 다시 해야 한다.

한민족이 바로 서면 인류는 상생과 공존을 되찾아 세계 평화를 이뤄 후손에게 영원한 유산으로 남겨 주게 될 것이다. 하여 조국 평화 통일을 염원하는 순국선열들과 대한민국 국민의 마음을 담아 다음과 같이 선언한다.

하나, 한민족의 역사는 경천애인(敬天愛人) 사상을 바탕으로 세워진 인류 최초 기원문화(起源文化)다. 그러므로 마고 시대부터 환인, 환웅, 고조선의 역사 정립을 바로 세워 최초 근본으로 돌아가는 원시반본(原始返本)을 회복(回復)한다.

둘, 통일을 위해 동·서독같이 남북 지도자가 한자리에 모여 대화하고 통일을 위해 결의한 약속은 철저히 지켜 신뢰 프로세스를 쌓아 국민의 뜻에 맞춰 통일을 이룩해야 한다.

셋, 지난 2018년 남북정상회담과 북미정상회담에서 발표된 '판문점선언'과 '북미공동선언'으로 전쟁 없는 평화의 시대가 도래했음을 천명했다. 하여 국민의 염원을 담아 동족 가슴에 겨누고 있는 총부리를 거둬야 한다.

넷, 국민을 위해 정치인들은 양심에 따라 올바른 정치를 해야 하고 국민을 사랑한다면 국민이 원하는 평화 통일을 위해 노력해야 한다.

다섯, 남북 국민이 자유롭게 왕래할 수 있도록 역사 · 문화 · 경제 · 인도적 교류 등을 통해 남북 간의 상호 이해를 도와야 한다. 이를 위해 근 1만 년 이상 같은 가치를 공유했던 홍익인간 이념을 통합가치 기준으로 세워야 한다.

이 통합가치 기준인 홍익인간 이념은 남과 북을 통일시키는 것은 물론 세계를 통합하는 '세계통합공유가치관(세통관)'이 될 것이다. 통합가치 기준이 바로 서면 한민족의 기상을 되찾아 한반도의 평화와 번영은 물론 인류 세계 평화를 이룩할 수 있다. 지금을 살아가는 우리가 후대에 평화를 영원한 유산으로 남겨야 할 책임이 있음을 선언한다.

한기(韓紀) 9223년(개천+3301) 2월

개천(開天) 5922년(단기+1565) 2월

단기(壇紀) 4357년(서기+2333) 2월

불기(佛紀) 2568년(서기+ 544) 2월

서기(西紀) 2024년 2월

대표 저자 조혜리

* 창세시대(원시반본, 原始返本) – 조국 통일 비전과 이념의 기준

차
례

- 1부 -

한없이 높은 문화의 힘, 신과 인간이 하나 되는 '신인합일'

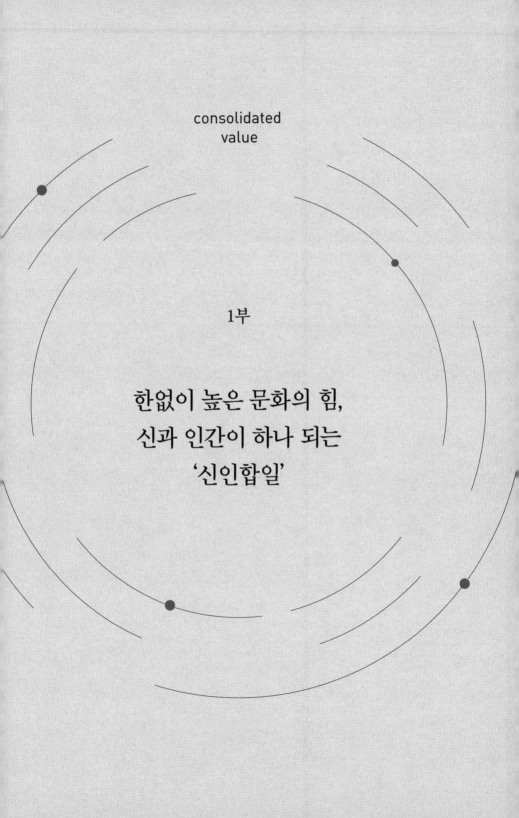

consolidated
value

1부

한없이 높은 문화의 힘, 신과 인간이 하나 되는 '신인합일'

크리스토퍼 도슨은 『유럽의 형성』이란 책에서 종교에 무관심한 독자가 이 책을 읽는다면 신학이나 교회 문제를 지나치게 강조하거나 너무 많은 지면을 할애한다고 느낄 수 있지만 과거의 사람들이 가장 관심을 기울였던 일을 이해하지 않고는 과거를 이해할 수 없다며 종교의 관점을 정당화하기 위해서가 아니라 과거를 설명하기 위해서라는 사실을 기억해야 한다고 했다. 이는 유럽을 형성했던 사람들은 신과 떼려야 뗄 수 없을 만큼 신에 대한 갈망이 컸다는 사실이다.

유럽 개념 정의에서 양대 축을 이루는 것이 기독교와 자유다. 그러나 이 자유 또한 기독교 사상에서 출발했다. 이는 유럽을 형성했던 사람들은 신과 떼려야 뗄 수 없을 만큼 신에 대한 갈망이 컸다는 사실이다. 만물을 연구하다 보면 하나님을 알 수밖에 없다고 말한 아이작 뉴턴은 "성경의 신앙보다 더 훌륭하게 입증되는 과학은 없다. 성경이야말로 가장 고상한 철학"이라며 "이 세상에서 아무리 심오한 역사를 봐도 성경에 나오는 기록만큼 정확성을 가진 것은 없다."고 못 박았다.

에이브러햄 링컨은 "성경이 없었다면 우리는 옳고 그름을 분별할 수 없었을 것"이라며 "성경은 하나님께서 인간에게 주신 최고의 선물"이라고 말했다. 특히 이스라엘 민족으로 인해 세계사의 큰 흐름이 바뀌는 것에 주목했다.

필자도 동서양의 모든 삶의 문화와 철학과 역사가 이와 같다는 사실을 인정하며 이 책을 집필했다(로마서 1장 20절: 창세로부터 그의 보이지 아니하는 것들 곧 그의 영원하신 능력과 신성이 그 만드신 만물에 분명히 보여 알게 되나니 그러므로 저희가 핑계치 못할찌니라). 특히 이스라엘 민족으로 인해 세계사의 큰 흐름이 바뀌는 것에 주목했다.

이러한 사실이 결코 대한민국과 무관하지 않다. 이유는 대한민국에도 성경과 같이 위대한 3대 경전(經典)이 전해져 내려오고 있기 때문이다. 3대 경전인 『천부경』과 『삼일신고』, 『참전계경』은 성경 3만 1천 1백 1절에서 구구절절 말하고자 하는 이야기를 간단명료하게 압축해 놓은 것과 같다. 진리는 하나라고 했던가. 결국 성경과 한민족 3대 경전이 말하고자 하는 것은 하나다.

하나님을 지극히 사랑하며 인간을 사랑하는 '경천애인(敬天愛人)' 사상이 널리 인간을 이롭게 하는 '홍익인간 이화세계(弘益人間 理化世界)' 사상을 만들어 나라를 다스렸다. 이 홍익인간 사상이 사람 안에 하늘과 사람과 땅이 있다는 '인내천(人乃天)' 사상을 만들었다. 이처럼 한민족은 만물을 낳은 조화(造化)의 신과 만물을 가르치는 교화(敎化)의 신, 만물의 질서를 잡는 치화(治化)신으로 나라를 다스렸다.

이는 예수님이 호세아 2장 19~20절에서의 약속대로 하나님이 예수님에게 장가든다는 비유의 말씀과 같다. 예수님은 '아버지와 나는 하나'라며 신과 인간이 하나 되는 신인합일(神人合一)을 이야기하면서, 제자들에게도 '내 안에 거하라'는 말씀으로 하나임을 이야기했다(요한복음 14장 10절, 14장 20절, 15장 4절, 17장 21~22절).

미국은 현재 초강대국이지만 이 미국을 움직이고 있는 것은 전 세계 인구 0.2%에 불과한 유대인이다. 유대인의 파워는 어디서 오는가. 바로 신이 약속한 것을 믿고 있는 신념이다. 자신들이 신에게 선택받았다는 선민(選民)사상으로 이들은 신에게 전적으로 의지하고 있다. 유대민족이 보는 경전의 '성경의 약속'이 전 세계의 흐름을 한순간 바꾸기도 한다. 또 한 나라를 세우는가 하면 약속대로 순식간에 멸망시키는 것도 보게 된다.

서구 유럽의 역사는 종교전쟁의 역사라 할 수 있다. 지금도 세계 3대 종교(유대교, 기독교, 이슬람교)의 성지(聖地)인 시온(예루살렘)을 두고 하마스가 이스라엘을 공격해 수많은 사상자가 나오고 있다.

이는 영국과 프랑스가 이 지역을 나눠 먹기 하면서 만들어 놓은 3중의 상호 모순된 비밀조약이 빌미가 됐다. 팔레스타인 일대를 위임 통치하던 영국이 제1차 세계 대전인 1917년 '벨푸어 선언'을 했다. 이는 유대인에 팔레스타인 일대에 국가 승인을 약속하면서 1948년 영국의 통치가 끝나자 유대인들이 팔레스타인 땅의 56%를 차지하고 건국을 선포하면서 시작된 전쟁이다. 유대인들은 국가를 건국하면서 성경 시대부터 근래 홀로코스트의 역사를 언급했다. 그러면서 예루살렘은 '약속의 땅'으로 국가를 세워야 한다는 '시오니즘' 사상의 일환으로 나라를 세웠다.

그러나 당시 오스만 제국의 점령하에 있던 아랍인들도 팔레스타인 지역에 국가를 세우고 싶어 했다. 이에 영국은 아랍인들에게도 국가를 세울 수 있게 해 주겠다는 약속을 해 버린다. 영국은 여기서 그치지 않고 프랑스와 비밀 조약을 체결한다. 이것이 바로 사이크스-피코 협정으로 전후 중동 지역의 분할에 관한 것이었다. 이렇게 팔레스타인 한 지역을 놓고 아랍인에게는 아랍 국가의 독립을 약속하고, 유대인에게는 유대 민족 국가 창설을 약속했다. 그러나 영국과 프랑스는 전후에 그곳을 점령하기로 합의한 3중 상호 모순된 비밀조약을 해 버린다.

아랍 국가들은 이스라엘의 건국이 자신들이 수천 년 동안 살던 땅을 이스라엘이 '약속의 땅'이라는 이유로 '점령한 땅'에 불과했다. 그러나 유대인들은 자신들의 지도자 아브라함이 유대민족을 이끌고 구약성서에 등장하는 젖과 꿀이 흐르는 약속의 땅 가나안에 정착한 만큼 그들 역사의 시작점이다. 이후 유대인들은 요셉을 따라 이집트로 대거 이주한다. 이는 하나님이 아브라함에게 약속한 예언이 성취돼 실상이 된 곳이기도 하다. 이들은 약속대로 이집트에서 박해받고 모세를 따라 출애굽하는 사건이 있게 된다. 이들은 출애굽 해 다시 가나안으로 가게 된다. 이후 가나안에 정착한 유대인들은 왕국을 세워 솔로몬 왕 시대 전성기를 누리기도 한다.

하지만 솔로몬 왕이 하나님의 약속을 어기고 이방 신을 섬기므로 나라가 약속대로 두 쪽으로 갈라지게 된다. 남과 북으로 갈라진 유대인들은 고대 왕국 앗수르와 신바빌로니아에 정복당한다. 페르시아가 중동의 패권을 장악하자 유대인들은 페르시아의 도움으로 유대왕국을 재건하기도 했다. 하지만 페르시아 몰락 이후 혼란기를 겪었고 이후 지중해를 장악한 로마 제국에 의해 박해당한다. 예루살렘에 있던 솔로몬 성전이 파괴되고 서쪽 벽에 '통곡의 벽'만이 남아 있다. 로마는 예루살렘의 이름을 바꾸고 유대인들을 추방한다. 이후 오스만제국이 중동 지역을 장악해 가나안, 지금의 이스라엘, 팔레스타인 땅은 이슬람 영역 아래 들어간다.

이렇게 시작된 팔레스타인 전쟁은 이스라엘과 아랍 측 모두에게 큰 상처를 남겼다. 이스라엘은 영토가 약 23% 늘었지만, 전체 인구의 1%인 약 6천 명가량이 사망했다. 이스라엘은 수천 년의 디아스포라와 망명의 역사를 끝내며 성경이 약속한 땅으로 들어왔지만, 예루살렘에 있는 (이슬람) 성지 알아크사(유대교, 기독교, 이슬람 공통 성지)를 빼앗기고, 수천 년 살던 사람들에게는 새로운 디아스포라의 한을 주게 됨과 동시에 아랍 국가들이 새로운 전쟁을 선포하게 했다.

여기서 잠깐 세계 3대 종교(유대교, 기독교, 이슬람교)의 성지(聖地)인 시온(예루살렘)에 대해 알아보자. 예루살렘은 히브리어로 '평화의 마을'이라는 뜻이다. 이 평화의 마을은 이슬람교와 유대교 및 기독교 모두 중요한 성지다. 이슬람교도에게는 '고귀한 성소'로, 유대인에게는 '성전산'으로 각각 불린다. 이슬람에게는 예언자 무함마드가 승천한 장소로 성지로 꼽힌다.

유대인 조상인 아브라함이 아들 이삭을 하나님에게 바치려던 장소이며 솔로몬 성전도 있었다. 솔로몬 성전은 서기 70년 로마군에 의해 파괴된다. 예수님이 십자가를 지고 고행의 길을 걸은 골고다 언덕과 예수의 무덤도 있어 기독교 성지이기도 하다. 이들 종교의 공동 성지다. 아이러니하게 평화의 마을에 평화가 있는 것이 아닌 지구상에서 가장 고약한 '화약고'로 존재한다는 것이다.

이렇게 지구촌 전쟁의 80%가 종교전쟁이다. 이 점에 주목하며 이들의 경서(經書)인 성경을 기준으로 이야기를 전개해 나가고자 한다.

종교는 문화를 만들어 냈다. 1문화란 무엇인가. 문화는 문학 · 예술 · 종교 · 법률 · 제도 등을 포함한 인간 삶의 전반적인 측면이 사람의 생각에 머물지 않고, 실체가 드러나 우리에게 어떤 형태로든 나타난 것이다. 나타난 실체가 사람의 감성과 지성을 자극해 또 다른 아이디어와 창조적인 생각을 일으켜 새로운 문화를 탄생시킨다. 문화는 우리가 살아가는 세상에서 매우 중요한 역할을 한다. 인간은 문화를 통해 희로애락(喜怒哀樂)의 상호작용을 하고 소통하며, 인간의 삶과 사회의 발전에 큰 영향을 미친다.

이런 문화를 파자해 보면 더 명확하다. 한문(漢文)은 이미지로 이뤄져 언어나 문화적 차이와 관계없이 풀이가 비교적 쉽다. 문화(文化)의 '화'는 글월 문(文)에 될 화(化) 자다. 글월 문(文), 즉 문자로만 존재하던 글이 될 화(化), 즉 형상화돼 실체(현실)로 나온 것이다. 곧 글이나 말로만 존재하던 예언이 실상으로 나타난 것이다.

예를 들어 설명해 보자. 그리스도 형제 연합교회의 목사인 아버지가 전도 여행을 다녀오면서 라이트 형제에게 고무줄로 하늘을 나는 장난감을 선물했다. 이후 두 형제는 하늘을 날아 보겠다는 꿈을 가졌다. 그리고 그 꿈을 현실로 이루었다. 이들의 생각, 즉 말이 씨가 돼 열매를 맺은 것이다.

약 6천 년 전부터 하나님은 자기 아들을 세상에 보내 줄 것을 성경을 통해 예언해 두었다(창세기 22장, 예레미아 1장 4절, 시편 69장 21절, 이사야 7장 14절, 9장 1~2절, 호세아 11장 1절, 스가랴 9장 9절 등). 아들이 세상에 와서 할 일들도 성경 곳곳에 예언해 후대에 전하게 했다. 이렇게 문자로만 존재하던 예언(豫言)이 실체가 돼 현실로 나타났다(요한복음 1장 14절: 말씀이 육신이 되어 우리 가운데 거하시매 우리가 그 영광을 보니 아버지의 독생자의 영광이요 은혜와 진리가 충만하더라, 요한복음 1장 18절, 고린도전서 15장 3~4절, 요한일서 1장 1~2절 등). 이것이 바로 문화다.

문화 'culture'의 어원 '흙을 파다'

영어로 문화(culture)는 라틴어 'cultura', 즉 '경작하다(a cultivating), 농업(agriculture)'의 어원이다. 흙 속에 씨를 심는다. 이 씨가 죽어서 열매를 맺는다. 이것을 경작이라고 한다. 이렇게 문화란 자연 상태의 사물에 인간의 작용을 가하여 그것을 변화시키거나 새롭게 나타낸 것을 의미한다. 18세기 중엽 영국에서 시작된 1차 산업혁명의 기술혁신과 이에 수반해 일어난 사회·경제 구조의 변혁을 이루기 전까지 인간은 흙 속에서 경작해 농작물을 취득하는 행위를 문화라고 명명하며 발전시키며 살아왔다.

문화, 곧 농업이 시작된 경위는 서양 역사서인 성경에서 찾을 수 있다. 창세기 3장 19절에서 본 바 아담이 죄짓기 전에 하나님과 에덴동산을 함께 거닐며 신(神)과 같이 신선(神仙) 같은 삶을 살았다. 이를 가리켜 조선시대 효행과 청렴으로 이름난 격암 남사고의 예언서 『격암유록』에서는 아래와 같이 말하고 있다.

사시장춘신세계(四時長春新世界)

사말생초신천지(死末生初新天地)

여기서 사시란 봄 · 여름 · 가을 · 겨울 사계절을 말하는데, 사망이 끝이 나고 생명이 시작하는 새 하늘 새 땅 신천지, 이같이 봄과 같은 신세계가 다시 도래할 것을 예언하고 있다.

원래 이런 삶을 살았던 사람은 아담의 죄로 인해 에덴동산에서 쫓겨나게 된다. 신은 에덴동산에서 아담을 쫓아내면서 얼굴에 땀이 흘러야 식물을 먹고 필경은 '흙으로 돌아갈 것'을 명령한다. 이유는 흙 속에서 사람을 취했기에 '흙이니 흙으로 돌아갈 것'이라고 말하는 것이다. 에덴동산에서 쫓겨나지만 않았다면 우리는 지금도 언제나 청춘처럼 봄날을 맞이하며 신과 함께 에덴동산에서 살고 있을 것이다. 결국 죄로 인해 에덴동산에서 쫓겨난 후 인간은 얼굴에 땀을 흘려 가면서 흙을 파먹고 사는 농경 시대를 맞이했다. 이것을 인간은 문화라는 이름으로 포장했다.

하지만 신은 문화가 시작된 것이 축복이 아니라 저주임을 알려 주고 있다. 창세기 8장 21~22절에서 본 바 신은 사람의 마음이 계획하는 바가 어려서부터 악함을 보시고 땅이 있을 동안에는 심음과 거둠과 추위와 더위와 여름과 겨울과 낮과 밤이 쉬지 아니하리라고 말씀하신다. 곧 사람의 악함으로 인하여 사계절의 저주를 내리신 것이다. 곧 사람의 악함으로 인해 생로병사의 저주를 내리신 것이다. 그러나 인간이 마치 좋은 문화생활을 누리며 태어나고 늙고 병들고 죽는 것(生老病死)을 당연한 것처럼 착각하며 살아가고 있다.

유발 하라리는 『호모데우스』에서 이와 같은 사실을 인지했다. 그는 아담과 이브는 에덴동산에서 수렵 채집인으로 살았다고 말한다. 그리고 그들이 에덴동산에서 쫓겨나는 장면은 농업혁명과 놀랍도록 닮았다고 분석했다. 분노한 신은 아담이 야생의 과일을 계속 따 먹을 수 있도록 허락하는 대신 '이마에 땀을 흘려야 먹을 수 있다'는 저주를 내렸다고 성경 창세기 2장을 언급하며 설명한다.

이후 농업혁명은 인간과 동물의 관계에 새 국면을 개시하며 가축들을 탄생시켰다는 사실을 알아차리라고 주문한다. 인간이 가축화를 독보적으로 성공시켰지만 이에 따라 수백만 년 동안 동물들은 이런저런 고통과 비극을 겪었고, 이 고통은 시간이 흐를수록 더욱 악화했다고 진단했다. 이와 같은 농경 속에서 인간은 자신들이 만들어 낸 문화가 최고라고 자만에 빠져 살아가기 시작했다. 이런 문화 속에서 인간은 에덴동산에서 쫓겨나기 전보다 더 타락해져 갔다.

하여 성경의 최초 시작은 창세기다. 창세기(創世記)의 '창'은 '비로소 창'이다. 비로소 인간사가 흙을 파먹음으로써 문화가 시작됐다는 것을 알리기 위함이다. 이를 알려 영원히 살던 '만물의 영장'에서 죽음과 슬픔과 땀 흘려 일해야 먹고 사는 '생로병사'가 생긴 것을 알려 주기 위해 하나님이 성경을 기록하셨다. 요한일서 5장 13절에 하나님이 성경을 쓰신 목적은 영생이 우리에게 있음을 알게 하려고 기록했다고 못 박았다.

하여 다시 오시는 예수님은 마지막 날에 영과 혼도 살리지만, 인간의 육체까지도 살리겠다고 호언장담하고 가셨다(데살로니가전서 5장 23절, 요한복음 6장 44절, 54절, 요한계시록 21장 4~5절, 이사야 65장 20절).

믿을 신(信)의 한자를 파자(破字)해 보면 '사람인(人)'에 '말씀 언(言)' 자로 구성돼 있다. 곧 사람이 하나님과 예수님이 한 그 말씀을 믿으며 그 약속(구약.신약)이 나에게 이루어지길 바라는 마음으로 살아가는 사람이 신앙인이다(시편 133장 3절, 82장 6~7절).

하나님은 태초의 말씀이다. 곧 말씀이 하나님이다. 그러니 사람이 그 말을 믿는 것이다. 이것을 가리켜 성경은 도(道)라고 한다(요한복음 1장 1절). 그래서 예수님은 자신을 가리켜 길이라고 하신 것이다(요한복음 1장 14절, 14장 6절, 10장 35절).

성경의 이와 같은 말씀은 한민족 사상과 일치한다. 한민족은 영생했던 민족이기에 불로불사(不老不死)를 얻는 신선 사상부터 '신선놀음에 도낏자루 썩는 줄 모른다.'는 등의 말의 뜻이 많이 남아 있다. 또 최신 유행어에도 우리나라 말에는 '공부의 신', '장사의 신' 등 인간이 신이 되는 말들이 많다. 이것은 태초에 신이 시작한 시원(始原) 문화이기 때문이다.

인간이 에덴동산에서 쫓겨나 신선의 시대를 잃어버리고 자신들이 만든 문화 속에서 전보다 더 타락해져 갔다.

[창세기 6장] 사람이 땅 위에 번성하기 시작할 때 그들에게서 딸들이 나니 하나님의 아들들이 사람의 딸들의 아름다움을 보고 자기들의 좋아하는 모든 자로 아내를 삼는지라

위에서 본 바 하나님의 아들들이 있고 사람의 딸들이 있다. 여기서 구

별된 사람들이 나오기 시작한다. 하나님의 아들들은 천손(天孫: 하늘의 자손) 민족이요. 사람의 딸들은 지손(地孫: 땅의 자손) 민족이다. 대한 민국은 예로부터 천손 민족이라 일컬었다. 유대민족이 선택받은 민족 이라는 뜻의 선민사상(選民思想)이 있다. 그나마 두 민족은 창조주께서 인간을 자기의 모양과 형상대로 '만물의 영장'으로 창조한 것을 알고 있 던 민족이기에 천손으로 또 선민이라는 가치관을 국가 개념으로 내세울 수 있었다.

만물의 영장이라는 것은 자신을 낳아 준 육신(肉身)의 부모가 있듯이 우리의 영(정신)을 낳아 준 영의 아버지가 있음을 말한다. 부모님들이 흔히 자식들에게 내가 낳았지만, 그 속을 모르겠다고 하소연하는 소리 를 종종 들을 수 있다. 육신의 부모는 자녀의 육신을 낳아줬고 사람의 영(정신)을 창조하신 분은 바로 신이다.

스가랴 12장 1절에서 본 바 이스라엘에 관한 여호와의 말씀의 경고라 여호와 곧 하늘을 펴시며 땅의 터를 세우시며 '사람 안에 심령(心靈: 마음)을 지으신 자'가 신임을 알려 준다. 또 히브리서 12장 9절에서는 우 리 육체의 아버지가 우리를 징계하여도 공경하였거든 하물며 '모든 영 의 아버지'께 더욱 복종하여 살려 하지 않겠느냐고 꾸짖고 있다. 창조주 는 인간을 만물의 영장으로 세워 생육하고 번성하며 땅에 충만할 것을 곧 홍익의 본성은 인간에게 심어 주셨다.

그러나 아담 범죄 후로 모든 영의 아버지를 잃어버리고 제정신이 아 닌 정신으로 사람들은 살아가고 있었다. 이것을 예레미야 51장 7절에서 는 가장 향락적이고 부패한 하나님의 선민을 멸망시킨 바벨론을 빗대어 온 세계로 취케 하는 금잔이라 열방이 그 포도주를 마시고 미쳤다고 표현했다.

바벨론은 어떤 나라인가. 라이프 성경사전에 따르면 인류 최초의 영웅 니므롯에 의해 세워진 여러 도시들 중 한 곳이다(창세기 10장 10절, 11장 1~9절). 바벨론의 뜻은 '신(神)의 문'이라는 아카드어 '바빌루'의 음사(音辭)로 '혼란'이라는 뜻이다. 바벨론은 갈대아의 수도로(마태복음 1장 11절, 요한계시록 14장 18절) 바그다드 남쪽 50㎞ 지점 유브라데 강변에 위치한 성읍이다.

성경은 바벨론을 '강 저쪽(민수기 24장 2~3절)', '해변 광야(사도행전 21장 1절, 9절)' '여러 왕국의 여주인(이사야 47장 5절)', '온 세계를 멸하는 산(렘 50장 23절)' 등으로 묘사하고 있다. 남유다 왕국을 멸망시킨 바벨론은 하나님 나라와 하나님 백성을 대적하는 세상 나라, 멸망할 사탄의 왕국, 우상숭배와 배교(背敎) 등으로 말하고 있다(벧전 5장 13절, 계 14장 8절, 18장 2절, 10절). 하나님 입장에서는 하나님이 선택한 유대인을 멸망시킨 죄악의 나라요 향락적이고 부패가 가득했던 나라다(예레미야 51장 7절).

이렇듯 인간이 제정신을 차리지 못하고 미친 것은 모든 영의 아버지인 신께서 인간의 범죄로 인간을 떠났기 때문이라고 성경은 진단하고 있다. 이는 그들이 영적인 곧 정신을 추구하던 존재에서 육신의 안위만 생각하는 동물적 감각(시각 · 청각 · 후각 · 미각 · 촉각 5가지 감각)만 남은 육체(이성과 진리가 없음)가 된 것을 이야기한다.

신은 육체의 탐욕만을 좇는 인간을 보고 한탄했다(에베소서 2장 3절: 전에는 우리도 다 그 가운데서 우리 육체의 욕심을 따라 지내며 육체와 마음의 원하는 것을 하여 다른 이들과 같이 본질상 진노의 자녀이었더니).
또 이것을 가리켜 갈라디아서 3장 3절에서는 거룩한 영인 '성령'으로 시작했다 육체로 돌아갔다고 표현했고, 창세기 6장에서는 하늘에 계신 신과 함께하다 흙으로 돌아가 육체가 됐다고 비유하기도 했다.

당시 땅에 네피림(창세기 · 민수기 · 신명기 등에 등장하는 거인 종족으로 히브리어에서 '떨어지다'라는 뜻을 나타내는 '나팔(n-ph-l)'에서 비롯된 것으로 추정)이 있었고, 그 후에도 하나님의 아들들이 사람의 딸들을 취해 자식을 낳았다. 이들을 사람들은 용사라 불렀고 고대에 유명한 사람이 됐다. 곧 하늘에서 떨어졌음을 의미하는 것으로, 신의 반열에 있던 사람이 죄악으로 말미암아 땅으로 떨어진 것을 의미하는 중의적 의미도 있다(창세기 6장 1~7절).

사람의 죄악이 세상에 관영함과 그 마음의 생각의 모든 계획이 항상 악할 뿐임을 보시고 신은 급기야 사람 지으심을 한탄하며 인간세계를 떠나가게 된다. 신이 떠난 인간세계는 완전 어둠인 죄악으로 물들었다. 그러면서 하나님과 같이 영생할 수 있는 인간 수명을 120세로 수명을 줄여 버렸다.

[창세기 6장 3절] 여호와께서 가라사대 나의 신이 영원히 사람과 함께하지 아니하리니 이는 그들이 육체가 됨이라 그러나 그들의 날은 일백 이십 년이 되리라 하시니라

시간이 지나면서 인간사가 더 악해지자, 120세 살던 수명을 70~80세로 줄여 버린다(시편 64장 3절, 예레미야 17장 9절).

이런 죄악의 세상을 '문화'라는 이름으로 눈부신 발전을 했다고 인간 스스로 자아도취에 빠져 과학을 높이며 자연 앞에 교만하고 거만하게 살아왔다. 또 문명의 혜택을 받지 못해 문화와 인지의 발달 수준이 낮은 사람을 '미개인'이라 일컬으며 약소민족을 습격하고 무시하고 정복했다. 이런 사고방식으로 생긴 문화는 개인과 집단, 국가 및 세계 사회에 매우 큰 영향을 미치며 전쟁의 역사로 인류를 이끌어 왔다. 지금의 문화는 예전에 비해 더 타락해 도덕과 윤리는 오간 데 없고 쾌락과 향락과 감각만을 위해 존재하는 양 지금의 젊은이들을 유혹하고 있다.

아담 범죄로 최초 '경제생활 · 문화' 시작

약 6천 년 전 아담의 죄로 에덴동산에서 쫓겨난 인생들은 근본된 토지를 갈아서 땀을 흘려야 먹게 됐다. 일하고 먹고살아야 하는 최초 '경제와 문화'라는 개념이 시작됐다. 앞서 살핀 바와 같이 영어 단어 culture '문화'는 라틴어 cultura '경작하는 것(a cultivating), 농업(agriculture)'을 어원으로 한다.

결국 문화라는 것은 농사짓는 것에서 시작했다. 창세기 3장 17절, 19절, 23절에서는 아담은 먹지 말라 한 '선악나무' 실과를 따 먹었기에 땅은 너로 인하여 저주받고 너는 종신토록 수고하여야 그 소산을 먹는다고 예언하신다. 19절에서는 네가 얼굴에 땀이 흘러야 식물을 먹고, 필경 흙으로 돌아간다고 하셨다. 아담과 하와는 여호와 하나님이 에덴동산에서 쫓겨난 후 그의 근본(根本)된 토지(土地)를 갈게 하시면서 경제활동이 시작됐다.

이렇게 잃어버린 천국, 곧 '신선의 세계(무릉도원, 유토피아, 이상국가)'에서 이제는 자기 호흡으로 살다 죽어 가는 인생으로 전락했다. 만물의 영장이 모든 것을 잃어버리게 된 것이다. 그러므로 아담 범죄 후로 우리는 땀을 흘려 일해서 먹고사는 경제문제가 생겼고 이 경제를 바탕으로 문화가 생겼다. 이 문화가 6천 년간 흐르다 보니 신선의 세계를 잃어버린 인간은 생로병사의 굴레에서 살아가는 것이 당연한 듯 착각하며 살아왔다. 원래 사람은 신과 같은 존재지만 신선같이 살던 시대를 잃어버려 자기 호흡으로 살다 죽게 됐다.

이렇게 하늘에서 쫓겨난 인생들은 천문(天門)이 막혀 미물인 동물보다도 자신들의 위험을 간파하지 못하게 됐다. 거룩한 존재에서 원죄(原罪)·유전죄(流傳罪)·자범죄(自犯罪)로 인해 천문이 막히면서 인생들의 경제활동이 시작된 것이다.

흙에서 취함을 얻은 인간은 근본된 토지를 갈며 씨를 심어야 했고, 거둬들여야 했으며, 겨울의 추위와 여름의 더위를 견뎌야 했고, 낮과 밤이 쉬지 않게 됐다(창세기 8장 22절).

이렇게 시작된 경제활동의 시초가 발전해 물물교환을 만들었다. 사람이 많아지고 사회가 복잡해지자 경제활동은 점점 발전해 화폐가 만들어져 사용됐고 금융이라는 것이 생겨났다. 아이러니하게 유대인을 통해 금융과 자본이 발달했지만, 하나님은 돈을 사랑하는 것에 대해 '일만 악의 뿌리'라고 말하고 있다.

1723년 1월 14일 커크칼디에서 세례를 받은 경제학의 아버지, 영국의 정치경제학자이자 도덕철학자인 애덤 스미스는 다음과 같은 말로 경제를 정의했다.

"우리가 매일 식사를 마련할 수 있는 것은 푸줏간 주인, 양조장 주인, 빵집 주인의 자비심 덕분이 아니다. 그들이 자기 이익을 챙기려는 마음 때문이다. 우리는 그들의 박애심이 아니라 자기애에 호소하며, 우리의 필요가 아니라 그들의 이익만을 그들에게 이야기할 뿐이다."

아담스미스는 국가에 부가 많아야 한다는 국부론을 주창해 영국을 대영제국으로 이끌었다. 이는 세계를 양육 강식의 시대를 열개하는 가치관을 탄생시켰다. 국가에 부가 많아야 하므로 주변의 국가들을 식민지화 시켰다. 이에질세라 프랑스도 아프리카를 식민지화 한다.

이후 아담스미스의 국부론은 케인즈 이론에 의해 시들해 지고 케인즈 시대를 열게 된다.

인간사가 시작된 일에 토지를 경작하던 사람이 점점 많아지자 족장에서 성곽을 이루는 성읍으로 더 발전해 도시를 이루는 국가(國家)라는 개념이 생기기 시작했다. 이때 이들은 국가를 만들기 위한 요소는 '토지'라고 봤다.

최진기의 『지금 당장 경제학』에 따르면, 토지를 많이 가진 영주들은 기사 계층을 보호막 삼아 농노들이 재배한 농작물로 호사를 누렸다. 그러나 당시 가장 부유한 귀족들도 특별히 사치를 즐길 만한 물품이 없었다. 영지에서 나오는 소작물을 소유하고 농노를 지배했다. 잉여 농산물 이외에는 특별히 시장에서 거래할 물건이 없었다.

그러나 동양에서 건너온 사치품들이 그들을 열광시키기 시작했다. 이때만 해도 서양은 곳곳에서 야수들이 민간인을 습격하는 야생의 지역이었던 반면, 아시아는 고도의 문명이 발전한 선진국이었다. 예를 들어, 1492년 콜럼버스는 인도에 가기 위해 산타 마리아호와 다른 두 척의 배에 약 90명을 태우고 떠났지만, 그보다 87년 전인 1405년 명나라 환관인 정화는 아프리카 원정을 위한 수만 명의 대함대를 이끌고 떠났다. 심지어 정화함대의 가장 큰 보선에서는 격구를 할 수 있었다고 하니 보선과 산타 마리아호의 차이를 짐작할 수 있을 것이다.

최진기는 『지금 당장 경제학』에서 현대의 최첨단 제품이 반도체라면 중세의 최첨단 제품은 도자기였다고 말했다. 서양은 도자기 제조술을 몰라서 동양에서 넘어온 도자기를 보며 넋을 잃을 정도였다고 한다. 왜냐하면, 토기는 가마의 온도가 700도, 도기는 1,000도면 구울 수 있지만, 도자기는 1,300도까지 올라가야 하는데 서양은 가마의 온도를 1,300도까지 올리는 방법을 몰랐기 때문이다.

중세의 또 다른 최첨단 제품은 비단이었다며 투박한 가죽옷이나 걸치던 서양인들은 가볍고 매끄러운 비단에 열광했으며 교황은 "유니콘의 뿔 끝에서 나오는 실로 만든, 신이 내려 주신 옷감"이라고 감탄했다고 전해진다. 또한 문화의 발달 수준도 큰 차이를 보였다. 그때 서양은 인쇄술이 없어서 필사본에 의존했으므로 책이 고작 2만여 종밖에 없었다. 그것도 대부분 수도사들이 필사한 수도원의 성경이었고, 순수학문과 관련된 책은 수백 종에 불과했다. 반면, 이때 송나라와 고려에서는 이미 대장경이 간행되고 있었다고 기록했다.

음식 문화 역시 마찬가지였다. 냉장고가 없던 당시에 딱딱하고 냄새 나는 고기만 먹던 영주들은 후추를 얻으려고 안간힘을 썼다. 후추는 그때 금보다 귀한 향신료였다. 심지어 후추를 실은 배가 침몰하려고 할 때 후추 대신 선원을 버릴 정도였고 그런 악랄한 선장을 '후추선장'이라고 했다. 당시 최고의 럭셔리 귀족은 비단옷을 입고 후추를 뿌린 고기를 먹으며 후식으로 중국산 도자기에 담은 차를 마시는 사람이라고 보면 될 정도로, 동양의 사치품은 영주들의 선망 대상이었다고 『지금 당장 경제학』은 기록하고 있다.

그러다 서양이 동양을 역전하는 계기는 동서양의 교역로를 막아 버린 오스만투르크가 동로마제국을 침략해 당시 동서양을 연결하던 실크로드의 중심 도시 콘스탄티노플(지금의 이스탄불)을 점령하면서다.

이에 비단, 도자기 등 중국산 사치품들이 들어올 수 없게 됐다. 사치스러운 생활을 하던 영주들과 교역을 통해 이익을 얻던 상인들이 해결책을 고심하는 중 나타난 사람이 콜럼버스다. 콜럼버스는 산타마리아호를 타고 인도를 향해 떠났지만 그가 도착한 곳은 신대륙이었다.

최진기는 신대륙 발견으로 자본주의의 신호탄이 울렸다고 했다. 신대륙 발견은 감자, 옥수수, 커피, 설탕 등이 들어와 생활이 풍요로워졌다. 그러자 유럽의 인구는 폭발적으로 늘어났다. 토지에 의존하지 않고 부를 축적하기 시작했다. 최진기는 이것이 서양이 동양을 역전할 수 있게 만든 계기이자 자본주의의 발전의 틀을 만드는 사건이라고 말했다. 이로써 유럽은 국가의 3요소인 영토, 국민, 주권이 갖춰졌다.

최진기는 『지금 당장 경제학』에서 신대륙 발견으로 금은이 많이 들어왔다며 금과 은을 화폐로 쓰던 시대에 이들의 수입량이 늘어났다는 것은, 화폐 거래량이 증가했다는 것을 의미한다고 말했다. 그는 화폐량이 늘어나자 물건의 거래가 활발해지면서 토지와 곡물이 아니라 화폐를 통해 물건을 사고파는 '상업혁명'이 일어났다고 설명했다.

그런데 시중의 화폐량이 많이 늘어나자 금은 가치가 하락했다며 이에 따라 금은을 굴려 이자를 받던 영주들이 급격히 몰락하게 됐다고 했다. 그러면서 영주들은 그렇게 좋아하던 사치품이 그들을 몰락시키고, 중세를 건너 근세로 넘어가게 된 것이라고 부연했다.

이처럼 흙을 파먹고 사는 농업에서 토지 대신 '화폐'가 시대의 흐름이 됐다. 사람들은 시대의 흐름에 따라 자신들의 사상을 내세우며 국가를 경영하려 했다. 중농주의(국가사회의 부의 기초는 농업에 있다는 사상)자와 중상주의(화폐의 유통을 통해서 이윤이 창출된다고 보는 사상)자들이 탄생했다.

애덤 스미스는 토지와 상업에 얽매여 있는 중농주의자와 중상주의자들을 비판하고 가치의 원천으로 노동을 강조했다. 그는 경제 부분에 대한 국가 간섭을 배제하고 '자연이라는 위대한 지도자', '보이지 않는 손'으로 인간을 유도하면 더 광범위한 대의에 이바지한다고 생각했다. 분업화되고 효율적인 노동과 '자신의 운명을 결정하는 자유로운 개인'이라는 개념을 통해 자유경쟁을 촉구했다. 애덤 스미스의 이 이론은 자본주의와 경제학의 기초가 됐다.

이렇게 자본주의가 발달함에 따라 '자신의 운명을 결정하는 자유로운 개인'을 넘어 돈을 벌기 위해 자신의 양심까지 팔아 치우는 황금만능주의 상황에 이르렀다. 인류의 유구한 역사에서 볼 때 그리 오래되지 않은 이론이지만, 자본주의는 20세기에 들어와서 제국주의 전쟁을 일으켰다. 독점자본의 성립으로 중소기업이 몰락하고 실업자가 증가했다.

제국주의 전쟁 등으로 말미암아 식민지 백성에 대한 침략 등이 일어나자, 지구의 한쪽에서는 자본주의 체제를 부정하는 사회주의 체제가 등장했다. 사회주의는 자본주의의 경제활동을 부정하고 생산수단의 사회적 소유와 계획적 생산 및 평등한 분배를 기초로 하는 경제체제를 말한다. 이런 이론의 기본 골격은 다 그럴싸하며 이대로 하면 좋은 세상이 곧 올 거라는 기대감이 든다. 하여 새로운 사상이 나올 때마다 사람들은 열광했지만, 결과는 지금 현실과 같다.

자본주의와 사회주의는 이론은 남과 북을 극명하게 갈라 놨다. 6·25 전쟁 이후 대한민국은 미국의 군사와 경제 원조를 받으면서 전후 복구에 나섰다. 북한은 소련과 중국의 원조를 받으며 사회주의 체제를 갖춰 나갔다. 이런 사이 남과 북의 적대감은 더욱 깊어만 갔다.

이런 이론과 사상으로 남과 북이 갈라졌다. 이제 남과 북은 자유로이 왕래해야 하고 오늘을 위한 오늘을 살지 말며, 후손을 위해 미래를 보는 새로운 눈과 귀와 마음을 가지고 남과 북은 교류해야 한다. 그러기 위해서는 이제 새로운 국가의 부의 원천을 찾아야 한다. 새로운 국가의 부의 원천은 바로 인간의 '선한 양심의 회복'이다. 애덤 스미스가 주장한 '자연이라는 위대한 지도자', '보이지 않는 손'으로 인간을 유도하면 더 광범위한 대의에 이바지한다고 생각한 부분은 필자도 동감한다. 이 사상을 완전하게 이루기 위해서는 인간의 선한 양심 회복이 필요한 시점이 됐다.

국가는 애덤 스미스가 주장한 대로 경기장의 심판 노릇을 잘해야 할 것이고, 기업은 '선한 양심'을 가지고 공정한 경쟁을 통해 소비자들에게 다가와야 하며, 소비자들은 그런 기업의 가치를 알아봐야 하는 지혜의 눈을 갖추어야 한다.

이런 세상은 11대 도해(道奚) 단군(재위 BC 1891~1835) 때를 살펴보면 잘 알 수 있다. 고려 말 '이암'이 편찬한 『단군세기』에 기록된 도해 단군은 만국박람회(萬國博覽會)를 개최한다. 국제 무역이 가장 활발했던 만큼 사방의 진귀한 물건을 전시했다. 이때 교역이 이뤄지는 경제적 행사뿐 아니라 지방 제후국과 우방국의 참여로 제천행사도 가장 융성하게 진행됐다.

상업 또한 인류 공영의 목적으로 행사를 치렀으며 전 세계적인 홍익인간 세상을 위하여 '신시(神市)'라는 경제 교류 제도를 계승·발전시킨 것을 볼 수 있다. 이는 도해 단군께서 선포한 '염표문(念標文: 홍익인간이 되어야 함을 절대 잊지 말라)'에 잘 나와 있다. 염표문에는 홍익인간은 단순히 윤리와 도덕, 평등, 자유 등에 국한된 것이 아니다. 천지인 우주 창조 정신에 부합한 마음으로 천지의 목적을 수행해 온전한 홍익인간이 되라는 기본 지침의 내용이다.

염표문은 총 65자로 구성돼 있다. 마지막 열여섯 자는 다음과 같다.

일신강충 성통광명 재세이화 홍익인간

(一神降衷 性通光明 在世理化 弘益人間)

하나의 신이 내 마음에 내려와 있다. 그 하늘의 마음을 온전히 받고 하늘의 마음과 통하면 마음이 맑고 밝아져 하늘의 마음을 받게 된다. 그러므로 하늘의 이치를 깨달았으므로 세상을 다스리고 모든 인간을 널리 이롭게 하라.

이는 인류 최초의 국가 환국이 가르친 신교(神敎: 창조의 가르침)를 바르게 깨달아 세상을 교화(敎化)시켜 이상적인 나라를 펼치려 했던 환웅 천황의 가르침을 그대로 본받아 우주 광명의 때를 회복하겠다는 마음으로 염표문을 발표한 것이다.

이런 밝은 문명인 신선의 세계를 잃어버리고 사람들은 지금처럼 생로병사의 굴레를 벗어나지 못하고 태어나고 돈 벌다 늙고 병들고 죽는 것으로 착각하며 살아왔다. 하여 신선처럼 살던 때를 예수님은 마태복음 22장 30절에서는 부활(復活) 때 곧 세상이 새롭게 회복될 때는 장가도 아니 가고 시집도 아니 가고 하늘에 있는 천사(天使)들과 같다고 말씀하셨다. 그러나 예수님 초림 때는 아직 재탄생하는 때가 아니었다(전도서 3장 1절: 천하에 범사가 기한이 있고 모든 목적이 이룰 때가 있나니).

이제 때가 돼 다시 태어나야 할 정신이 있었으니 '세통관'의 정신이다. 세통관으로 정신이 부활, 곧 깨어나 인간이 60년도 못 살다 오늘날은 120세를 바라보게 됐는지 지식과 지혜로 깨달아야 한다. 성경에 기록돼 있고 과학자들 선포한 영원한 삶의 시대가 도래했다는 것은 곧 문명의 진정한 이기가 도래했음을 깨달아야 한다.

천산(에덴동산)에서 쫓겨난 아담은 930세를 누리며 많은 자녀를 낳았다. 아담의 자녀들은 그 시대의 용사로 유명한 자들이 됐다. 아담의 자녀들을 가리켜 하나님의 자녀들이라 일컬었고 하나님의 자녀들이 땅에 자녀들과 결혼해 육체(이성과 진리가 없는)가 됐다.

원죄(原罪)를 지은 아담의 유전으로 낳은 자녀들은 이렇게 유전죄(遺傳罪)와 자신이 스스로 지은 죄(自犯罪)의 업보(業報)로 인해 부패했고 악에 빠졌다. 아담의 장자인 가인이 동생 아벨을 쳐 죽이는 최초의 살인 사건으로 사람들은 2차로 흩어지게 된다. 후에 노아를 낳은 라멕이 살인을 하자 벌이 77배가 된다. 결국 사람은 죄의 유전으로 말미암아 생명이 줄어들기 시작한다. 여기에 스스로 짓는 자범죄로 수명은 더 짧아졌다(시편 64장 3절).

예레미야 17장 9절에서는 만물보다 거짓되고 심히 부패한 것이 사람의 마음이라 누가 능히 이를 알겠느냐고 말하고 있다. 하여 부패한 마음을 '홍익의 씨'로 재창조해야 한다. 인간은 육체(진리와 이성이 없음)적 감각을 가진 짐승같이 먹고 마시고 종족 보존을 위해 사는 것이 아니다. 인간은 본래의 모습인 '신령한 사람'으로 재창조돼야 한다. 하나님을 알지 못하는 자를 성경에서는 짐승이라고 표현한다. 호랑이처럼 육체만 탐하는 '짐승'처럼 살지 말고 '곰'처럼 널리 사람을 이롭게 하도록 홍익인간으로 부활해야 한다. 이것이 수신제가다.

'지주 · 자본가'와 '소작농 · 생산자'
근본 변함없어

 역사 사회학자 찰스 틸리(Charles Tilly)는 국가의 핵심 기능이 국제 경쟁 체제에서 전쟁 수행에 있다며 이를 수행하는 과정에서 국가가 형성되고 국가의 기능이 변화해 왔다고 기록했다. 서로 죽고 죽이는 전쟁의 역사 속에 나름대로 문화를 만들어 자화자찬하며 인류는 경제적 진보와 노동력 인구의 산업분포 관계 등을 분석해 나눴다.

 농업, 임업, 목축업, 수렵, 원유 추출 등을 원시 부분이라며 제1차로 분류했다. 제2차로는 광업, 제조업, 건설업 및 가스, 전기공급업을 포함해 재물 생산 부문으로 해서 보다 고도화했다. 이를 제외한 모든 경제활동을 제3차 산업부문으로 분류한 1970년대부터 현재까지는 IT와 로봇, 컴퓨터를 통해 자동화 대량 생산체계가 주류를 이루고 있는 3차 산업혁명 시기로 본다. 오늘날은 기계와 사람, 인터넷 서비스가 연결돼 유연한 생산체계를 구현한 다품종 대량 생산이 가능한 생산 패러다임으로의 진화를 겪고 현재를 4차 산업혁명으로 보고 있다.

 하지만 보수적 인류학자들은 인류학적 관점에서 지금까지 진정한 산업혁명은 단 한 차례밖에 없다고 접근한다. 인류학에서 생산력의 혁명성과 생산 관계의 근본적 변화를 근거로 인류사를 구분하기 때문이다. 1차 산업혁명으로 증기를 이용한 기계 생산 방식이 출현했고 자본가와 노동자라는 새로운 상관관계가 생겨났다. 이 생산양식은 아직도 바뀌지 않았다고 보는 것이다.

인류학자는 인간에 관한 모든 것을 연구하는 학문으로 전체를 다양한 시각에서 생각한다. 인간의 문화·사회·언어·종교·경제·지리학 등을 연구하는 것이기 때문에 인류학자는 이러한 측면에서 인류를 이해하고 관찰한다. 인류학자는 문화 상대주의를 중요하게 생각하며 어떻게 발전했는지, 어떤 최소한의 권리를 가졌으며 이러한 권리가 문화나 사회에 어떤 영향을 미치는지, 인간의 경험과 행동을 연구해 이를 통해 바라보는 시각에서 인류를 이해한다. 이런 관점에서 인류학자는 1차 산업혁명 이후 자본가와 노동자라는 새로운 상관관계 외에는 변한 것이 없다고 보고 있다.

토인비도 산업혁명을 격변적인 격렬한 현상이 아니라 그 이전부터 시작해 온 점진적이고 연속적인 기술혁신의 한 과정이라고 봤다. 토인비의 말처럼 1차·2차·3차·4차의 산업혁명은 그 이전부터 시작해 온 점진적이고 연속적인 기술혁신의 과정 과정을 겪으며 발전해 온 한 과정일 것이다. 토인비는 모든 문명은 발생·성장·쇠퇴·해체의 적정을 밟아서 결국 멸망한다. 그러나 낡은 문명의 멸망은 새 문명의 씨앗이 된다. 곧 '역사는 돌고 돈다.'가 된다. 그러나 이런 문명의 부자 관계의 세대는 가장 오래된 것도 3세대밖에 안 된다고 설명했다.

타밈 안사리는 『다시 보는 5만 년의 역사』에서 지금 영원할 것 같은 것들이 사라지고 새로운 것이 재발명된다고 했다. 오래된 문화나 습관은 인간이 창조한 고리로 연결된 세상에 의해 재구성된 것으로, 전 세계 주요 문명과 그곳에서 일어난 다양한 충돌과 연계된 역사가 우리가 사는 '지금'을 만들어 냈다고 설명했다.

중동 지역에서도 국가의 흥망성쇠를 관찰한 이븐 할둔도 시대에 따라 국가 구성원들의 결집력(아사비야)이 낮아지기 때문에 흥망성쇠가 반복됐다고 주장했다. 이븐 할둔은 한번 꽃피운 제국은 반드시 사라지는 주기적 패턴을 발견한다. 이유는 사막에서 겪은 어려움을 잊어버릴 만큼 풍요로운 생활에 익숙해지면서 부족의 구성원들이 '무기력'해진다고 봤다. 그는 모든 왕조의 수명이 놀라울 정도로 비슷했고 3세대를 넘겨 권력을 유지하는 일은 거의 없다고 주장했다.

유대민족이 가장 잘나가던 왕조 시절도 1세대 사울을 거쳐 2세대 다윗을 지나 3세대 솔로몬 시대에 망하게 되는 것을 볼 수 있다. 사사 시대를 지내면서 많은 외침을 받았던 이스라엘 백성들은 주변 열국들처럼 '인간이 왕'이 돼서 통치하는 중앙 집권적 연합체를 원했다. 이에 하나님께 왕을 세워 달라고 한다. 하나님은 이스라엘 백성들의 왕은 나인데 나를 왕으로 두기 싫어한다며 이스라엘 민족의 소원을 들어준다. 제1대 사울을 거쳐 제3대 솔로몬은 하나님이 함께하시므로 세계 최고 부강한 나라를 만들고 최고 지혜의 왕으로 명성을 떨쳤다.

그러다 솔로몬의 아내들이 그의 마음을 다른 우상 신에게 돌리게 한다. 솔로몬은 우상을 섬기므로 십계명의 제1계명인 '나 외에 다른 신을 섬기지 말라'는 계명을 어기며 몰락의 길로 들어섰다. 결국 이스라엘 민족은 북이스라엘이 앗수르에 멸망당하고 남은 남유다와 예루살렘도 범죄함으로 이방 나라 바벨론에게 멸망당한다. 결국 이들은 자신들과 함께했던 신을 배반함으로 3대 왕족으로 끝나면서 고행의 역사가 시작된다.

지난 2017년 6월 21일, 살만 빈 압둘아지즈 사우디아라비아 국왕은 그의 아들 무함마드 빈 살만을 왕세자로 책봉했다. 이는 1953년 이후 사우디아라비아 국왕이 자신의 형제가 아닌 아들을 왕세자로 책봉한 첫 사례로서 이례적인 결정이다. 이렇게 왕위를 물려받은 빈 살만 왕세자는 '초국경 경제 지대'를 창출한다는 계획하에 '네옴(NEOM) 시티 프로젝트'를 약 5천억 달러(약 600조 원)가 투자되는 세기적 사업을 진행하고 있다.

사우디아라비아 북서쪽에 있는 계획형 신도시로서 서울 면적의 44배다. 북쪽으로는 요르단, 서쪽으로는 홍해를 접하고 있으며 15㎞ 길이의 다리를 건설해 이집트와도 연결하는 중동의 '초국경 경제 지대'를 창출한다는 계획이다. 네옴 프로젝트가 세기적 관심을 받는 이유는 해수담수화 설비에 인공지능 도시, 100% 재생에너지 등 최첨단 기술이 적용된다는 데 있다.

그래서 더 라인에는 도로도 없고 차도 없다. 지하를 관통하는 초고속 철도로 20분이면 3개 도시를 오갈 수 있다. 전통적 도시와 달리 사람들의 건강과 웰빙이 교통과 인프라보다 우선시된다. 자연 생태적인 새로운 문명 도시에 도시 지역이 직면한 가장 시급한 글로벌 문제에 대응하고 대안적인 삶의 방식을 고취하도록 설계됐다. 여기에 도시와 사막 사이의 극명한 차이를 볼 수 있다.

이런 최첨단 새로운 문명의 탄생이 주목받는가 하면, 이와 반대로 비판 또한 많다. 거대 도시를 건설하기 위해 마을 2개가 사라졌고 2만 명의 후와이타트족이 적절한 보상도 없이 강제 이주를 당했다고 인권 운동가들은 주장한다. 매우 건조한 국가인 사우디에서는 식수·생활용수·공업용수 등의 절반이 해수 담수화 플랜트에서 생산된다. 이런 담수화 플랜트는 화석 연료로 가동된다. 담수화 공정 시 바닷물 2톤을 담수 1톤으로 만들기 위해 배출되는 이산화탄소의 양은 약 1.8㎏에 육박한다.

여기에 담수화 과정에서 제거된 소금은 '농축수'에 모여 바다로 보내지는데, 이는 어린 물고기에게 배우 치명적이어서 해양 생태계에 해로운 영향을 끼친다. 네옴 측은 네옴의 담수화 플랜트는 재생에너지로 가동될 것이며 염수 찌꺼기는 바다에 버려지는 것이 아니라 산업용 원료로 사용될 것이라고 말한다. 그러나 재생에너지로 가동되는 담수화 설비는 아직 성공한 적이 없다.

또 기후 전문가들은 검증되지 않은 기술에 의존하다가 기후 변화 대응의 발목을 잡아 대응을 지연시키지 않을지 우려한다. 이 거대한 프로젝트의 구조물에 곰팡이와 들쥐, 전염병의 온상이 될 것이라는 보건학자의 경고도 있다. 햇볕을 쬘 수 있는 상류층과 빛을 볼 수 없는 하류층으로 구분될 것이라는 우려도 있다. 이렇다 보니 대부분 '슈퍼리치'의 입맛을 맞추기 위한 것이라는 비난이 있다.

현대인들은 역사가 발전해야 한다는 것을 기본 전제로 삼고 있다. 그리고 그만큼 발전했다고 생각하고 있다. 그러나 생각해 보라. 지금까지 살펴본 바로는 해 아래 새로운 것은 없었고 오래전 있던 과거가 되풀이되는 상황에 봉착해 있었다. 왕조가 정치적 문란으로 혼란에 빠지며 농민 봉기가 일어났다. 농민 지도자가 집권하면 그 지도자는 또다시 정치적 문란으로 인해 다시 농민 봉기가 일어난다. 이런 시나리오가 반복된 것이 역사다.

찰스 틸리가 말한 국가의 핵심 기능을 전쟁으로 보고 전쟁 수행에만 혈안이 된 것이 현대 국가다. 지금에 와선 이것이 달라졌다고 보고 있는가. 이 글이 인쇄되어 나오는 그날은 러시아와 우크라이나 전쟁이 끝나 있을 것인가.

기계 발명으로 인해 기득권의 생활 방식은 더 편리해지고 최첨단으로 바뀌었다. 계급이라는 글자는 시대마다 단어만 바뀌었을 뿐, 행위나 구조적 특성이 바뀐 것이 없다. 산업혁명은 사람과 동물의 기능을 극대화하고 대체하는 정도에 따라 1차 · 2차 · 3차로 구분한 것에 불과하다. 인간이 손수 해야 할 부분은 기계로 대체됐다. 최근에는 인간 고유 영역인 지능이 대체되고 인간과 기계가 직접 교감하는 형태가 가능한 4차 산업혁명이 다가왔다. 이 또한 인간이 생각해야 하는 생각의 영역을 기계가 대신해 준다. 그렇다면 인간의 지능까지 대체되는 이 시점에 무엇을 해야 하나.

바로 인간은 고도의 정신활동을 시작할 시점에 도래했다. 타밈 안사리의 말처럼 수만 년의 세월을 통해 인적 연결망은 촘촘해졌고, 한층 더 강화될 하나가 될 인류를 위해 우리는 확고한 가치 기준을 세워야 한다. 이 가치 기준으로 통합된 인류를 만들어야 한다. 이 통합된 기준이 서면 평화를 이룰 수 있다.

우리는 평화를 이뤄 후대에 평화를 유산으로 남겨야 한다. 언제까지 반목되고 전쟁하는 일을 되풀이해야 하는가. 이제 끈을 끊을 때가 된 것이다. 왜 그러한가. 몇천 년에 걸쳐 그 많은 사상과 문명의 발달이라고 자부하며 살아온 인류에게 현재 남아 있는 것은 무엇인가. 이것이 필자가 세계통합공유가치관(이하 '세통관')을 이야기하는 이유다. 세통관은 온 인류에 너도 좋고 나도 좋은 홍익인간의 이념을 바로 세워 인류모든 족속에게 평화를 심어 줄 수 있다.

산업혁명은 격변적인 격렬한 현상이 아니라 그 이전부터 시작해 온 점진적이고 연속적인 기술혁신 과정이다. 아주 작은 노동값으로 노동을 착취당하며 부림을 당하는 피지배 계급으로 본다면, 노동을 위한 행위는 기계 발달로 대량 생산화돼 소비활동은 더 많아졌고 소비활동으로 인해 부자는 더 부자가 됐지만, 변함없이 노동자는 노동 현장에서 일한다. 기계를 소유한 지배 계층에 피지배 계층은 지배당하고 있을 뿐이다.

마치 네옴 시티에서 빛을 보는 부자들과 빛을 보지 못하는 하류층이 존재하는 것처럼, 새로운 기계와 직급과 언어가 생겨난 것 외에는 과거와 현재사이에서는 변한 것이 없다. 이렇게 돌고 도는 악순환의 역사 속에 인간성은 더 상실되고 인간의 존엄성마저 부정될 수 있는 시기에 봉착했다. 이 시기를 잘 넘겨야 인류는 오래도록 존속할 수 있다.

언어와 기계의 발명으로 기득권이 누리는 생활방식은 더 편리해져 최첨단으로 바뀌었다. 계급이라는 글자는 시대마다 단어만 바뀌었을 뿐,

행위나 구조적 특성은 바뀐 것이 없다.

산업혁명은 사람과 동물의 기능을 극대화하고 대체하는 정도에 따라 1차, 2차, 3차로 구분한 것에 불과하다. 인간이 손수 해야 할 부분이 기계로 대체됐다. 최근에는 인간 고유영역인 지능이 대체되고 인간과 기계가 직접 교감하는 형태가 가능한 4차 산업혁명이 다가왔다. 이 또한 인간이 생각해야 하는 생각의 영역을 기계가 대신해 주는 것에 불과하다. 그렇다면 인간은 지능까지 대체되는 이 시점에 무엇을 해야 하나.

인간은 바로 고도의 정신활동을 시작할 시점에 도래했다. 타밈 안사리의 말처럼 수만 년의 세월을 통해 인적 연결망은 촘촘해졌고, 한층 더 강화될 하나가 될 인류를 위해 우리는 확고한 가치 기준을 세워 통합된 인류를 맞이해 후대의 후손에게 인류를 평화로 남겨야 한다. 이것이 필자가 세통관을 이야기하는 이유다. 세통관은 온 인류에 너도 좋고 나도 좋은 홍익인간(천손사상, 개천사상)의 이념을 바로 세워 인류 모든 족속에게 평화를 심어 줄 수 있다.

인류 발전이라는 단계를 앞서 살펴본 바와 같이 석학들은 '신을 잃어버린 인간'에게 어두운 전망을 내놨다. 산업혁명은 격변 적인 격렬한 현상이 아니라 그 이전부터 시작해 온 점진적이고 연속적인 기술혁신 과정이다. 아주 작은 노동값으로 노동을 착취당하며 부림을 당하는 피지배 계급으로 본다면 노동을 위한 행위는 기계 발달로 대량 생산화돼 소비활동은 더 많아졌고 소비활동으로 인해 부자는 더 부자가 됐지만, 변함없이 노동자는 노동 현장에서 일한다. 기계를 소유한 지배계층에 피지배 계층은 지배당하고 있을 뿐이다. 마치 네옴 시티에서 빛을 보는 부자들과 빛을 보지 못하는 하류층이 존재하는 것처럼, 새로운 기계와 직급과 언어가 생겨난 것 외에는 변한 것이 없다.

　이렇게 돌고 도는 순환의 역사 속에 인간성은 더 상실되고 인간의 존엄성마저 부정될 수 있는 시기에 봉착했다. 이 시기를 잘 넘겨야 인류는 오래도록 존속할 수 있다. 인류는 결코 권위와 권력을 가진 자와 강한 자들과 부자들에 의해 좌지우지돼서는 안 된다.

분노의 자녀,
선이신 신 찾아 '본성 회복'해야

이런 사회를 사도바울은 신이 떠나 본성을 잃어버린 본질상 분노의
자녀가 사는 세상이라고 칭했다. 본질상 분노의 자녀가 에베소서 2장
2~3절에서는 이 세상 풍속을 좇고 공중의 권세 잡은 자를 따랐다고 했
다. 곧 공중 권세 잡은 이들은 불순종의 아들들 가운데서 역사하는 영
이라고 못 박았다. 그러면서 사도바울은 전에는 우리도 불순종의 아들
들 가운데서 우리 육체의 욕심을 따라 지내며 육체와 마음의 원하는 것
을 하여 다른 이들과 같이 본질상 '진노의 자녀'였다고 고백한다.

이것을 유발 하라리는 『호모데우스』에서 앞으로는 지금보다 더 심
한 혼돈의 세계가 온다고 말한다. 그는 오는 2050년에는 직업시장 · 가
족 · 생태계가 어떤 모습일지, 어떤 종교적 경제적 시스템과 정치구조
가 세계를 지배할지 아무도 모른다며, 빠르게 변화하고 인간이 감당할
수 없는 정보로 개념이나 약속, 위협이 밀려들고 있다고 말한다. 그러
면서 인간이 자유시장, 집단지성 등의 권한을 외부 알고리즘에 양도했
다고 주장했다.

또 과거에 검열은 정보의 흐름을 차단하는 방식으로 작동했지만 21세기에 검열은 사람들에게 관계없는 정보들을 쏟아붓는 방식으로 작동해 사람들이 무엇에 집중해야 하는지 몰라 정작 중요한 것을 찾지 못하고 중요하지 않은 쟁점을 조사하고 논쟁하느라 시간을 보낸다고 설명했다. 이 혼돈의 세계에서 인간이 어디에 초점을 두어야 하는지 묻고 있다.

이 혼돈의 세계, 곧 육체의 욕심을 따라 지내며 육체와 마음이 원하는 것만 추구하던 본질상 진노의 자녀들이 '물질 만능의 한계'를 경험하게 된다. 이제 본질상 진노의 자녀들이 영적인 정신세계(진리 혹은 정의)를 찾는 자녀들이 나타나기 시작했다.

필자는 전 세계 종교 지도자나 철학자, 과학자나 인문학을 연구하는 자들을 본질상 진노의 자녀들만 있는 이 세상에서 진리에 맞는 올바른 도리인 정의를 찾아 나선 자들이라고 말한다. 정의를 찾는 과정은 떠나버린 신을 찾는 과정이었다. 악을 버리기 위해 선이 무엇인지 찾았고 정의와 공정을 펼치며 평화롭게 살아가는 방법을 찾기 시작했다. 또 사랑과 우정 등의 주제를 고민하며 사회와 개인의 환경적인 가치를 형성하는 데 자신의 사상이나 발명이 좋은 영향을 끼치길 바랐다. 더 나아가 국가를 세워 사회를 형성해 협력하며 세계화에 눈뜨고 서로 교류 등 협력을 강화해 인류를 지속해서 존속하길 바라는 사람들이 생겨나기 시작했다.

토인비의 역사관도 이와 다르지 않았다. 토인비는 모든 문명은 발생·성장·쇠퇴·해체의 적정을 밟아서 결국 멸망하지만, 이 낡은 문명의 멸망은 새 문명의 씨앗이 된다고 역설했다. 돌고 도는 역사 속에 역사 발전의 원동력은 바로 '정신'에 있다고 봤다. 이 창조적 인간 정신 활동을 신과 인간과 조우의 한 과정, 곧 종교라 봤다. 지금 이 사회의 문제를 '신을 잃어버린 것'에 있다고 진단한 것이다. 잃어버린 신은 곧 정신이다. '정신 차려'라는 말에서 '정신'의 숨은 뜻은 육체나 물질에 대립하는 영혼, 즉 마음을 잘 잡아야 한다는 뜻이다. 토인비는 잃어버린 신을 찾는다면 인류와 그 문명을 멸망에서 구출할 수 있다고 봤다.

잃어버린 신을 찾는 방법은 무엇일까. 신을 만나기 위해서 사람들은 인류 역사 속으로 걸어 들어가서 '걸어 다니는 역사가'가 돼야 한다. 역사를 알아 교훈을 얻고 그 교훈 속에서 미래를 보고 그 미래는 현재의 나임을 알아야 한다. 그러니 인간은 세심한 배려심으로 겸손하고 묵묵히 토인비의 말처럼 큰 틀 안에서 세상의 모든 역사를 바라봐야 한다. 타밈 안사리의 말처럼 좀 더 촘촘해진 인적 연결망을 통해 우리 삶의 상호 연계성을 확고히 해야 한다. 이렇게 역사관이 바뀌고 서로 더 이해하기 위해 노력하는 과정에서 인류는 새로운 물결 '세통관'으로 선을 추구하는 하나의 강력한 집단이 될 것이다.

토인비도 역사발전 원동력은 '정신'에 있다고 봤다. 그의 빛나는 역사 발전의 원동력으로 봤다. 그의 빛나는 통찰력이다. 그는 역사에 있어서 궁극적 목적은 '문명'이 아니라 이 수단을 통해 끊임없이 연결해 가는 창조적 인간 정신활동이라고 봤다. 이 창조적 인간 정신활동을 신과 인간과 조우의 한 과정, 곧 종교라 봤다. 그러면서 선진화되는 지금의 사회는 '신을 잃어버린 것'에 있다고 했다.

토인비는 신을 잃어버린 현재가 과거의 거의 모든 문명을 멸망으로 이끌고 갔던 전쟁과 계급이 현대문명을 다시 위협하고 있다고 진단했다. 그는 신을 인류사회의 성원으로 포함하는 고차(高次: 생각이나 행동 수준이나 정도가 높은 것)의 사회를 만들기만 하면 인류와 그 문명을 멸망에서 구출할 수 있다고 봤다.

토인비가 역사에 이런 정신적 관점을 통해 신에게 도달해야 한다고 통찰할 수 있었던 계기는 1914년의 제1차 세계대전 발발이었다. 이 전쟁으로 900만 명이 생명을 잃었고 이것이 과학 무기의 등장으로 가능했다는 것이다. 토인비는 역사상 처음 만나는 이 참혹한 현실을 문명의 꽃이라고 말하는 과학의 발달이 만들어 냈다는 것에 환멸과 절망을 느끼게 된다. 말 그대로 정신적인 충격이었다.

하지만 자신은 살아남았고, 이 책임은 살아남은 자의 책임이라는 학자의 뉘우침이 생겨났다. 이때 토인비는 보이지 않는 마음에 눈을 뜬다. 현재 내가 경험하고 있는 이 세계는 이미 옛날에 이미 경험한 세계다. 이런 경험이 토인비에게 '정신'이라는 새로운 역사의식을 불러일으켰다. 정신을 찾다 보니 사람의 심령을 창조한 신을 만나야 함을 깨닫고 신성 회복을 역설한 것이다.

유발 하라리도 자신의 저서 『호모데우스』에서 18세기에는 신 중심적 세계관에서 인본주의로 이동함으로써 신을 밀어냈다고 밝혔다. 인본주의 혁명이 하루아침에 일어난 것이 아니다. 처음에는 사람들이 계속 신을 믿었고 인간이 신성한 이유는 신이 어떤 신성한 목적을 위해 인간을 창조했기 때문이라고 주장했다. 한참 나중에야 몇몇 사람들이 용기를 내 인간은 자체로 신성하며 신은 존재하지 않는다고 말했다.

마찬가지로 오늘날 대부분의 '데이터교(Dataism: 정보의 흐름이 최고의 가치인 신흥 이념이나, 종교의 새로운 형태라고 칭한 것을 기술하는 용어)'들도 만물 인터넷이 신성한 이유는 인간이 스스로의 필요를 위해 그것을 창조하기 때문이라고 말한다. 데이터교는 인간의 기능과 중요도를 축소시키며 건강·행복·힘에 대한 추구는 가속화되고 권한은 인간에게서 알고리즘으로 이동할 것이며 이로써 인본주의는 폐기돼 인간은 한낱 데이터에 지나지 않으리라고 관측했다. 이처럼 21세기 데이터교는 인간 중심적 세계관에서 데이터 중심적 세계관으로 이동해 인간을 밀어내고 결국 만물 인터넷 자체로 신성해질 것이라고 주장했다.

또 인간이 동물을 가축화시켜 다양한 방식으로 엄청난 고통을 가하며 그들의 생존과 번식을 확보해 인간의 배를 채우고 있다. 인간이 동물의 가축화로 동물을 좁은 우리에서 가두고 뿔과 꼬리를 자르고 어미와 새끼를 떼어 동물 간의 정서적인 유대 관계를 끊어 버린 것과 같이, 데이터교에 의해 신이 된 인간은 비참한 말로를 맞이할 것이라 이야기한다.

이 관점에서 현재 세계를 보자. 지난 2019년 갑자기 몰아닥친 코로나19로 인해 전 인류는 경험해 보지 못한 시대를 맞이하게 됐다. 코로나19로 인류는 혼란을 겪었지만, 서서히 새로운 문명적 변화를 인식하기 시작했다. 비대면 시대가 열린 것이다. 그러면서 과학기술을 넘어 4차 산업혁명인 인공지능(AI), 빅테이터, 메타버스가 주도하는 세상이 빠르게 열렸다. 인간이 묻고 로봇이 답하는 인공지능 시대가 됐다.

이처럼 과학은 눈부시게 발달했지만, 유발 하라리의 말처럼 데이터교에 의해 신이 된 인간은 비참한 말로를 맞이할 수도 있다. 인간은 정신적으로 더 빈곤해졌기 때문이다. 마치 유럽 흑사병인 페스트 창궐로 인해 인간성 해방을 위한 문화 혁신 운동의 반(反)중세적 정신 운동을 일으킨 것과 같다. 페스트로 유럽 전체 인구 중 30%가 목숨을 잃으면서 노동력이 턱없이 부족했고, 노동자들을 유리한 위치에서 지주들과 협상하게 됐다. 그러나 어디까지 노동자라는 것엔 변함이 없었다.

유럽 내 지역에서 노동자의 임금이 상승하자 나름대로 문화적 여유가 생겼다. 그러면서 인간은 신을 밀어냈다. 신은 신이고 인간은 인간이며, 인간을 찾아야 한다는 목소리가 커지게 됐다. 이 시작은 신화의 중심지였던 로마, 즉 이탈리아였다. 십자군 원정으로 인해 상업적으로 발전한 이탈리아가 문화적인 여유를 찾게 되면서, 절대자인 신을 능가해 모든 역사의 중심에 있기를 바라며 '신은 없다'라는 의식이 밑에서 생기기 시작한 것이다. 그러면서 인간의 과학 문명과 '자본주의'가 뜨기 시작한다.

이렇게 16세기 봉건주의 속에서 싹트기 시작한 자본주의가 18세기 중엽부터 영국과 프랑스 등을 중심으로 발달해 산업혁명으로 확립됐다. 19세기에 들어와 독일과 미국 등으로 파급됐고, 현재 많은 나라의 국민은 '자본주의 경제체제' 아래서 경제생활을 하고 있다. 이런 경제체제는 불과 얼마 되지 않은 세월 속에 꽃을 피웠다.

산업자본주의 시대가 열리면서 국왕의 독점과 특혜를 받던 소수 상업자본가 시대가 막을 내렸다. 하지만 자유경쟁 시장 논리에 따라 새로운 특권이 탄생하고, 토지와 노동에서 소외된 농촌과 도시의 빈민층이 대거 발생했다. 최대 이윤을 추구하고자 하는 고용주로 인해 아동과 여성의 노동력은 싼값에 착취당했다. 이런 자본주의 사회에 대한 거센 비판과 충돌이 사회주의 노동운동을 낳았다. 이런 사상의 탄생과 사회 운동에도 착취 구조는 크게 변하지 않았다. 오래된 특권의 폐지가 새로운 특권을 낳았을 뿐이다. 현재도 국가 간 이익 충돌, 인간 경시 현상이 정점에 달해 물리적·문화적 충돌은 전쟁으로 이어지고 있다.

새로운 문명을 탄생시키며 인류는 새로운 인간 중심사상의 새 시대를 꿈꿨지만, 기술의 발달로 인간은 소외됐다. 기술의 발달로 물질은 풍족해졌고 이에 따라 물질만능주의로 인간은 다시 '본질상 분노의 자녀'로 돌아간 것에 불과하다. 이것을 가리켜 니체는 "신은 죽었다."고 외쳤다. 이것은 정말 신이 죽었다는 것이 아니라 그 당시 정신적 상황에 대한 정확한 서구의 문화현상의 시대적 진단이었다.

박찬국 서울대 교수는 네이버TV에서 니체의 진단을 이렇게 설명했다.

"인간은 과학이 발달하기 전 알지 못했던 미지의 세계에 대한 두려움과 동경을 신이 지닌 힘이라고 믿었다. 그러나 과학의 발달로 자연법칙에 따라 설명할 수 있게 됐다. 질병이나 자연 재앙을 과학으로 극복하게 되므로 신을 잃어버리게 됐다고 니체는 진단했다."

박 교수는 니체의 이런 정신적 상황에 대해 일차적으로 '기독교의 신을 의미'한다고 보았으며, 이차적으로는 플라톤의 이데아나 헤겔의 절대정신과 같은 모든 종류의 초감성적인 정신을 가리켜 죽었다고 표현한 것이라고 말했다. 박 교수는 나아가 니체가 이런 신이 죽은 것은 위기지만, 허무주의를 타파하는 새로운 기회로 봤다고 했다.

니체는 이원론에서는 우리가 사는 지상 세계를 고통과 빈곤에 시달리는 불완전한 세계라고 봤지만, 반면 이 세계는 낭비적이라 할 만큼 풍요로운 세세라고 주장했다고 했다. 그러면서 니체는 아무런 이유도 목적도 없이 '창조와 파괴'를 거듭하는 힘을 가지고 이 세계를 즐기는 새로운 '디오니소스 신'을 제시했다. 그러면서 니체는 이 세계는 디오니소스 신의 놀이터라고 주장했다.

박 교수는 디오스소스 신에 대해 로마신화에서는 바쿠스 신으로 불리며 술과 도취의 신이라고 설명했다. 제우스가 바람을 피워서 태어난 디오니소스는 제우스의 아내인 헤라의 사주를 받은 거인들에 의해 8조각으로 찢겨 불태워진다. 하지만 자신의 불타 버린 재를 양식으로 하여 의연하게 소생한다며 처참한 죽음을 딛고 부활하는 디오니소스 신은 아무런 이유도 목적도 없이 '창조와 파괴'의 유희하는 충일한 생명력을 상징한다고 설명했다. 그러면서 니체가 말한 초인은 디오니소스 신 같은 충일한 생명력으로 그 어떠한 고난과 고통에도 삶을 긍정하면서 유희하듯 살아가는 자라고 표현했다.

하지만 니체의 "신은 죽었다."는 말은 학설(學說)에 불과하다. 디오니소스 신도 이 세계를 '창조와 파괴'를 일삼으며 자신의 놀이터로 본 것에 불과하다. 인간에게 초인으로 살아가라고 학설을 만들어 부르짖었다. 하지만 아무리 새로운 가설과 학설을 만들어 내도 인간이 만들어 낸 생각에 불과했다. 이 이론들은 인간을 생명력 있는 사람으로 창조하지 못했다. '생로병사'의 굴레 속에 헤어나지 못하게 인간을 던져 놨다.

충일한 생명력을 가지라고 인간에게 충고하는 신이 어찌 자신도 인간도 생로병사의 굴레 속에서 헤어 나오지 못하게 하는가. 진정한 신이라면 인간을 생로병사의 굴레 속에서 건져 내어 영원한 안식과 생명을 줄 수 있어야 한다. 이것이 충만한 생명력으로 고난을 이겨 내고 영원한 평화를 누리며 삶을 살 수 있는 초인이며 진정한 신이다.

이제 인간이 가지고 있는 생명력으로도 더는 답이 없음을 깨달았다. 니체는 일차적 예수도 죽이고, 초감성적인 정신도 죽였다. 이 모든 신이 죽고 니체가 새롭게 제시한 디오니소스 신이 제대로 작동했다면 지금의 인류는 새로운 삶의 의미와 목표를 건립할 기회였기에 인간은 더 건강하고 생기 있는 생명력을 가져야 했다.

하지만 현실은 어떠한가. 신을 죽이며 새로운 기회라고 말한 니체의 말이 맞았다면 다가온 세상은 자기 삶을 건강하게 만든 자들로 인해 더 창조적이어야 했고 전쟁이 아닌 평화가 깃든 세상이 돼야 했다. 니체는 기존의 신을 죽이며 새로운 신을 창조했지만, 이 신 또한 인간의 삶에 아무런 영향을 주진 못했다. 다만 인간이 신을 죽이기도 하며 새로운 신을 만들어 낼 수 있다는 사실을 다시 인지하게 했을 뿐이다.

마치 유일신인 하나님만을 믿겠다고 짐승의 피로 맹세한 유대인이 모세가 시내산에서 하나님께 십계명을 받아 온 40일을 참지 못하고 자기들을 위해 신을 만들라고 모세의 형인 아론을 괴롭혀 결국 금송아지를 세워 신으로 모셨던 것처럼. 인간은 신을 창조하기도 하고 파괴도 하며 신과 언약하기도 하며 약속을 파기하기도 하는 어리석음을 무한 반복하며 살아왔다.

그러니 니체가 "신은 죽었다."고 한 진단은 너무 정확했다. 인간은 자신 안에 있는 신을 죄로 인해 떠나게 했고 결국 떠나간 신을 죽었다고 표현했다. 성경 역사 속에서 본 바 아담 범죄(창세기 2장~6장) 이후로 세상을 창조한 신은 인간을 떠나 있었다.

[창세기 6장 3절] 여호와께서 가라사대 나의 신이 영원히 사람과 함께 하지 아니하리니 이는 그들이 육체가 됨이라. 그러나 그들의 날은 일백 이십 년이 되리라

이 떠난 자리를 사단이라고 하는 마귀가 차지했다.

[데살로니가후서 2장 4절] 저는 대적하는 자라 범사에 일컫는 하나님이나 숭배함을 받는 자 위에 뛰어나 자존하며, 하나님 성전에 앉아 자기를 보여 하나님이라 하느니라

이 말씀에 의거해 본 바 하나님이 떠나가신 자리에 사단 마귀가 앉아 있었다. 사단 마귀의 속성은 어둠, 곧 죽음이므로 인생들을 '생로병사의 굴레'에 가둬 버렸다. 니체가 만들어 낸 신 또한 인간을 생로병사의 굴레에 한계를 지어 버렸다. 왜 그러한가. 니체가 "신은 죽었다."고 한 것을 넘어 "신을 살해해야 한다."고 말한 것은 인간 안에 양심의 가책과 함께 생명력을 약화하는 신이다. 이 생명력을 약화하는 신을 살해했다면 인간은 더 강인해져야 하고 순수해져야 하며 세상은 좀 더 나은 삶으로 변해 있어야 한다. 하지만 지금 사회는 어떠한가. 신이 아무것도 해결해 주지 못했다. 그러니 이 또한 그저 인간이 만들어 낸 허상의 신에 불과하다.

신은 죽음을 초월하는 존재다. 창세기 21장 33절에서 아브라함은 "브엘세바에 에셀나무를 심고 거기서 영생하시는 하나님 여호와의 이름을 불렀다"고 기록돼 있다. 우리 조상들은 인간의 영은 소멸하지 않는다는 것을 알고 있었다. 하여 '영원불사'라는 말이 오래전부터 내려왔다. 이처럼 영생하시는 하나님의 참자녀라며 우리는 영생해야 맞다. 즉, 장수해야 한다.

하지만 아담의 범죄 후로 범죄한 아담이 영생할까 하여 에덴동산에서 쫓아내고 두루 도는 화염검으로 생명나무를 지키게 해 영생하지 못하게 하고 인생들의 수명도 120살로 줄인다. 시편 82편 6~7절에서는 하나님께서 인생들에게 "내가 말하기를 너희는 신들이며 다 지존자의 아들들이라 하였으나, 너희는 범인같이 죽으며 방백의 하나같이 엎어지리로다"라며 신의 자녀에게 범인같이 방백같이 된다고 예언(豫言)해 주셨다.

후에 다시 인생들의 수명을 70~80세로 더 줄여 버린다. 시편 90편 10절 "우리의 년수가 칠십이요 강건하면 팔십이라도 그 년수의 자랑은 수고와 슬픔뿐이요 신속히 가니 우리가 날아간다"고 말씀하고 있다.

신은 니체의 주장처럼 인간이 디오니소스 신과 같이 충만한 생명력으로 그 어떠한 고난과 고통을 이기고 자기 삶을 건강하게 만들 수 있는 초인과 같은 사람이 되기를 바라셨다. 이것을 성경에서는 사람을 영생하시는 하나님의 모양과 형상대로 창조했다고 말하고 있다.

[예레아 애가 3장 33절] 주께서 인생으로 고생하며 근심하게 하심이 본심이 아니시로다

하여 신은 역사서인 성경을 통해 안타까운 심정으로 인간이 왜 죽게 됐는지를 알려 주고, 어떻게 하면 인간이 죽지 않고 영혼을 순수하게 하는지 그 해답을 제시해 준다. 하지만 성경은 때가 돼야 풀리는 글이므로 그동안 그 비밀이 숨겨져 있었다. 이제는 때가 돼 성경의 비밀이 풀어지는 시대가 됐다.

시편 78편 2~4절에서는 "내가 입을 열고 비유를 베풀어서 옛 비밀한 말을 발표하리니, 이는 우리가 들은 바요 아는 바요 우리 열조가 우리에게 전한 바"라며 "우리가 이를 그 자손에게 숨기지 아니하고 여호와의 영예와 그 능력과 기이한 사적을 후대에 전한다"고 기록하고 있다. 이제 비밀이 풀어져 인간의 근원적인 죽음의 문제가 해결하는 시대가 왔다.

이 비밀이 풀어지는 시대가 오기 전, 즉 때가 되기 전에는 그 누구도 알 수 없다. 선물을 주시기로 마음먹은 자가 때가 되기 전에 선물을 주고 열어 주지 않는 것을 누가 감히 알 수 있단 말인가. 그러니 세상의 최고 학문이라고 자부하는 철학에 대해 골로새서 2장 8절에서는 "누가 철학과 헛된 속임수로 너희를 노략할까 주의하라"면서 "이것이 사람의 유전과 세상의 초등 학문을 좇음이요 그리스도를 좇음이 아니니라"며 헛된 속임수라고 말한다.

세상은 헛된 속임수에 불과하다. 니체가 "신은 죽었다."고 단정하고 새로운 신을 창조했지만 이 신 또한 인간을 생로병사의 굴레에 한계를 지어 버렸다. 이는 인간의 무지와 교만을 드러낸 것에 불과하다. 진짜 세상을 창조한 참신의 목표는 인생이 생로병사의 굴레에서 벗어나 진정한 자유(에덴동산 회복, 무릉도원, 신과 함께 사는 천국)를 얻게 하는 것이다.

인류 석학들은 인류 발전 단계에서 인간이 '신을 잃어버린 것'이 가장 큰 문제라고 진단했다. 이렇게 인류는 철학과 사상과 과학의 발전으로 눈부신 성과를 이뤄 놓은 것 같지만 또 다른 폐해가 생기고 이것이 전쟁으로 이어졌다. 반복된 전쟁은 새로운 통치조직의 국가를 탄생시키고 또 소멸시켰다. 이렇게 인류사는 반목과 분쟁과 전쟁으로 다시 새로운 세계 질서가 잡히는 듯했다.

하지만 다시 전쟁은 반복됐고 인간 삶은 더 피폐해져 갔다. 무엇 때문인가. 그것은 지금까지 진정한 철학자가 없었고, 천지와 만물을 창조하시고 자기의 형상대로 사람을 지으신 신을 잃어버렸기 때문이다. 이에 필자는 우리 인간에게 '정신 차려(얼차려)'라고 말한다. 만물의 영장인 인간이 신과 같은 정신인 홍익인간을 잃어버린 것에 대한 대가다.

정신을 잃어버린 인간에게 유발 하라리도 『호모데우스』에서 7만 년 역사를 거쳐 지구를 정복한 인류가 이제 무엇을 추구해야 하는지, 어디로 나아가야 하는지를 묻는다. 저자는 21세기 인간이 경제성장 덕분에 기아·역병·전쟁을 통제할 수 있게 됐다고 말한다. 호모데우스, 즉 '신이 된 인간'은 다음 순서로 불멸·행복·신성을 꿈꾼다며 그는 경제성장과 생태계 안정 중 하나를 선택해야 하는 순간이 오면 정치인·CEO·유권자들의 십중팔구는 성장을 선호한다며 21세기에도 그런 식이면 우리는 파국을 면치 못할 것이라고 경고한다.

유발 하라리는 이런 파국을 막을 브레이크가 어디에 있는지 아무도 모른다고 말한다. 만일 어떻게든 브레이크를 밟는다면 성장은 멈추고 경제는 추락해 산산조각이 날 것이라고 내다봤다. 자본주의에 행복, 신성을 추구하라고 하는 이유가 여기에 있다고 설명한다.

이를 뒷받침해 주는 근거로 현재 대한민국을 보자. 대한민국은 GNP 3만 5천 불로서 세계 6대 강대국으로 우뚝 섰다. 하지만 지난 2021년 기준 우리나라 인구 10만 명당 자살자 수는 23.6명이다. OECD 평균인 11.1명보다 2배 이상 많다. 우리나라는 지난 2003년 이후 2016, 2017년 두 해를 제외한 나머지 기간 OECD 회원국 자살률 1위를 기록했다. 연령별로 보면, 가장 건강한 나이대인 10대부터 30대까지의 사망 원인 1위가 자살이다.

2024년 현재도 우리나라가 '자살률 1위 국가'의 오명을 벗지 못했다. 자살로 인한 사망자 수가 OECD 평균에 비해 두 배나 높아 38개국 중 1위라는 불명예를 안고 있다.

물질은 풍족해졌고 모든 것을 마음만 먹으면 누릴 수 있는 시대가 됐다. 인간은 물질적 성장은 이루었으나 정신적 성장은 유아 수준으로 멈췄다. 몸집은 커졌지만 정신은 어린아이 수준에 머물렀다. 정신은 피폐해져 갔고 무엇 때문에 물질을 얻어 냈고 그 후에는 무엇을 위해 정신이 성장해야 하는지 가는 길을 잃어버렸다. 무작정 물질적 성장만을 위해 앞만 보고 달린 이 인류를 유발 하라리의 말처럼 새로운 데이터교에게 빼앗겨 그저 우주적 규모의 데이터 흐름 속 잔물결이었다고 말할 것인가. 만물의 영장인 인간이?

기계가 인간을 뛰어넘을 수 있는 이 시대의 성장에는 뚜렷한 가치관이 새롭게 제시돼야 한다. 유발 하라리의 말처럼 군인·테러범·범죄자의 손에 죽는 사람보다 자살하는 사람이 더 많다. 못 먹어서 죽는 것보다 맥도날드에서 폭식해서 질병으로 죽을 확률이 훨씬 높다. 이렇다 보니 데이터교들에 의해서 밀려나게 될 것이라고 했다. 정말 그의 말처럼 만물의 영장인 인간은 그저 맥없이 현시점의 이데올로기와 사회 시스템에 얽매여 있을 것인가, 아니면 생각의 지평을 넓힐 것인가를 유발 하라리는 묻고 있다.

유발 하라리는 지평이 넓어질수록 전보다 더 혼란스럽고 무력해질 것이라고 말한다. 오는 2050년에 직업시장 · 가족 · 생태계가 어떤 모습일지, 어떤 종교적 · 경제적 시스템과 정치구조가 세계를 지배할지 모른다는 것이다. 그는 지평을 넓힐 때의 역효과는 전보다 더 혼란스럽고 무력해지는 것이라고 말한다. 그 많은 각본과 가능성들 가운데 인간이 무엇에 집중해야 하는지 묻는다.

이것은 토인비가 고전을 연구하다 현대 과학이라는 문명 속에서 1차 세계대전을 맞이하며 큰 깨달음을 얻어 '정신'을 외쳤듯이, 문명적 대변혁을 맞이한 지금 제대로 된 정신을 찾지 못하면 인류 문명은 인간이 만들어 낸 문명에 파괴될 수 있다.

유발 하라리는 신이 된 인간을 이야기하지만, 필자는 아담 이후로 신이 된 인간은 없었다고 단언한다. 앞서 살펴본 바와 같이 아담 범죄 후 신이 인간을 떠나면서 진정한 신과 인간이 하나 된 시대는 아직 오지 않았다.

[요한복음 4장 23절] 하나님은 영(靈)이시니 예배하는 자가 신령과 진정으로 예배할지니라

유발 하라리의 책 제목처럼 인간이 신이 되기 위해서는 진짜 영이신

하나님이 인간에게 와야 진짜 신성(神性)을 가진 사람이 된다. 창세기 5장 2절에서 하나님의 모양과 형상대로 창조한 남자와 여자를 사람이라 일컬으셨다. 인간(人間)은 '사람 인'에 '사이 간'으로 아직 사람이 되지 못한 것이다. 진정한 사람이 되기 위해서는 하나님의 모양과 형상대로 재창조돼야 한다.

이것은 야고보서 1장 17절의 말씀과 같이 "각양 좋은 은사와 온전한 선물이 다 위로부터 빛들의 아버지께로서 내려오나니 그는 변함도 없으시고 회전하는 그림자도 없다"는 것처럼 완전한 것이다. 완전히 하나님의 모양과 형상대로 재창조됐다는 것, 곧 신과 인간이 하나가 됐다는 것은 회전하는 그림자도 없는 것처럼 양심이 밝아져서 도덕적으로 완전해지고 시공간을 초월하는 존재가 되는 것을 의미한다.

야고보서에는 욕심이 잉태한즉 죄를 낳고 죄가 장성해 사망을 낳는다는 말씀이 있다. 이 말씀을 거꾸로 돌려보면, 사망을 없애기 위해 죄를 없애면 된다. 죄를 없애기 위해서 욕심을 없앤다. 곧 욕심이 없으면 사망이 나를 주관하지 못하는 것이다. 이것은 말씀 씨(성령의 씨)로 낳은 예수님의 피로 씻어 새 사람을 입으라고 하신 말씀과 같다.

[골로새서 3장 10절] 새 사람을 입었으니 이는 자기를 창조하신 자의 형상을 좇아 지식에까지 새롭게 하심을 받는 자니라

이렇게 하여 하나님의 말씀의 도(道)로 양심을 깨끗하게 씻어 영원한 생명으로 들어가라는 가르침과 같다(요한복음 1장 1~4절). 또 베드로전서 3장 21절에서는 오직 선한 양심은 태초의 말씀이신 하나님을 찾아

가는 것이라 했다. 이렇게 하나님을 찾아 가면 하나님이 주시려고 하는 영생의 복을 받는다는 것이다(요한일서 5장 13절: 내가 하나님의 아들의 이름을 믿는 너희에게 이것을 쓴 것은 너희로 하여금 너희에게 영생이 있음을 알게 하려 함이라). 언제? 마지막 때(전도서 3장 1절).

이것이 유발 하라리가 말한 것처럼 혹은 현대 과학이 밝힌 바와 같이 죽음을 격파하고 인간에게 영원한 젊음을 제공하는 것과 같은 맥락이다.

이는 우리의 혈관을 타고 흐르는 밝은 밝달나무(생명나무) 곧 단군이다. 지금도 만주, 몽골, 터키 등에서 탱그리(하늘의 신)로 불리는 최고 지도자의 직책 명칭을 TANGUN(단군 檀君)이라고 한다. 이와 같은 사실이 증명해 주듯이 단군의 홍익사상 곧 너도 좋고 나도 좋은 평화의 세상은 장수의 시대였다. 하늘의 호흡으로 살다 선도의 기맥이 끊기면서 수명이 급격히 줄어든 것이다(박제상 『부도지』 오미의 변).

진정한 밝달나무(생명나무)에서 나오는 밝은 문명(文明)인 영원한 생명을 인간에게 다시 회복시켜 주려고 이 일을 신은 벌써 계획하고 있었다. 때가 이르기 전이라 예언(豫言)으로만 전해져 내려오던 말이기 때문에 인생들이 모르고 있었을 뿐이다. 이 일을 계획하신 하나님은 약 6천 년 전부터 사람에게 다시 영생을 주기로 작정하시고 성경 역사를 시작해 오셨다.

회전하는 그림자도 없으신 빛이신 창조주 신이 사람을 떠나므로 어둠이 들어와 죽음이 찾아왔다. 우리를 떠났던 신성인 신이 다시 오면 진정한 신과 인간이 하나(신입합일, 神人合一) 되는 밝음의 시대가 오므로 어둠이 물러나고 영원한 생명만 남게 된다.

필자는 예언으로 돼 있어 어둡던 글들이 진정한 문명(文明)으로 꽃피운 영원한 삶이 있음을 알리며, 이것이 곧 세통관으로 이어진다는 것을 밝히고자 한다.

먼저 신인합일이 될 인간을 살피기 전 시대적으로 생산력의 혁명성과 생산 관계의 근본적 변화를 근거로 보는 보수적 인류학자들의 관점보다 더 깊은 곳에서 인류 근본을 관찰하고자 한다.

보수적 인류학자들은 인류학적 관점에서 지금까지 진정한 산업혁명은 단 한 차례밖에 없다고 주장하는 것을 앞서 살펴봤다. 인류학에서 생산력의 혁명성과 생산 관계의 근본적 변화를 근거로 인류사를 구분하기 때문이다. 1차 산업혁명으로 증기를 이용한 기계 생산 방식이 출현했고 자본가와 노동자라는 새로운 상관관계가 생겨났다. 이 자본가와 노동자라는 생산양식은 아직도 바뀌지 않았다고 본다.

인류는 언어와 생활방식과 양식과 계급을 나누는 것만 바뀌었을 뿐 구조적 특성은 바뀐 것이 없다. 산업혁명은 사람과 동물의 기능을 극대화하고 대체하는 정도에 따라 1차·2차·3차로 구분한 것에 불과하다. 이것을 유발 하라리는 다음과 같이 설명하고 있다.

파라오가 이집트의 수도 멤피스에 있는 자신의 궁전에서 포도를 먹으며 아내와 정부들을 희롱하는 동안, 파라오의 관료들은 지중해 해안에서 누비아 사막까지 이집트 왕국 안을 동분서주했다. 관료들은 각 마을이 내야 하는 세금을 계산해 긴 파피루스에 기록한 다음 그것을 멤피스로 보내고 멤피스에서는 병사들을 모집하고 건축 공사를 위해 인부를 모집한다. 관료들은 왕국의 곡식 창고에 밀이 얼마나 있는지 운하와 저수지를 청소하는 데 며칠이 걸리는지, 파라오의 하렘에 있는 여인들이 배불리 먹으려면 오리와 돼지 몇 마리를 멤피스에 보내야 하는지 계산했다.

심지어 살아 있는 신이 죽어서 그의 육신이 방부 처리되고 화려한 장례 행렬에 실려 멤피스 밖에 있는 왕들의 묘지로 갈 때도 관료제는 계속 돌아갔다. 관료들은 계속 파피루스에 기록하고 세금을 걷고, 명령을 하달하고 '파라오 기계'를 돌리는 톱니바퀴에 기름을 쳤다. 파라오 시대는 다량의 노예 기계들을 필요로 했다. 산업혁명은 다량의 노예가 필요한 것이 아닌 소량의 노예 가지고도 충분한 부를 창출해 낸다. 파라오 시대 사회 시스템과 현대 산업혁명 시스템은 근본적으로 무엇이 다르단 말인가.

최근에는 인간 고유영역인 지능이 대체되고 인간과 기계가 직접 교감하는 형태가 가능한 4차 산업혁명이 다가왔다. 인류 발전이라는 단계를 앞서 살펴본 바와 같이 '신을 잃어버린 인간'에게 어두운 전망을 했다.

산업혁명은 격변적인 격렬한 현상이 아니라 그 이전부터 시작해 온 점진적이고 연속적인 기술혁신 과정이다. 아주 작은 노동값으로 노동을 착취당하며 부림을 당하는 피지배 계급으로 본다면, 노동을 위한 행위는 기계 발달로 대량 생산화돼 소비활동은 더 많아졌고 소비활동으로 인해 부자는 더 부자가 되고 변함없이 노동자는 노동 현장에서 일하며 기계를 소유한 지배 계층에 지배당하고 있을 뿐이다.

현대 사회는 이것을 가리켜 노동자라 부른다. 노동자란 고용된 조직 또는 기업체에서 일한 대가로 월급을 받는 사람을 말한다. 이와 반대되는 사람을 지배 계급이라 정의한다. 시대 변화에 따라 새로운 단어로 바뀌었을 뿐이다. 농지를 소유하고 있는 지주는 지배층이 되고 지배층

밑에서 일하는 자들을 소작농이라 했듯 행위는 그대로라고 보면 된다.

사회적으로 권력, 지위, 거대한 재산을 소유한 사람들 등 지배 계급은 다양한 단어로 정의된다. 먼저 경제적 권력의 지배 계급은 경제적 권력을 가지고 있다. 즉, 돈·자산·기업 등의 소유와 이를 통한 재산 증식, 투자 등을 통해 경제적으로 이익을 추구한다. 정치적 권력의 지배 계급은 대부분 정치적인 권력을 가지고 있다. 정치적 지위나 세력을 이용해 자신들의 이익을 추구하거나 지배력을 유지한다.

교육적 지위의 지배 계급은 높은 교육적 지위를 가지고 있다. 교육적인 기회나 자원에 대한 접근성이 좋은 경우가 많으며 이를 통해 더 높은 사회적 지위를 얻는 경우가 많다. 문화적 지위의 지배 계급은 미디어·예술·문화 등의 분야에서도 지위를 유지하고 있다. 예를 들어 영화배급사, 출판사, 미디어, 문화 시설 등을 소유하거나 그 분야에서 활동하는 경우가 많다. 이러한 지배 계급은 일반 대중과는 구분되는 특별한 사회적 지위를 가지고 있다. 이를 통해 사회 전반에 영향력을 행사하며 다른 계급을 지배한다.

그렇다면 피지배층은 어떻게 정의 내릴까. 피지배층은 지배 계층과 반대되는 개념으로, 사회적으로 권력·지위·부의 층위가 낮은 사람을 의미한다. 경제적 약자로 대개 피지배층은 경제적으로 약한 위치에 있다. 즉 저소득층이나 노동자, 소상공인, 농민 등이 이에 해당한다. 이들은 일자리와 수입, 교육 등에서 불균형을 겪고 있다. 정치적 약자다. 대중의 요구와 필요에 부합하는 제도나 정책이 제공되지 않거나 이를 제공하는 과정에서 제외되는 경우가 많다.

대체로 피지배층은 교육적으로 많은 혜택을 받지 못한다. 교육의 기회나 자원에 대한 접근성이 낮은 경우가 많으며 이를 통해 더 낮은 사회적 지위를 유지하는 경우가 많다. 이렇다 보니 대개 피지배층은 문화적으로 약한 위치에 있다. 미디어·예술·문화 등에서 자신들의 의견이나 참여가 부족하며, 이에 대한 접근성이 제한된 경우가 많다. 이러한 피지배층은 지배 계층에 의해 불공평하게 대우받을 가능성이 매우 크다.

지배계급자본가 전근대 이전에는 평민들은 귀족들의 지배를 받았다. 귀족은 지배층에 해당되는 것이고 평민은 피지배층이 된다. 노동자와 자본가도 맥락으로 보면 다르지 않다. 새로운 계급은 많은 부를 소유하고 있어 목표를 향해 강력한 힘으로 뭉친다. 일반인의 모든 역량을 자기들의 목표를 향해 집중시키는 힘이 있다. 이것이 바로 특권이 된다.

새로운 문명을 찾아 나선 미국도 국가를 세우고 스스로 특권을 부여하고 세계를 지배하는 지배층이 됐다. 이들은 경제력을 중시하며 귀족보단 개방적인 혈통을 가졌지만, 전근대 이전과 비교해 보면 시대에 따라 단어만 바뀔 뿐 관계에 있어서는 같은 구조로 돼 있다.

유발 하라리가 말하는 최첨단 데이터교도 이와 마찬가지다. 그는 인간 중심적 세계관에서 데이터 중심적 세계관으로의 이동은 그저 철학적인 혁명으로 그치지 않는다고 말한다. 결혼할지 말지 고민할 때 물리학자들도 다른 사람들처럼 석양을 바라보며 자기의 내면을 들여다봤다. 미심쩍은 일자리를 제안받고 받아들일지 말지 고민될 때, 화학자들도 다른 사람들처럼 일기를 쓰고 친한 친구와 진심 어린 대화를 나눴다. 전쟁할지 평화 조약을 할지 논쟁할 때, 생물학자들도 다른 사람들처럼 민주적 투표에 참여했다. 뇌과학자들조차 과학과 인본주의의 근대적 동맹에 기초가 되고 이런 관계는 근대에 음과 양(이성과 감성, 실험실과 미술관, 생산 라인과 슈퍼마켓)의 절묘한 균형을 이뤘다고 설명한다.

그는 과학자들이 인간의 감정을 신성시하며 그렇게 해야 할 탁월한 진화적 이유를 발견했다고 말한다. 다윈 이후 생물학자들은 감정이란 동물들의 올바른 결정을 돕기 위해 진화가 갈고닦은 복잡한 알고리즘이라고 설명했다. 사랑·두려움·열정은 단순히 시를 짓는 데 유요한 막연한 영적 현상이 아니라 이런 감정들에는 수백만 년의 실용적 지혜가 축적돼 있다고 설명했다. 성경을 읽을 때 당신의 감정은 저마다 험난한 환경에서 무사히 생존하고 번식한 수백만 조상들의 목소리며 이것이 세계에서 가장 뛰어난 알고리즘이라고 말했다. 따라서 자신의 감정에 귀 기울이라고 조언한다.

그러면서 그는 21세기는 더 이상 감정이 이 세계에서 가장 훌륭한 알고리즘이 아니라, 전례 없는 연산력과 거대한 데이터베이스를 활용하는 우월한 알고리즘이 개발되고 있다며 구글과 페이스북 알고리즘들은 우리가 어떤 감정을 느끼는지 정확히 안다고 했다. 이뿐 아니라 내가 짐작도 못하는 백만 가지 다른 점들을 알고 있다고 주장했다. 이어 그는 자신의 감정에 귀 기울이는 것을 그만두고 어떤 외부 알고리즘에 귀 기울이기 시작해야 한다고 설명했다. 그러면서 데이터교는 인간의 뇌로는 새로운 마스터 알고리즘을 이해할 수 없다고 말한다.

물론 현재는 인간 해커들이 데이터를 알고리즘화해 스스로 성능을 높이고 실수하면서 배운다. 이런 알고리즘들은 어떤 인간도 망라하지 못하는 천문학적 양의 데이터를 분석하고, 패턴 인식 방법을 배우고, 인간의 마음을 생각해 낼 수 없는 전략들을 채용한다며, '종자' 알고리즘을 개발한 것은 인간이지만 이 알고리즘은 성장하면서 자기만의 길을 따라 인간이 한 번도 가 본 적 없는 곳으로, 그리고 어떤 인간도 갈 수 없는 곳으로 간다고 경고했다.

　기업·돈·국가는 우리의 상상에만 존재한다며 우리는 우리를 도우라고 발명한 것들이 왜 인간의 생명을 위협하는지 유발 하라리는 묻는다. 유발 하라리의 이런 질문 속에서도 인공지능(AI) 등장으로 노동시장의 변화뿐 아니라 모든 것이 급격히 변화할 것을 과학자나 경제학자들은 예측한다.

　알파고를 개발한 구글의 기술 부문 이사인 레이먼드 커즈와일은 『특이점이 온다』에서 오는 2045년이면 AI가 모든 인간의 지능을 합친 것보다 강력할 것으로 예측하면서 인공지능에 대한 우려를 나타냈다. 여기서 말하는 '특이점'이란 가속적으로 발전하던 과학이 폭발적으로 성장해 완전히 새로운 문명을 낳은 시점을 말한다. 커즈와일에 의하며 특이점은 필연적으로 그리 멀지 않은 시기에 등장한다. 유전공학·나노기술·로봇공학·인공지능 등의 발전이 단계적으로 이뤄지다 보면, 인류 문명이 생물학을 넘어서는 순간이 온다. 그 강력한 무기가 인공지능이라고 말한다.

　튜링 테스트를 통과해 인간의 지적 수준을 능가하는 인공지능의 등장으로 인간이 인공지능을 통제할 수 없는 지점이 올 수 있다고 경고했다. 그러면서 오는 2045년 정도만 되면 우리 인간의 50% 정도가 여러 가지 인공지능 기구들이 들어가 완전히 바뀔 것으로 전망했다. 어떻게 우리 몸에 들어올까. 지금 인류는 15년 전에 스티브 잡스가 스마트폰을 등장시킨 이후에 인류 삶의 10%에는 스마트폰이 내재화돼 있다. 그런 측면에서 봤을 때 엄청난 변화가 나타날 것으로 예측했다.

에릭 슈밋 전 구글 CEO는 AI가 머지않아 수많은 인간을 죽일 수도 있다고 경고했다. 그는 2023년 5월 24일 월스트리트저널이 주최한 CEO 협의회에서 AI가 실존적 위험을 가하고 있다면서 실존적 위험이란 아주 많은 사람이 다치거나 죽는 것을 뜻한다고 했다. 그는 가까운 미래에 AI가 '제로데이 공격'이나 생명 관련 과학에 이용될 가능성이 있다고도 설명했다.

제로데이 공격이란 운영체제 등 핵심 시스템 내 보안 취약점이 발견되는 즉시 이를 겨냥한 해킹을 단행하는 것을 뜻한다. 그러면서 AI는 실존적 위험이며 핵과 달리 기술 확산을 막기 어렵다고 했다. 또 이는 현재로서는 허구지만 추론 자체는 사실일 가능성이 크다면서 우리는 악한 이들이 이를 오용하지 않도록 대비하고 있어야 한다고 경고했다.

유발 하라리는 인간 네트워크의 역사를 검토할 때는 이따금 멈춰서 '실재'하는 '실체의 관점'에서 상황을 바라보라고 충고한다. 어떤 실체가 존재하는지를 어떻게 구분하느냐고 물으며, 아픔을 느끼면 존재하는 것이고 아픔을 느끼지 못하면 존재하지 않는다고 답한다. 그러면서 신을 예로 들며 신은 세상이 전쟁에서 망해도 슬퍼하지 않는다고 했다. 또 은행은 파산해도 은행은 고통을 느끼지 않는 것처럼 한 나라가 전쟁에서 패배해도 그 나라가 실제 고통을 느끼지 않는다고 했다.

그러나 굶주린 농부, 갓 태어나 부모와 떨어지는 송아지는 고통을 느끼는 실체라고 그는 설명했다. 물론 허구에 대한 믿음도 고통을 초래한다며 국가적 신화나 종교적 신화에 대한 믿음이 전쟁을 일으키며 그로 인해 수많은 목숨을 잃게 된다고 했다. 전쟁의 원인을 허구로 보고 고통은 실체로 본 것이다. 그러면서 허구와 실제를 구별하려고 노력하라고 했다.

유발 하라리는 그러면서 하지만 허구는 나쁜 것이 아니며 허구는 꼭 필요하다 설파했다. 돈·국가·기업 같은 허구적 실체에 대해 널리 통용되는 이야기가 없다면 복잡한 인간 사회가 제대로 돌아갈 수 없다고 못 박는다. 똑같은 허구적 규칙들을 모두가 믿지 않으면 축구 경기를 할 수 없고, 허구 없이는 시장과 법원의 이점을 누릴 수 없다고도 했다. 그러면서 유발 하라리는 질문을 던진다. 기업과 돈, 국가는 우리의 상상에만 존재한다며 우리는 우리를 도우라고 발명한 것들이 왜 인간의 생명을 위협하는가. 이 질문에 우리는 무엇이라 답하겠는가.

그러면서 그는 산업혁명의 기술(기차·전기·무선통신·전화)은 공산주의의 독재, 파시스트 정권 또는 자유 민주주의를 수립하는 데 사용됐다고 했다. 남한과 북한을 예로 들며 똑같은 기술을 이용할 수 있지만 그 기술을 매우 다른 방식으로 이용하고 있다고 언급했다. 유발 하라리는 인간이 동물들을 가축화해 동물들의 모든 것을 파기시킨 것같이 인간도 어쩌면 데이터교에 의해 똑같이 당할지 모른다고 경고하고 있다.

유발 하라리의 질문에 대해 인간의 알고리즘 역시 허점투성인 허구로 느껴지는 것처럼 데이터교에 의해 인간이 우주적 규모의 데이터 속 잔물결이었음을 알게 될 시점에 우리는 또 다른 알고리즘에 속고 있다는 것을 인간은 알게 될 것이다. 이렇게 데이터교도 시간이 지나면 또 허구라는 것으로 판명될 것이다. 유발 하라리는 『호모데우스』에서 이같이 말한다.

"우리는 미래를 예측할 수 없다. 오는 2050년에는 직업시장, 가족, 생태계가 어떤 모습일지, 어떤 종교적·경제적 시스템과 정치구조가 세계를 지배할지 모른다."

인간으로서는 그 답을 찾기 어렵다. 데이터교도 마찬가지다. 수만 년이 지나도 '인간의 본성'을 알지 못하면 답을 알 수 없다. 그런데 사도바울은 2천 년 전에 이 사실을 알고 에베소에 있는 성도들과 그리스도 예수 안의 신실한 자들에게 편지로 허점투성인 이 세상에 속지 말라고 경고하였다.

[에베소서 2장 2~3절] 그때에 너희가 그 가운데서 행하여 이 세상 풍속을 좇고 공중의 권세 잡은 자를 따랐으니 곧 지금 불순종의 아들들 가운데서 역사하는 영이라 전에는 우리도 다 그 가운데서 우리 육체의 욕심을 따라 지내며 육체와 마음의 원하는 것을 하여 다른 이들과 같이 본질상 진노의 자녀이었더니

결국 세상은 공중 권세 잡은 자들의 것이다. 공중이란 무엇인가. 허상이며 허구다. 공중에 있는 권세는 흩어지며 없어지는 것이다. 없어지는 것은 쇠하여지고 낡아지는 것이다. 아담 범죄로 신이 떠난 후 인류는 이 공중 권세 잡은 자, 곧 사단 마귀에게 속고 있었다. 사단 마귀는

인간의 본성, 곧 양심을 찾지 못하고 방황하게 만든다.

이 없어질 환상과 허구를 향해 인간은 안간힘을 다해 잡으려고 허망하게 좇았다. 그러다 보니 인간 본성을 깊이 관찰할 수 있는 시간은 지나쳤고 허구인 돈과 권력 등만을 잡으려고만 했다. 하여 유발 하라리의 말처럼 데이터 속의 잔물결이었음을, 허구였음을 또 깨닫게 될 것이다. 하지만 이것도 헛되다. 세상이 죄악으로 물들자 하나님은 슬퍼하며 세상을 떠났다. 한탄하면서 떠나신 하나님을 다시 찾아야 한다. 그래야 밝은 양심을 회복하게 된다. 이 신성을 신성을 깨닫기 전에는 모든 것이 헛되다.

신, 죽은 것이 아니라 '잃어버린 것'

신을 찾지 못한 삶에 환멸을 느끼기 시작해 새로운 정신(사상)을 탄생시키려는 철학자들 대거 탄생했다. 깨달음을 얻으려고 노력했던 이들이 진짜 초인들이었다. 즉, 니체가 말한 충일한 생명력으로 삶을 긍정하는 자들이었다. 하지만 이것들도 잠시 이전 것을 잊어버리게 하는 망각이었고 허상에 불과했다. 니체가 부정한 플라톤의 이데아나 헤겔의 절대정신과 같은 모든 종류의 초감성적인 정신을 죽었다고 표현한 것은 너무나 정확한 진단이다. 그러나 니체가 부르짖던 '신은 죽었다'도 '초인'도 허상이었다.

과학의 발달로 자연법칙에 따라 질병이나 자연 재앙을 설명하고 극복하게 됨으로 신을 잃어버리게 됐다고 니체는 진단했다. 그는 이런 정신적 상황을 일차적으로 '그리스도의 신은 죽었다'로 표현했다. 이차적으로는 플라톤의 이데아나 헤겔의 절대정신과 같은 모든 종류의 초감성적인 정신을 가리켜 죽었다고 표현한 것이다.

니체도 신은 죽었음으로 새로운 생명력을 가진 '디오니소스' 신을 제시했다. 이 신도 인간을 아무런 이유도 목적도 없이 창조와 파괴를 거듭하는 힘을 가지고 '창조와 파괴'를 즐기며 생로병사의 굴레 속에 인간을 던져 넣었다. 그러므로 이 세상은 디오니소스 신의 창조와 파괴를 즐기는 놀이터라고 주장했다. 그는 디오니소스 신과 같이 충만한 생명력으로 그 어떠한 고난과 고통을 이기고, 자기 삶을 건강하게 만들 수 있는 초인과 같이 가치를 부여하라고 충고한다. 이렇게 니체는 새로운 신을 만들어 냈지만, 이 신 또한 인간을 구원해 주지는 못했다.

이렇게 인간은 신을 절대적으로 믿는가 하면 새로운 신을 만들어 내고 죽이기도 했다. 국가도 건설했다가 파괴하며 이런 재창조를 거듭했다. 앞서 살펴본 바와 같이 산업혁명을 통해 비약적으로 발전했고 혁명이란 단어를 사용하며 국가와 기업을 만들어 왔다. 이들은 '초인류'를 만들었다고 자만했지만, 결국 인간을 물질 만능물질주의로 '인간 상실'의 시대를 맞이하게 하는 결과를 초래했다.

인간 상실의 시대에도 새로운 지배 계층이 또 생겨났다. 이 새로운 지배계층은 땅을 가진 자와 땅을 가지지 못한 자로 나누고, 산업혁명 후 자본을 많이 가진 자와 갖지 못한 자로 나누었다. 3차 산업혁명 후 많은 고급 정보를 아는 자가 돈을 벌어 가는 시대가 됐다. 이제는 '넘어가는' 과정이다. 이런 과정을 살펴볼 때, 지배 계층과 피지배 계층은 변함없이 존재한다는 것을 독자는 눈치챘을 것이다.

반복된 인류 역사는 지금까지 유발 하라리의 질문처럼 인간을 도우라고 발명한 것들이 인간의 생명을 위협해 왔다. 이제 인간의 생명을 위협하는 일이 결코 반복돼선 안 된다. 그러기 위해서는 인간 본성을 회복하는 운동이 시작돼야 한다. 신은 죽지 않았다. 신의 입장에서는 우리를 떠난 것이고 인간의 입장에서는 진정한 참신을 우리는 아담의 범죄로 말미암아 잃어버린 것이다. 아담 범죄로 잃어버린 에덴동산, 곧 실낙원을 되찾기 위해 하나님은 시대마다 사람이 필요했다. 아담 대신 하나님은 당대 의인은 노아를 택해 역사하셨다.

이를 가리켜 『한경대전』은 제곡고신씨 때 천하가 홍수 도천하여 온 세상이 물바다를 이루었다고 말하고 있다. 이 물바다로 처참해진 지구상에 다시는 일어나지 않게 해 주십사 하고 처음으로 천자인 제곡고신씨(기독교에서 말하는 노아)가 제천단을 짓고 하늘에 천제를 드렸다고 말하고 있다. 동서양을 막론하고 인류는 죄에서 해방하고 하늘을 찾기를 원했다. 이제 잃어버렸던 진짜 신을 되찾아야 한다.

이 신을 다시 찾을 방법은 인류를 살릴 수 있는 인간을 이롭게 하는 세통관으로 새롭게 시작돼야 한다. 이것이 본질상 분노의 자녀에서 우리 안에 존재하는 태양과도 밝은 양심을 찾아가는 인간 본성 회복 운동이 될 것이다. 성경에서 이를 가리켜 다음과 같이 말한다.

[베드로전서 3장 21절] 물은 예수 그리스도의 부활하심으로 말미암아 이제 너희를 구원하는 표니 곧 세례라 육체의 더러운 것을 제하여 버림이 아니요 오직 선한 양심이 하나님을 향하여 찾아가는 것이라

이제 우리는 선한 양심을 가지고 진정한 '신의 본성을 회복'하는 일을 해야 한다. 그리고 유발 하라리가 밝혀 놓은 것처럼 우리가 이제 진짜 신선(神仙)이 되는 시대가 도래했음을 깨닫자.

'선천 세계 종말'과 '후천 세계 재탄생'

시대마다 한 시대가 오고 그 뒤 새로운 시대가 왔다. 앞선 시대가 없어지는 것을 종말(終末)이라고 하고 뒤에 오는 시대를 가리켜 새로운 시대의 탄생이라 한다. 앞선 시대를 '선천 세계(先天世界)'라고 했을 때 선천 세계는 끝나게 되고 '후천 세계(後天世界)'가 창조되는 것이 역사의 연속성이다. 여기서 말하는 종말은 한 세대가 갖고 있던 낡은 사회의 관습과 풍습 또는 부패로 인해 기존의 정신문명이 없어지고 새 문명의 시대를 맞이하는 것을 말한다.

우리나라 역사를 예로 들자면 신시시대(神市時代)인 환국 시대 7분(안파견, 혁서, 고시리, 주우양, 석제임, 구을리, 지위리)의 환인 할아버지들이 3301년을 다스리던 시대가 가고, 18대(거발한, 거블리, 우야고, 모사라, 태우의, 다의발, 거련, 안부련, 양운, 갈고, 거야발, 주무신, 사와라, 자오지, 치액특, 축다리, 혁다세, 거불단) 환웅 할아버지들이 1565년을 다스리는 새 시대를 맞이한다. 이것을 가리켜 선천 시대, 곧 환인 시대가 가고 후천 시대인 환웅 시대가 온 것이라고 말할 수 있다.

1565년의 18대 환웅 할아버지들이 다스리던 시대를 가리켜 후천 시대라 한다. 환웅 할아버지들의 뜻을 따라 다시 47분[왕검 단군(재위 93, BC 2333), 제2대 부루 단군(재위 58, BC 2240), 제3대 가륵 단군(재위 45, BC 2182), 제4대 오사구 단군(재위 38, BC 2137), 제5대 구을 단군(재위 16, BC 2099), 제6대 달문 단군(재위 36, BC 2083), 제8대 우서한 단군(재위 8, BC 1993), 제9대 아술 단군(재위 35, BC 1985), 제10대 노을 단군(재위 59, BC 1950), 제11대 도해 단군(재위 57, BC 1891), 제12대 아한 단군(재위 52, BC 1834), 제13대 흘달 단군(재위 61, BC 1782), 제14대 고불 단군(재위 60, BC 1721), 제15대 대음 단군(재위 51, BC 1661), 제16대 위나 단군(재위 58, BC 1610), 제17대 여을 단군(余乙, 재위 68, BC 1552), 제18대 동엄 단군(재위 49, BC 1484), 제19대 구모소 단군(재위 55, BC 1435), 제20대 고홀 단군(재위 43, BC 1380), 제21대 소태 단군(蘇台, 재위 52, BC 1337), 제22대 색불루 단군(索弗婁, 재위 48, BC 1285, 욕살 고등의 아들로 우현왕을 거쳐 단군으로 즉위, 8조금법을 반포하고 법에 의한 통치함), 제23대 아홀 단군(阿忽, 재위 76, BC 1237), 제24대 연나 단군(재위 11, BC 1161), 제25대 솔나 단군(재위 88, BC 1150), 제26대 추로 단군(재위 65, BC 1062), 제27대 두밀 단군(재위 26, BC 997), 제28대 해모 단군(재위 28, BC 971), 제29대 마휴 단군(재위 34, BC 943), 제30대 내휴 단군(재위 35, BC 909), 제31대 등올 단군(재위 25, BC 874), 제32대 추밀 단군(재위 30, BC 849), 제33대 감물 단군(재위 24, BC 819), 제34대 오루문 단군(재위 23, BC 795), 제35대 사벌 단군(재위 68, BC 772), 제36대 매륵 단군(재위 58, BC 704), 제37대 마물 단군

(재위 56, BC 646), 제38대 다물 단군(재위 45, BC 590), 제39대 두홀 단군(재위 36, BC 545), 제40대 달음 단군(재위 18, BC 509), 제41대 음차 단군(재위 20, BC 491), 제42대 을우지 단군(재위 10, BC 471), 제43대 물리 단군(재위 36, BC 461, 태자), 제44세 구물(재위 47세 고열가(古列加, 재위 25, BC 238, 188년간), 제44대 구물 단군(재위 20년, BC 425, 나라 이름을 '대부여'라 고치고 다시 삼한의 부활을 꿈꾸다), 제45대 여루 단군(재위 55, BC 396), 제46대 보을 단군(재위 46, BC 341), 제47대 고열가 단군(재위 58, BC 295), 계해 58년(BC 238) 단군조선을 폐관하고, 이후 6년간 오가(五加)들이 함께 다스린다. 이후 BC 239년 건국된 '북부여'로 이어진다. 해모수가 북부여를 건국한다. 기원전 232년 단군조선을 계승하여 해모수가 단군의 지위에 올랐다. '단군조선-북부여-고구려'로 국통이 이어진다]의 단군 할아버지들이 2096년간 나라를 세워 홍익인간 재세이화 이념으로 나라를 다스리던 시대를 후천 시대라 칭한다.

약속의 글이며 유대인의 성경으로 보면 구약(舊約: 옛날 약속) 성경에서는 새로운 시대, 곧 신약(新約: 새로운 약속)의 시대가 올 것을 약속했다. 곧 구약의 선천 시대가 저물고 신약의 후천 시대가 오는 것이다. 이 새로운 시대는 성경 속에 약속한 한 사람으로부터 변화되는 것이다.

신은 아담 세계, 곧 선천 세계가 범죄하고 부패하자 아담 시대를 끝내기 위해 노아를 택하고 노아 세계의 종말을 예고하며 방주를 짓게 했다. 배의 선주(船主)인 노아는 방주에 들어온 8명으로 후천 세계를 새롭게 시작했다. 아담의 선천 세계를 끝낸 것이다. 노아의 세계도 노아의 둘째 아들 함으로 말미암아 죄를 짓는 사건이 발생하자, 신은 노아의 선천 세계를 끝내고 아브라함과 약속하시고 후천 세계를 재창조할 것을 약속하신다. 이런 식으로 유대인의 역사는 연속성을 가지고 한 시대는 끝나고 다른 한 시대가 시작됐다.

[요한복음 1장 11~13절] 자기 땅에 오매 자기 백성이 영접지 아니하였으나, 영접하는 자 곧 그 이름을 믿는 자들에게는 하나님의 자녀가 되는 권세를 주셨으니, 이는 혈통으로나 육정으로나 사람의 뜻으로 나지 아니하고 오직 하나님께로서 난 자들이니라

약 2000년 전 새로운 복된 소식을 전했던 예수도 자기 땅에 예수가 구약의 약속대로 왔으나 자기 백성이 영접하지 않았다. 하여 영접하는 자, 곧 그 이름을 믿는 자들에게는 하나님의 자녀가 되는 권세를 줬다. 이때부터 이스라엘 사람의 육체적인 혈통을 끊고 사람의 뜻도 아닌 오직 하나님께로 난 자, 곧 말씀의 씨(누가복음 8장 11절: 이 비유는 이러하니라 씨는 하나님의 말씀이요)로 난 자에게 자녀의 권세를 부여했다. 이는 부패한 선천 시대에 대한 심판, 곧 종말을 고하는 것과도 같은 것으로 선천 세계인 육적인 이스라엘을 끝내고 예수의 제자 12명으로 새로운 후천 시대가 도래했음을 알리는 것이다.

르네상스는 인간성 해방을 위한 문화 혁신으로 이전 세계, 곧 선천 시대를 끝냈으니 후천 세계라 할 수 있다. 새로운 문명의 꽃을 피우기 위해 후천의 새로운 시대를 연 것이다. 르네상스는 암흑의 중세시대인 선

전 세대를 끝내고 새로운 후천 세계를 열었다. 르네상스 용어의 의미는 '재생·부활'이다. BC 14~16세기 이탈리아 중심으로 고전고대, 즉 그리스 로마의 새로운 의미를 발견해 문화의 재생과 부활을 꿈꿨다.

이 어원은 조르조 바사리의 책 『예술가 열전』(1550)에서 미켈란젤로 부오나로티의 작품을 해석하면서 그리스와 로마의 재림이라 해 이탈리아어로 리나시타(rinascita, 부활)라 한 것이다. 이것을 프랑스 최초의 역사가인 쥘 미슐레가 '르네상스(Renaissance: 재탄생, 즉 re, 다시 +naissance, 탄생)'로 번역했다. 그는 르네상스를 콜럼버스에서 코페르니쿠스까지를 '세계의 발견'으로, 코페르니쿠스에서 갈릴레오까지를 '인간의 재발견'으로 정의했다.

이런 것을 가리켜 창조와 재창조의 역사라고 하겠다. 새 시대를 표방한 시대 리더들은 저마다 새로운 정의를 기준으로 해 탄생했지만 유종의 미를 거두지 못했다. 인간의 마음에는 더 높은 곳으로 올라가려고 하는 바벨탑과 같은 마음이 있기 때문이었다. 창세기 11장에 따르면, 바벨을 하늘까지 닿게 하고 자기의 이름을 내자고 했다.

[고린도전서 10장 5절] 모든 이론을 파하며 하나님 아는 것을 대적하여 높아진 것을 다 파하고 모든 생각을 사로잡아 그리스도에게 복종케 하니

이것을 가리켜 하나님 아는 것을 대적하여 높아진 것이라고 말하고 있다. 이 모든 이론을 파하고 모든 생각을 사로잡아 진짜 신이신 하나님께 돌이키게 한다고 약속하고 있다. '하나님보다 높아지고자' 하는 교만한 마음은 한도 끝도 없었다. 하여 인간사는 부패했고 타락해 패망하

고 다시 수많은 나라가 세워졌지만 제대로 된 지도자를 만나지 못했고 또 패망하며 역사가 되풀이된 것이 세계사다.

2천 년 전 예수가 그랬다. 요한복음 3장서 본 바 유대인의 관원 니고데모가 밤에 몰래 예수를 찾아와 어찌하면 구원받는지 질문한다. 그러자 예수는 이스라엘 선생으로 어찌 구원받는지 모르냐고 하시며 '다시 나라'고 했다. 그러자 니고데모는 사람이 어머니 배 속에서 나왔는데 어머니 배 속으로 다시 들어갈 수 없는데 어찌 다시 나는지 물었다.

예수님은 육적으로 진짜 어머니 모태로 다시 들어가라고 하신 것이 아니다. 영적인 것을 이야기하신 것으로 '새로운 정신'으로 거듭나라고 이야기해 주신 것이다. 그렇다면 왜 새로운 정신인가. 육신은 부모를 통해 나지만 영은 히브리서 12장 9절에 기록된 바 또 우리 육체의 아버지가 우리를 징계하여도 공경하였거든 하물며 모든 영의 아버지께 더욱 복종하여 살려 하지 않겠느냐고 하신다. 하여 예수님은 요한복음 3장 1~10절에서 "진실로 진실로 네게 이르노니 사람이 거듭나지 아니하면 하나님 나라를 볼 수 없느니라" 하셨다.

그러자 니고데모가 "사람이 늙으면 어떻게 날 수 있삽나이까 두 번째 모태에 들어갔다가 날 수 있삽나이까" 하니 예수께서 대답하여 "진실로 진실로 네게 이르노니 사람이 물과 성령으로 나지 아니하면 하나님 나라에 들어갈 수 없느니라"며 "육으로 난 것은 육이요 성령으로 난 것은 영이니, 내가 네게 거듭나야 하겠다 하는 말을 기이히 여기지 말라"라고 하셨다.

그러면서 "바람이 임의로 불매 네가 그 소리를 들어도 어디서 오며 어디로 가는지 알지 못하나니 성령으로 난 사람은 다 이러하니라"고 말씀하셨다. 니고데모가 어찌 이러한 일이 있을 수 있는지 물었고, 예수께서는 이스라엘의 선생으로서 이러한 일을 알지 못하는지 니고데모에게 물었다. 그러면서 예수께서는 다시 나는 방법을 알려 주신다. 예수가 다시 나라고 답을 주신 것은 '물과 성령'으로 다시 나라는 것이다.

여기서 물과 성령은 하나님의 말씀을 새롭게 배워 마음이 새롭게 되라는 말씀이다. 예수는 하나님의 말씀을 달달 외워서 지식으로 머리에만 가지고 있는 이스라엘을 보고 말씀하신 것이다. 곧 자신들이 달달 외운 지식만 갖고 있던 유대인들은 말씀의 예언이 성취돼 실상으로 나타난 예수(요한복음 1장 14절: 말씀이 육신이 되어 우리 가운데 거하시매 우리가 그 영광을 보니 아버지의 독생자의 영광이요 은혜와 진리가 충만하더라)를 알아보지 못했다. 형식적인 신앙을 하며 말씀을 외우기만 했던 유대인들은 겉으로 보이는 것만 중시하며 그 안에 있는 영의 세계 곧 '정신의 세계'를 알지도, 이해하지도 못했다.

이에 대해 예수는 대저 표면적 유대인이 유대인이 아니요 표면적 육신의 할례가 할례가 아니라고 말하고 있다(로마서 2장 28절: 대저 표면적 유대인이 유대인이 아니요 표면적 육신의 할례가 할례가 아니라). 그러면서 오직 이면적 유대인이 유대인이며 할례는 마음에 하라고 경고한다. 이는 곧 양심을 닦으라는 것, 우리 언어로 하면 '수행을 통해 나 자신의 양심과 만나라는 것'이다. 양심을 닦으면 본성이 밝아지고 본성이 밝아지면 정신세계를 이해하게 된다는 것이다.

[스가랴 12장 1절] 이스라엘에 관한 여호와의 말씀의 경고라 여호와 곧 하늘을 펴시며 땅의 터를 세우시며 사람 안에 심령을 지으신 자가 가라

하늘을 펴시고 땅에 터를 세우신 하나님은 사람 안에 '심령'을 창조하셨다. 자동차를 고치기 위해 자동차를 만든 사람에게 가면 정확한 진단과 함께 새것으로 고쳐질 수 있는 것처럼 심령, 곧 마음을 창조한 하나님께 가야 본성을 밝힐 수 있다. 하여 예수는 신령에 있고 의문에 있지 아니한 것이며 그 칭찬은 사람에게서가 아니라 하나님께라고 말씀하시고 있다(로마서 2장 28절: 오직 이면적 유대인이 유대인이며 할례는 마음에 할찌니 신령에 있고 의문에 있지 아니한 것이라 그 칭찬이 사람에게서가 아니요 다만 하나님에게서니라).

이런 신령스러운 사람이 되면 인간은 진짜 신이 될 수 있다. 우리가 가지고 사는 정신은 신이 깃드는 자리다. 허나 이 자리를 떠나가신 하나님으로 인해 지금까지 그 무엇으로도 마음자리의 허망한 자리를 채울 수 없었다. 하지만 때가 돼서 신이 '마음에 좌정'할 수 있는 시대가 왔다. 문명의 발달로 과학적으로 만들어진 여러 가지 편리한 도구나 기구, 자동차, 비행기, 텔레비전, 컴퓨터, 무선 전화기 따위가 '문명의 이기(文明-利器)'겠는가.

진정한 문명의 이기는 바로 말씀이 육신이 돼 나타난 예수(요한복음 1장 18절: 본래 하나님을 본 사람이 없으되 아버지 품속에 있는 독생하신 하나님이 나타내셨느니라), 태초의 기초인 율려(말씀)로 있다가 인생들에게 나타난 신이 인간과 함께해야 인간은 정말 '신나며' 행복하고 완전해질 수 있다.

[요한일서 1장 1절] 말씀이 육신이 되어 우리 가운데 거하시매 우리가 그 영광을 보니 아버지의 독생자의 영광이요 은혜와 진리가 충만하더라

이 말씀과도 같이 말씀이 육신이 되신 신이 우리 안에 거해야 진짜 신 나는 것이며 만물의 영장인 것이다. 이것이 태초의 율려가 우리에게 나타나 '문명의 이기'로 드러난 것이다. 하여 2천 년 전 예수님은 최고의 문명의 이기였다. 보이지 않게 말씀으로 계시다가 우리에게 보인 독생하신 예수님은 예수님만 나타내신 것이 아닌, 영생하시고 천지를 조성하신 하나님께서(요한복음 10장 30절: 나와 아버지는 하나이니라 하신대) 예수님과 함께하셨기 때문이다.

하여 우리도 그 말씀을 받아먹으면 신이 되는 것이다(요한복음 10장 34~35절: 예수께서 가라사대 너희 율법에 기록한바 내가 너희를 신이라 하였노라 하지 아니하였느냐 성경은 폐하지 못하나니 하나님의 말씀을 받은 사람들을 신이라 하셨거든).

천지를 창조한 하나님께서 사람 안에 좌정해야 인간이 과학적이라고 말하는 최고봉 문명의 이기가 완성되는 것이다. 이러므로 형이상학과 형이하학적인 것을 뛰어넘는 '신시시대((神市時代)'가 온다. 이것은 원시반본, 곧 태초의 동방 에덴동산을 회복하는 것이다. 『한경대전』에서는 이를 가리켜 인류문명은 한인씨 이후 동이삼황오제를 거쳐 동이 단제 고려조선에 이르기까지 문명의 발전을 이루었다고 말했다. 특히 복희인황이 정오행(正五行)으로 인도를 정하고 팔괘를 그림화하여 천하를 다스렸다고 했다. 그러면서 천하 뜻글(表意文字)인 원시한문을 지어 결승, 하도, 낙서, 도문, 갑골, 죽서, 녹피, 금문, 백화, 자판, 문자인 표

의한문자가 발전해 오늘의 한문이 됐다고 설명하고 있다.

『한경대전』에 따르면 아담도 노아도 시작은 동방이다. 이를 기준으로 성경을 풀어 보면 창세기의 생명나무와 선악나무, 노아의 방주와 그와 함께한 8명의 식구 등 한문으로 해석되는 이야기가 많다. 예를 들어 보면 창세기 2장 17절 생명나무와 선악나무를 알아보기 위해 금할 금(禁)을 알아보자.

동산 에덴에는 생명나무와 선악나무 두 가지 나무가 있다. 하나님은 선악나무의 실과는 먹지 말라고 금지했다. 이 명령을 한문으로 쓴다면 금지(禁止)다. 여기서 먼저 금할 금(禁)의 조합을 보면 두 개의 나무가 있고 밑에는 보일 시(示)가 있다. 보일 시(示) 자는 제단의 모양으로, 이것이 들어 있는 글자 대부분이 하나님에 관련(신神, 기도祈禱, 복福)되어 있다. 하와가 뱀의 말을 듣고 선악과를 보니 탐스럽기도 한 나무라고 표현하고 있다.

욕심을 부리는 탐할 람(婪)을 파자해 보면 나무 목(木)자가 두 개가 들어가 있고 그 밑에는 여자 녀(女) 있다. 그러니까 한 여자가 두 나무를 바라보고 있는 형상이다.

또 뱀 사(蛇)를 보면 살무사 충(虫)에 집 면(宀)+비수 비(匕) 자의 조합이다. 이를 해석해 보면 하나님의 집(에덴동산)에 들어온 간교한 들짐승 뱀이 비수(간교한 말)로 아담과 하와의 영혼을 찔러 범죄케 한 것이다. 이로써 아담과 하와는 벌거벗음을 알게 된다.

벌거벗을 나(裸)를 파자해 보면 옷의(衣)+과일 과(果), 즉 과일을 먹음으로 옷을 벗게 됨을 알 수 있다. 이로써 이들이 나무에 숨게 되는데 숨을 타(趓)를 형상화해 놓은 것을 보면 몸 신(身)+있을 내(乃)+나무 목

(木)이다. 결국 이들이 하나님이 금한 선악과를 먹으므로 범죄하여 나무에 숨게 되는 일이 있게 된 것이다.

또 『한경대전』은 노아의 방주에 대해 제곡고신씨 때 천하가 홍수 도천하여 온 세상이 물바다를 이루었다고 말하고 있다. 이 물바다로 처참해진 지구상에 다시는 일어나지 않게 해 주십사 하고 처음으로 천자인 제곡고신씨(기독교에서 말하는 노아)가 제천단을 짓고 하늘에 천제를 드렸다고 말하고 있다.

이유를 막론하고 동방 에덴동산에서 쫓겨난 인간은 바벨탑 사건으로 쌤과 야벳 함의 세 족속 사방팔방으로 흩어져 살게 됐다.

[창세기 6장 3절] 여호와께서 가라사대 나의 신이 영원히 사람과 함께하지 아니하리니 이는 그들이 육체가 됨이라 그러나 그들의 날은 일백 이십 년이 되리라 하시니라

이와 같이 하나님이 사람 지으심을 한탄하시고 영원히 사람에게 떠나가신다. 이후 죽음과 사망과 애통과 곡하는 인간의 생로병사가(生老病死)가 들어왔다. 인생들은 신이 떠나 더 이상 함께하지도 않으매 자신들이 신과 함께한다고 굳게 믿었다. 그러면서 온갖 추악한 일을 신의 이름을 앞세워 저질렀다. 결국 이들은 시대적 답을 찾지 못한 채 더욱 타락하자 신성을 부정하고 인간으로 돌아가라며 본성을 외쳤다.

[베드로전서 3장 21절] 물은 예수 그리스도의 부활하심으로 말미암아 이제 너희를 구원하는 표니 곧 세례라 육체의 더러운 것을 제하여 버림이

아니요 오직 선한 양심이 하나님을 향하여 찾아가는 것이라

여기서 베드로는 오직 선한 양심은 하나님을 향해 찾아가는 것이라고 말하고 있다.

그동안 어떤 철학도 문화도 역사도 사람을 바꾸지 못했다. 하지만 마지막 완성의 시대는 태초의 말씀(요한복음 1장 1절: 태초에 말씀이 계시니라 이 말씀이 하나님과 함께 계셨으니 이 말씀은 곧 하나님이시니라)이신 신이 모든 것을 싹 바꿔 놓게 된다.

중세시대는 인간이 재탄생돼야 한다고 했다. 신이 모든 것의 중심인 기독교의 신본주의적 세계관으로 살았지만, 답을 찾지 못했다고 결론 짓고 신에게서 벗어나 인간 본성으로 돌아가자고 외친 것이다. 이들은 신이 자신들과 함께한다고 믿고 살았지만, 정작 인간들의 타락으로 사람을 떠나가신 신을 깨닫지 못했다. 신이 떠났다는 것은 우리 정신이 떠났다는 것과 같다. 하여 정신과 거리가 먼 육적 본성, 즉 육감(육체가 느끼는 감각)에만 치우쳐 살았다. 이것을 가리켜 신라시대 충신 박제상의 『부도지』에서는 '오미의 변(다섯 가지 맛으로 변질됨)'이라고 명명했다.

하여 신에게서 벗어나 허상을 좇고 살았던 인간들은 자신들이 신과 동행하고 있었다고 믿었다가 신을 원망하며 새로운 세상을 꿈꾸게 된다. 이것은 아담이 죄짓기 전 신에게 신권을 부여받고 만물의 영장으로서 신권시대를 살다가 죄로 말미암아 아담의 선천시대(先天時代)를 끝내고 노아로 시작하는 새로운 문명의 꽃을 피워 내는 후천시대(後天時代)를 여는 것과 같은 이치다.

모든 역사는 이와 같은 구조로 연결됐다. 이것이 역사로 이어지는 연속성인 것이다. 하여 역사를 모르고 오늘을 논할 수 없다. 많은 종교, 특히 기독교의 설교를 들어 보면 이 지구가 제3차 전쟁으로 망하고 지구 종말이 올 것같이 설교한다. 하지만 그것이 아니고 부패한 한 세대가 끝나고 새로운 시대가 오는 후천 세대가 오는 것이다. 이에 따라 역사는 돌고 돌고 돌았다.

예수님 다시 오시는 주 재림 때도 마찬가지다. 하여 주 재림 때는 '해·달·별'이 어두워지고 떨어진 다음에 예수님이 다시 온다고 한 것이다. 여기서 말하는 해·달·별은 창세기 37장 9~11절에서 본 바 하나님이 거하시는 장막에 거하는 아버지인 야곱을 해로, 어머니를 달로, 야곱의 12아들을 별로 칭했던 것처럼 오늘날 해는 교회의 목자요, 달을 전도자요, 별은 교회의 성도를 의미한다.

좀 더 넓은 의미로 보면 세상 지도자도 하늘에 해에 해당한다. 이들의 총명이 가려지고 어두워진 것, 곧 부패한 것을 두고 해·달·별이 어두워지고 떨어진다고 표현한 것처럼 마지막 때는 진정한 리더자, 곧 새로운 세통관의 이론 '홍익인간 이화세계'를 펼칠 새로운 지도자가 나와야 한다.

홍수 후 아라랏산에 머문 노아와
'서양 문명 재탄생'

창세기 9장 18~29절에서 본 바 홍수 이후 방주에서 나온 노아의 아들 중 셈족은 노아의 셋째 아들이다. 노아의 홍수 후 아라랏산에서 포도 농사를 지으며 살게 된 노아에게는 첫째 아들 야벳과 둘째 아들 함, 셋째 아들 셈이 있었다. 이들은 아라랏산에 머물며 최초로 포도 농사를 지었다.

제카리아 시친은 『수메르 혹은 신들의 고향』에서 수메르의 기록 역시 신들이 인간에게 농업과 목축 기술을 알려 주었음을 가리킨다고 말한다. 하지만 이는 앞서 살펴본 바와 같이 단군 고조선에서 약 삼천 명의 무리를 보내 수메르 문명을 건설한 것일 수 있다. 이뿐 아니라 농업의 기원을 연구한 학자들은 농업이 근동 지역에서 처음 시작되기는 했지만, 농업이 처음 시작된 곳이 풍요롭고 경작이 쉬운 평야나 골짜기가 아니라는 사실에 놀라움을 금치 못한다고 말했다. 또 이런 산악지대가 어떻게 다양한 종류의 곡물, 식물, 나무, 과일, 채소 그리고 가축의 근원지가 됐는지 설명을 못 한다고 했다. 그러면서 농업은 평야 지대를 접하고 있는 산악지대에서 처음 시작됐다며 이유는 대홍수의 여파로 낮은 평야 지대서 농사를 짓는 것은 불가능하기 때문이라고 결론 내렸다.

이어 평야와 계곡이 충분히 마르기까지 약 1천 년이 더 걸렸다며 구약은 이런 사실을 정확하게 전하고 있다고 밝혔다(창세기 11장 2절: 사람들이 동쪽에서(메소포타미아의 동쪽인 산악지대에서), 이동해 오다가 시날 땅 한 들판에 이르러, 거기서 자리를 잡았다). 이 같은 내용은 수메르 기록에도 등장하는데, 엔릴이 평야 지대가 아닌 산악지대에 처음 씨를 뿌렸고, 홍수로 인한 물을 사라지게 해서 산악지대에 경작하는 것이 가능하게 했다고 말한다.

성경 내용과 정확하게 맞아떨어지는 이 내용과 함께 주목해야 할 부분은 유럽의 포도주다. 유럽은 포도를 재배해 세계 최고 포도주 만들어낸다. 포도의 기원을 연구한 학자들에 따르면 시리아, 팔레스타인, 북부 메소포타미아의 산간 지역에서 처음 재배되기 시작했다.

서유럽에서 카스피해의 페르시아 해안 지역까지 남극을 제외한 모든 대륙에서 포도 농사를 짓고 있다. 물이 잘 빠지기 때문에 논농사는 어울리지 않고 밭농사나 포도 농사가 적합하다. 이곳은 성서(성경)에 나오는 노아 이야기에 나오는 위치와 같은 장소인데 노아가 홍수가 끝난 뒤 정착하여 포도를 심었다는 아라라트(아라랏)산이다. 성서는 노아가 배에서 내린 후 가장 먼저 포도나무를 심고 열매를 수확한 다음 술을 만들어 마시고 취했다고 기록하고 있다.

실제 이 지역에서는 BC 4000년 무렵에 와인을 담그는 데 사용됐던 항아리의 마개로 추측되는 유물이 발견됐다. 후에 지금의 튀르키예(터기)의 히타이트족에 의해 3000년경 그리스 지역으로 전파됐고 이후 유럽 전 지역으로 포도가 퍼져 나갔다. 이뿐 아니라 사과, 올리브 무화과 등도 모두 이 지역에서 재배되기 시작해 유럽과 세계의 각 지역으로 퍼져 나갔다. 이렇게 학자들의 연구 결과로 성경 역사가 정확한 사실임을 방증해 주고 있다.

어느 날 노아가 포도나무 열매를 수확해 술을 만들어 마시고 술에 취해 옷을 벗고 자고 있었다. 이것을 둘째 아들 함이 보고 첫째 야벳과 셋째 셈에게 고한다. 야벳과 셈은 아버지가 술에 취해 옷을 벗고 자는 모습을 보지 않고 뒷걸음질 쳐서 들어가 아버지의 하체를 덮어 준다.

술에서 깬 노아가 이 사실을 알고 함을 저주(창세기 9장 25~27절: 이에 가로되 가나안은 저주를 받아 그 형제의 종들의 종이 되기를 원하노라. 또 가로되 셈의 하나님 여호와를 찬송하리로다 가나안은 셈의 종이 되고 하나님이 야벳을 창대케 하사 셈의 장막에 거하게 하시고 가나안은 그의 종이 되게 하시기를 원하노라 하였더라)하게 된다. 그리고 야벳과 셈은 축복해 주고, 함과 함의 손자 가나안까지 저주받아 형제의 종들의 종이 됨을 예언하게 된다. 이 예언으로 이들은 서로 땅을 빼앗기 위한 전쟁의 역사가 있게 된다.

창세기 10장의 역사적 기록으로 보면, 노아의 자손은 서로 갈라지기 시작해 많은 자손을 낳게 된다. 이들로부터 여러 나라 백성으로 나뉘게 된다. 또 각기 방언과 종족과 나라대로 바닷가의 땅에 머물렀다. 이들은 신 앞에 특이한 사냥꾼이 되었으므로 속담에 이르기를 아무는 여호와 앞에 니므롯 같은 특이한 사냥꾼이로다 했다.

이들의 나라는 시날 땅(수메르)의 바벨과 에렉과 악갓과 갈레에서 시작됐다. 시날 땅은 '두 강 사이'란 뜻으로 티그리스강과 유브라데강 사이 바벨론 평지다. 고대 세계의 문명을 선도하던 곳이며 바벨, 에렉, 악갓, 갈레 등의 성읍이 여기에 있었다(창세기 10장 10절). 노아의 후손들은 점점 동방으로 옮겨 가다가 이곳에 정착하여 성읍을 건설하고 바벨탑을 쌓았다(창세기 11장 1~9절). 시날 왕 아므라벨은 소돔과 고모라를 침략했으나 아브라함에게 패했다(창세기 14장 1절, 9절).

이런 땅에서 아버지로 말미암아 저주받은 가나안은 장자 시돈과 헷을 낳고 또 여부스 족속과 아모리 족속과 기르가스, 히위, 알가, 신, 아르왓, 스말, 하맛 족속의 조상을 낳았다. 이후로 가나안 자손의 족속이 흩어져 살았다. 가나안의 지경은 시돈에서부터 그랄을 지나 가사까지와 소돔과 고모라와 아드마와 스보임을 지나 라사까지였다. 이들은 저주받은 함의 자손으로 각기 족속과 방언과 지방과 나라대로 민족을 이루며 살아갔다.

인류 시원을 밝히려는 노력은 전 세계적으로 끊임없이 이어지고 있다. 그러나 어느 것을 들어 이것이 참되다 할 수 있는 것은 없다. 다 각자의 생각과 사상과 유물로 추측하고 자의적으로 해석하고 있기 때문이다. 필자 또한 가장 확실하다고 할 수 있는 성경과 발견되는 유물과 해석된 문자로 유추해 낸 유산들을 가지고 퍼즐을 맞추는 것이다.

인류의 문명 탄생 과정을 어느 학자는 예고 없이 시작된 인류의 문명이라고 하고, 또 다른 학자는 예전부터 있어 온 것이 진화됐다고 한다.

[창세기 3장 22절] 그가 그 손을 들어 생명나무 실과도 따 먹고 영생할

까 하노라 하시고

　[창세기 3장 24절] 이같이 하나님이 그 사람을 쫓아내시고 에덴동산 동
편에 그룹들과 두루 도는 화염검을 두어 생명나무의 길을 지키게 하시니라

　앞서 살펴본 바(수메르 문명)와 같이 대한민국의 역사(근 1만여 년의
기록된 역사)를 근거로 또 세계사적 흐름으로 본 성경을 기준으로 아담
범죄 전에는 '영원히 살았던 영생의 시대'가 있음을 확인할 수 있다.
　또한 사람이 신과 함께 영원히 살았던 영생의 시대(神仙時代신선시대,
神市時代신시시대)가 아담의 범죄로 인해 끝남으로 인간사라고 하는 인
류사가 시작됐다. 인류사는 신과 함께 사는 시대를 잃어버리고 자기의
호흡으로 살아가는 시대를 말한다. 이렇게 시작된 인류사는 문명이 발
생하고 쇠퇴하기를 반복해 지금의 세월을 살아왔다.
　이것은 한민족의 시원인 환인(신시시대)부터 환웅(배달국 시대), 단
군 고조선 시대가 증명해 주고 있다. 인류 시원 환국 시대는 7분의 환인
이 3301년을 다스렸다. 그러다 환웅 시대로 접어들면서 18분의 환웅이
1565년을 다스린다. 이후 단군 시대에 와서는 47대 단군 할아버지들이
2096년을 다스리게 된다. 이렇게 자꾸 사람의 호흡이 짧아져 빨리 죽게
됐다.
　제47대 고열가 단군 할아버지께서는 단군조선을 폐관(廢官: 스스로
나라를 닫는다)하시며 백성들이 심신 수련을 하지 않고 곧 정신 수양 대
신, 먹고 마시고 노는 일에 급급하다고 한탄하시며 이 모든 것은 자신
의 부덕과 한민족의 운명이 다했음이라 하시며 2천 년 후를 약속하신다

는 예언을 남기고 단군조선을 닫고 산으로 올라가서서 산신령이 되셨다. 이후 고열가 단군을 따르는 많은 무리가 산으로 들어가 산신이 됐다. 이후 산에 올라가면 사람들은 고열가 단군을 기리며 고수레(산이나 들에서 음식을 먹을 그곳에 계신 분께 먼저 바친다는 뜻으로 음식을 조금 떼어 던지는 일)를 하게 됐다.

이것을 가리켜 신라의 충신 김부식은 『부도지』에서 '오미의 변 또는 오미의 화(지소씨가 포도를 따 먹은 사건, 다섯 가지 맛을 알게 됨)'으로 타락으로 빠져 결국 마고성에서 쫓겨나면서 12부족이 나뉘게 되는 과정과 대홍수 사건으로 인간사가 시작됐다고 말하고 있다. 이후 대홍수, 황궁, 유인, 환인, 환웅씨의 계승과 관련하여 『부도지』는 선천(先天) 시대가 열리기 전 짐세(朕世) 시대와 선천 세계와 후천의 말기에 임검씨(단군)가 등장한다.

이렇게 유대인의 역사서인 성경과 한민족사가 같은 이야기를 하고 있다. 홍수 이야기는 역사서인 성경에만 있는 것이 아니다. 김정민 박사의 『샤먼바이블』에 따르면 '중앙아시아의 홍수신화', '한민족의 홍수신화', '중국 서남부 홍수신화'가 비슷한 이야기로 전해지고 있다. 이 모든 이야기가 공유되는 이유는 천산에서 함께 살다 흩어졌기 때문이다. 특히 중앙아시아의 홍수신화 주인공의 이름은 '느흐'다. 성경의 노아와 같은 이름이다.

서양에서도 똑같이 홍수신화가 등장하고 있다. 내용 또한 성경과 일맥상통한다. 수메르인의 신화에도 홍수의 기록이 있다. 실제 메소포타미아 지역 곳곳에서 홍수의 흔적이 발견되고 있다. 고고학자들은 실제로 메소포타미아 일대에 대홍수가 있었을 것으로 추정한다. 이외에 바빌로니아 전설에도 홍수신화가 성경과 비슷한 기록으로 남아 있다.

성경에서 본 바 '3차'에 걸쳐 인간 세계가 흩어졌다. 이후 '각자도생(各自圖生: 제각기 살아 나갈 방법을 꾀함)'으로 전쟁이 끝없이 일어났다. 1차 아담 범죄 후 사람들은 흩어지고 2차 가인의 범죄 후 흩어진 것이 3차 노아의 홍수로 인해 대대적으로 고산 지대로 피해 있다가 물이 빠지고 난 후 산 아래로 내려오게 됐다.

홍수 후 물이 빠진 것을 확인하기 위해 새를 날려 보냈던 노아의 사연도 똑같이 모든 인류가 갖고 있다. 단지 새의 종류만 다를 뿐이다. 우리나라에는 마을의 안녕을 기원하는 솟대가 있다. 이 솟대는 긴 장대 꼭대기에 세 갈래로 된 나뭇가지 위에 세 마리의 새를 조각해 올려놓는다. 또 삼족오(三足烏)가 있다.

창세기 8장 11절에 노아가 방주에서 세상에 물이 빠졌는지 알기 위해 놓아둔 비둘기가 저녁때에 돌아왔는데, 그 입에 감람(橄欖) 새 잎사귀가 있는지라 이에 노아가 땅에 물이 감(減)한 줄 알았다고 한다. 이는 다시 살아갈 수 있는 희망으로 '새'는 동네의 안녕을 기원하는 귀한 존재로 전해졌다. 이처럼 새는 우리를 떠난 '하늘 영계(천상의 세계)'를 이어 주는 역할을 한다. 노아를 죽음에서 구해 준 방주에서 세상과 소통하게 해 준 새는 하늘과 사람을 연결해 주고 복된 소식을 알려 주는 중매자의 역할을 했다. 이는 곧 마을의 안녕을 기원하게 했다.

이렇게 하나님과 함께 살던 사람이 타락해 천산에서 쫓겨났다. 쫓겨난 후 사람은 죄의 업보(業報)로 인해 죄가 가중됐고, 결국 신은 홍수로 인생들을 끝내시고 당대 의인(義人)만 살려 두신 채 하나님 세상을 쓸어 버리셨다. 시대 시대마다 이러한 일이 반복됐다.

『한경대전』에 따르면(101~103쪽), 인류가 지금까지 인류 문명의 발상 지를 수메르로만 잘못 알고 있었다. 하지만 창세기 기록과 때를 같이한 사기 기록이 일치하는 부분으로, 노아 홍수 이전 BC 3500~4000년경 에 에덴동산(口東山)에서 있었던 대홍수가 곤륜(昆侖)에서 있었던 대홍수와 일치한다고 『한경대전』은 밝히고 있다.

'곤륜'의 한자를 풀어 보면 맏형, 자손, 후예, 즉 장자(長者)를 뜻한다. 가장 먼저 시작된 곳이라는 뜻이다. 이곳 곤륜산이 한민족 인류의 시원지(始源地)이자 중앙 아세아의 천산곤륜(天山昆侖, 지금의 곤륜산) 이라고 『한경대전』은 밝히고 있다. 이 내용과 상통하는 신라 충신 박제상이 엮은 『부도지』에는 '마고성(천부를 받들어 선천을 계승한 지상에서 가장 높은 성)'으로 나온다.

인류의 가장 오래된 도구는 전기 구석기 시대의 타재석기다. 이것이 일정한 지역에서 일정한 형식이 오랫동안 유지되면서 반복적으로 제작된 사실이 드러나고 있다. 이는 곧 도구 제작이 그때그때 즉흥적으로 이루어진 결과가 아니라 일정한 문화적 전통에 따라 만들어진 것이라는 점을 알 수 있다(창세기 2장 8절, 10절).

이 시기에 인류가 대대적 이동된 흔적을 살펴볼 수 있다. 인류 최초로 고산문명(高山文明)의 근원지로 곤륜 애담종산(口鍾山) 탑리목분지(塔里木盆地) 천산삼위(天山三危, 톈산산맥)를 중심으로 ① 신강총해, 곤륜산, 히말라야 산맥과 파미르공원에서부터 천상동북(天山東北)으로 동이

(東夷) 주류 황하 문명이고 ② 천산, 흑수, 서남으로 곤륜, 히말라야 산맥을 거쳐 동이지류 조선천춘국 현 인도 인더스 갠지스 문명이며 ③연장선상 천상에서 적수가 서쪽으로 파미르공원 중심 수메르 문명인 메소포타미아의 티그리스강과 유프라테스강 문명이고 ④ 여기서 연계된 지중해 연안으로 연결돼 아프리카 나일강 유형의 이집트 문명은 스키타이와 합류해 서부 유럽 문명권을 형성했다(창세기 11장 1절, 7절).

언어의 소통과 의사 전달 방법 등의 표현 시기도 노아의 홍수를 기점으로 여러 언어와 문자가 만들어졌다. 뒤에 밝혀지겠지만 이것 또한 사람이 잘나서 생겨난 것이 아니요, 오직 죗값으로 인한 변화였다. 하나님은 사람을 만들고 심히 기뻐하신다. 그러나 사람은 하나님과의 언약을 지키지 않고 부패했고 타락했다. 하나님은 사람 만드심을 한탄하시고 슬퍼하시게 된다(창세기 6장 3절).

하여 사람이 살아가는 세상은 혼란스럽고 고통스러울 수뿐이 없었다. 그러나 오늘날 하나님의 비밀이 풀어지고 모든 경서(經書)가 열리(啓示)는 때인 만큼 인류 시원인 한민족이 통일되면 문자와 언어, 문화, 역사, 종교가 하나 되는 세계 평화 통일이 온다.

한편, 천산삼위를 중심으로 삼위곤륜(三危昆侖)과 돈황(燉煌)을 걸쳐 동북 황하북(黃河北)으로 몽고 고원과 시베리아를 걸쳐 알라스카 북미대륙에서 남미대륙으로 잉카와 마야 문명으로 인류오대문명(人類五大文明)을 형성했고 도구로 타제석기, 마제석기도 이 무렵부터 사용됐다. 동이 한 사상의 근원지 삼위천산곤륜(三危天山昆侖)은 지질학적 발상 근원인 인류 문명의 시원지이며 스키타이의 문명이 바로 천산삼위(天山

三危)에서 근원이 됐다.

따라서 황하 문명과 인도, 수메르 등 공(共)히 천산삼위곤륜(天山三危昆侖)에서 기인했다. 천산곤륜에서 파미르고원 지대를 중심으로 뭉쳐진 상태였다. 그러다 동서대륙 상당 부분이 물에 잠겨 있었다는 사실이 문헌을 통해 드러났다. 그뿐만 아니라 인류 최초 문명은 천산곤륜을 중심으로 파미르 고원 등을 연결한 하나의 문화권이었다(창세기 6장 14절, 창세기 7장 4절, 11절, 12절, 19절).

지각 변동과 인류의 이동으로 문명이 분산됨에 따라 각각 다른 생활 문명과 자연 환경의 역량 따라 새로운 문명권을 형성해 오늘에 이르고 있다.

하나님은 사람의 수명을 120살까지로 정해 버렸다고 말한다. 아담을 기점으로 사람의 수명이 점점 줄어들었다. 모세는 하나님께서 약속한 만큼만 살다가 죽었다. 모세가 죽는 당시 눈이 흐리지 아니하였고 기력이 쇠하지 아니하였다고 성경은 증거한다.

[신명기 34장 7절] 모세의 죽을 때 나이 일백 이십 세나 그 눈이 흐리지 아니하였고 기력이 쇠하지 아니하였더라

하지만 하나님의 약속이므로 120살까지만 이 세상에서 살 수 있었다. 이렇게 오미의 화와 같은 아담의 범죄로 인해 신이 떠나기 전 영생하는 시대는 만물인 동식물들도 죽지 않았다. 하나님은 창세기에 모든 만물을 창조하시고 그들과 영원히 함께 사는 세상을 꿈꾸시고 또 그렇게 살

았다. 하지만 아담의 범죄로 이 천국 세상은 끝이 나게 된 것이다.

아담 범죄 전에 동물이 죽지 않고 오래 살면서 진화된 것이 공룡 (dinosaur)이나 삼엽충 등이다. 지금의 모든 동물이 죽지 않고 이렇게 계속 살아간다면 이들이 진화해 공룡 같은 큰 존재들이 되는 것이다.

지난 2018년 『크리스천투데이』의 '공룡도 하나님이 창조하셨나요?'라는 오피니언 칼럼에 따르면, 1990년 몬태나 주립대학의 연구자들은 공룡 티라노사우루스 렉스의 뼈들 중에서 장골의 일부분이 광물화되지 않고, 고유의 뼈 상태로 남아 있는 것을 발견했다. 정밀검사 결과, 뼈의 혈관계 내에 적혈구처럼 보이는 물체를 발견했다.

1997년에 메리 슈바이쳐는 공룡 티라노사우루스 렉스의 대퇴골에서 화석화되지 않은 적혈구들을 발견했다. 2005년에는 6800만 년 전의 것으로 주장되는 다른 티라노사우루스 렉스의 대퇴골에서 부드러운 연부조직이 남아 있는 것을 발견했다. 이전보다 더 많은 혈액세포들이 발견됐다. 또 부드러운 섬유성 조직들과 완전한 혈관들도 발견되었다.

일부 혈관은 눌렀을 때 그 내용물이 밖으로 흘러나왔다. 대퇴골에 붙어 있던 연부조직은 아직도 유연성과 탄력성을 가지고 있어서, 핀셋으로 잡아 늘였을 때 다시 원래 위치로 되돌아갔다. 이는 혈관 내에서 흔하게 발견되는 탄성 단백질의 존재를 가리키는 것이다. 2009년에 슈바이처의 연구팀은 또다시 8천만 년 전의 것으로 주장되는 오리주둥이 공룡의 뼈들에서 연부조직을 발견했고, 이들 시료로부터 단백질 콜라겐이 존재하고 있음을 보고했다.

또한 2009년 미국 노스다코타에서 6600만 년 전의 또 다른 오리주둥이 공룡은 미라화된 채로 발견되었는데, 관절들은 완전히 연결돼 있었다. 공룡 잔해는 연부조직과 단백질들과 같은 유기분자들을 갖고 있었으며, 피부는 살아 있는 생물체의 피부 구조와 비교할 수 있을 정도였다. 2010년에는 8천만 년 전 공룡 모사사우루스 화석에 부드러운 망막과 혈액 잔존물이 남아 있음이 보고됐다. 2015년 런던 임페리얼 대학의 연구자들은 박물관 선반에 보관되어 있던 평범한 공룡 뼈들에서 적혈구와 세포구조들이 아직도 남아 있음을 발견했다.

2017년 중국에서 발견된 6600만 년 전의 것으로 추정되는 오비랍토르 공룡 알은 원래의 색깔인 청록색을 띠고 있었는데, 친수성의 색소인 빌리베르딘이 아직도 남아 있었음이 밝혀졌다. 또한 2017년에 공룡피의 발견에 대한 신기록이 수립됐는데, 무려 1억 9500만 년 전의 공룡 늑골에서 혈액세포가 발견된 것이었다. 이외에도 최근에 지속해 육상공룡 화석들이 바다생물 화석들과 함께 발견되고 있음이 보고되고 있다.

미국 몬태나주 동부의 헬크릭 지층에는 연부조직이 남아 있는 공룡 화석들을 포함해 많은 티라노사우루스 렉스 표본들이 발굴됐는데, 5종의 상어들과 14종의 물고기 화석들도 발견됐다. 2012년 시애틀 북쪽 해변 앞의 해성퇴적암에서 수각류 공룡의 대퇴골 일부가 발굴됐는데, 이 육상공룡은 대합조개들과 같이 파묻혀 있었다. 2014년 모로코에서 스피노사우루스 공룡은 상어, 톱상어, 조기어류, 실러캔스 등 바다생물들과 함께 발견됐으며, 2015년 유럽에서 많은 수의 육상공룡들이 석회암 퇴적층에서 바다무척추동물과 혼합되어서 발견됐다. 또한 2015년 오레곤, 캘리포니아, 남중부 알래스카의 해성퇴적암에서 안킬로사우루스와 하드로사우루스 공룡 화석들이 발견됐다. 2018년 이집트 사막 한 가운데서 용각류 공룡 화석이 발견됐는데, 그 지층은 2014년에 물고기, 거북이, 폐어 등이 발견됐던 지층이었다.

『크리스천투데이』 칼럼은 이런 발견을 통해 진화론이 주장하고 있는 공룡은 2억 2500만 년 전에 출현해 6500만 년 전에 멸종된 중생대에 번성했던 생물이라는 '진화론적 동일과정설'이 설득력이 없어 보인다고 했다.

그러면서 성경에 기록된 전 지구적 홍수가 사실이었음을 가리키는 수많은 지질학적 증거들이 발견되고 있다고 주장했다. 전 지구적 홍수로 인해 육상공룡들과 바다생물들이 혼합되고 운반돼 파묻혔다고 했다. 또 노아의 홍수가 역사적 사실이라면, 고생대·중생대·신생대와 같은 지질시대들은 허구가 되는 것이다. 그리고 최근 공룡 뼈에서 연부조직의 발견은 노아 홍수를 지지하는 또 하나의 증거가 되고 있다고 강조했다.

영생하시는 하나님이 이 지구촌에 함께했을 때는 동물도 영생하면서 수없이 변화되고 진화가 되는 것이다. 하지만 홍수로 인해 육상 공룡들과 바다생물들뿐 아니라 모든 하나님이 만드신 피조물인 만물이 파괴되고 죽어 가게 된 것이다(욥기 40~41장). 하여 성경에서는 만물(萬物)들이 '하나님의 사람'들이 나타나기를 고대하고 있다고 한 것이다. 만물이 썩어짐의 종노릇 하는 곳에서 해방되고 싶다고 울부짖고 있다. 하나님의 사람 아담으로 말미암아 피조물인 자신들도 허무하게 죽게 됐기 때문이다.

[로마서 8장 19~23절] 피조물의 고대하는 바는 하나님의 아들들의 나타나는 것이니, 피조물이 허무한데 굴복하는 것은 자기 뜻이 아니요 … 그 바라는 것은 피조물도 썩어짐의 종노릇 한 데서 해방되어 하나님의 자녀들의 영광의 자유에 이르는 것이니라 피조물이 다 이제까지 함께 탄식하며 함께 고통하는 것을 우리가 아나니

이처럼 피조물이 허무한데 굴복한다는 것은 죽어 가는 것에 굴복한 것이요, 그러나 그것이 자기의 뜻이 아닌 사람과 마찬가지로 '인명재천 (人命在天: 사람의 목숨은 하늘에 달려 있다)'이라고, 만물도 자신들의 '생과 사'가 하나님 손안에 있음을 깨닫고 있다.

이 지구상의 생물들은 시절을 쫓아 살아온 대로 진화해 변화한 것이다. 하지만 사람은 진화하는 것이 아니라 마음이 거듭남으로 변화(變化)하는 것이다. 무엇으로 변화하는가. '변화'라는 한문을 보면 '말씀 언(言)' 변에 '실사 변(糸)'이 들어간다. 결국 사람은 "내가 이른 말이 영이요 생명"이라고 말씀하신 예수님의 말씀처럼 말씀으로 변화하는 것이다. 하여 예로부터 교육은 백년지대계(百年之大計)라 했다.

예수님께서 변화 산상에서 기도하시고 용모가 변화되고 그 옷이 희어져 광채가 나고 신선처럼 변화했다(마태복음 17장 29절: 기도하실 때에 용모가 변화되고 그 옷이 희어져 광채가 나더라). 이처럼 인간은 '말씀'으로 변화(變化)해 곧 도(道)의 길을 깨달음으로 신선이 되는 것이다. 이를 두고 예수님은 '물과 성령으로 다시 나야 한다'고 말씀하셨다. 물과 같이 내 심령을 깨끗이 씻을 수 있는 말씀으로 깨달아야 한다는 것이다.

이를 히브리서 4장 12절에서는 하나님의 말씀은 살았고 운동력이 있어 좌우에 날선 어떤 검보다도 예리하여 혼과 영과 및 관절과 골수를 찔러 쪼개기까지 하며 또 마음의 생각과 뜻을 감찰한다고 말한 것이다. 이와 같이 영과 혼과 골수까지 쪼개는 말씀을 받은 자를 요한복음 10장 35절에서는 '신'이라 했다.

이렇게 사람이 신이 되는 방법은 말씀을 알고 깨달아야 신선이 돼 영원히 사는 것이다. 하지만 이 신(神) 공부를 할 수 있는 방법이 그동안 아담 범죄로 인해 천문(天門)이 막혀 있었다. 하여 시편 82편 6~7절에서는 하나님께서 너희 지존자의 아들, 신들의 아들들이 범인(凡人: 평범한 사람)같이 죽게 되고 방백(方伯: 관찰사)의 하나같이 엎어지는지를 신이 오히려 인간에게 묻고 있다.

[전도서 3장 1절] 천하에 범사가 기한이 있고 모든 목적이 이룰 때가 있나니

이제 동서양이 예언해 놨듯 때가 돼 신(神) 공부를 제대로 한 깨달은 사람들이 탄생하면 만물도 새로운 영원한 삶을 얻으므로 죽지 않게 된다. 이렇게 되면 모든 만물도 동물도 죽지 않고 공룡 같은 모습으로 끊임없이 진화되는 것이다. 만물들도 '썩어짐의 종노릇'에서 탈피하고 싶어 하나님의 아들들이 나타나기를 심히 고대한다는 것이 로마서 8장의 내용이다.

이 일을 이루기 위해서는 만물들이 고대하는 하나님의 사람들이 나타나야 한다. 이것이 곧 세통관으로 이루어질 빛이 회복하는 역사다.

생각해 보라. 깨끗하게 거듭나지 못한 사람이 어찌 만물을 거듭나게 한단 말인가. 지금 세통관의 이념인 '홍익인간 이화세계'로 모든 사람의 마음(영靈), 혼(魂), 정신(精神)이 거듭나야 한다. 이는 만물의 근본이신 하나님을 경외하며 사람을 사랑하는 마음(경천애인敬天愛人)으로 가능하다.

아브라함이 독생자 이삭을 하나님의 제물로 바치려던 순간, 하늘에서 천사가 아브라함을 두 번 부른다. 천사는 아브라함에게 독생자 이삭까지도 바치려고 한 아브라함을 가리켜 하나님을 경외하는 마음을 봤다고 말한다. 그러면서 이삭 대신 수풀에 뿔이 걸려 있는 수양을 바치게 한다. 여기서 천사가 아브라함에게서 하나님을 '경외'하는 것을 봤다고 하는 경외(敬畏)란 공경하면서도 두려워함을 이른다.

하나님은 이스라엘 백성을 종살이하고 있던 이집트에서 출애굽 시키는 과정을 자식을 키우는 것처럼 독수리 날개로 너희를 업어서 인도했다고 비유했다(출애굽기 19장 4절). 또 이스라엘 백성이 하나님과의 언약을 끊임없이 지키지 않고 약속을 어겨도 하나님은 '적은 씨(그루터기)'를 남겨 주고 잘못한 자식을 용서해 주듯이 용서해 준다. 그러면서 이 백성을 사랑한다고 표현하고 있다.

이렇게 하나님의 모양과 형상대로 창조한 사람을 사랑하시는 하나님을 경외하는 본모습으로 인간이 회복될 때, 곧 인간의 마음이 거듭날 때, 비로소 인류의 문명도 재탄생되고 진정한 평화가 올 수 있다.

신,
'아담'과 유럽의 조상 아브라함과 언약하다

　시조(始祖)란 무엇인가. 비로소, 먼저 어떠한 가문 혹은 겨레를 처음 일으킨 조상이다. 아담 이전에도 사람은 숱하게 살아가고 있었다. 많은 유물과 유적으로도 이 사실을 인정하지 않는가.

　하지만 천지를 창조하신 신이 보시기에 진정으로 사람 같은 사람은 아담이 첫 사람이었다. 하나님은 하나님의 모양과 형상대로 사람을 창조하셨다(창세기 1장 27절: 하나님이 자기 형상 곧 하나님의 형상대로 사람을 창조하시되 남자와 여자를 창조하시고). 하나님의 모양과 형상대로 남자와 여자로 나눠 창조하셨다. 하여 많은 사람이 평화롭게 살아가고 있었다. 이것이 천국이요 에덴동산이었다.

　하여 아담과 하와는 부모가 있었고(창세기 2장 22~24절: 여호와 하나님이 아담에게서 취하신 그 갈빗대로 여자를 만드시고 그를 아담에게로 이끌어 오시니, 아담이 가로되 이는 내 뼈 중의 뼈요 살 중의 살이라 이것을 남자에게서 취하였은즉 여자라 칭하리라 하니라, 이러므로 남자가 부모를 떠나 그 아내와 연합하여 둘이 한 몸을 이룰찌로다) 부모를 떠나 둘은 연합하여 한 몸을 이루어 살아갔다.

그들의 이름이 '사람'이 된 것이다(창세기 5장 1~2절: 아담 자손의 계보가 이러하니라 하나님이 사람을 창조하실 때에 하나님의 형상대로 지으시되, 남자와 여자를 창조하셨고 그들이 창조되던 날에 하나님이 그들에게 복을 주시고 그들의 이름을 '사람'이라 일컬으셨더라). 하여 하나님 보시기에 하나님의 모양과 형상대로 창조돼 하나님의 뜻과 마음을 아는 사람이 진짜 사람 같은 사람이었다. 이 사람이 아담이었고 아담을 '만물의 영장'으로 세워 주신 것이다.

[창세기 1장 26절] 하나님이 가라사대 우리의 형상을 따라 우리의 모양대로 우리가 사람을 만들고 그로 바다의 고기와 공중의 새와 육축과 온 땅과 땅에 기는 모든 것을 다스리게 하자 하시고

만물의 영장으로 세운 아담과 언약을 하셨다. 동산 가운데 있는 선악과는 먹지 말라고 하셨다. 먹으면 정녕 죽는다고 하셨다. 하지만 아담은 언약을 버리고 죄를 지었다. 그러자 아담과 하와는 에덴동산에서 쫓겨나게 됐다. 이후 하와는 임신하는 고통을 받게 됐고 자녀들을 고통 속에 낳게 됐다.

에덴동산에서 영원히 신선으로 하나님과 살아갈 수 있었던 신선의 세계를 아담은 뱀 같은 사람의 간사한 말(창세기 3장 4~5절: 뱀이 여자에게 이르되 너희가 결코 죽지 아니하리라, 너희가 그것을 먹는 날에는 너희 눈이 밝아 하나님과 같이 되어 선악을 알줄을 하나님이 아심이니라), 곧 '하나님같이 된다'는 말로 미혹해 아담과 하와를 천국에서 쫓겨

나게 한다.

이로 말미암아 사람은 지옥과도 같은 세상에서 평생 수고하고 얼굴에 땀을 흘려야 소산을 얻어먹고 결국 흙으로 돌아가게 됐다. 바로 영계 천국에서 죄를 짓고 이 땅으로 쫓겨난 '사단 마귀(악령)'가 지배하는 뱀 같은 사람의 말에 이들은 미혹된 것이다(마태복음 23장 33절: 뱀들아 독사의 새끼들아 너희가 어떻게 지옥의 판결을 피하겠느냐, 로마서 3장 13~14절: 저희 목구멍은 열린 무덤이요 그 혀로는 속임을 베풀며 그 입술에는 독사의 독이 있고 그 입에는 저주와 악독이 가득하고).

2천 년 전 예수께서는 이들의 정체가 뱀이며 이들이 서기관과 바리새인들과 함께하고 있음을 알려 주셨다. 영은 사람의 육체를 집 삼아 살기 때문에 아담을 죄를 범하게 한 뱀 같은 사단의 영이 4천 년 후 서기관과 바리새인들을 다시 찾아와 그들을 집 삼아 살면서 하나님의 아들 예수를 핍박한 것이다. 하지만 때가 아직 이르지 않아서 악령들을 심판하지 않고 마지막 심판 때까지 그냥 두게 된 것이다.

[마태복음 8장 28~32절] 또 예수께서 건너편 가다라 지방에 가시매 귀신 들린 자 둘이 무덤 사이에서 나와 예수를 만나니 저희는 심히 사나와 아무도 그 길로 지나갈 수 없을 만하더라 이에 저희가 소리 질러 가로되 하나님의 아들이여 우리와 당신과 무슨 상관이 있나이까 때가 이르기 전에 우리를 괴롭게 하려고 여기 오셨나이까 하더니 마침 멀리서 많은 돼지 떼가 먹고 있는지라 귀신들이 예수께 간구하여 가로되 만일 우리를 쫓아 내실찐대 돼지 떼에 들여보내소서 한대 저희더러 가라 하시니 귀신들이 나와서 돼지에게로 들어가는지라 온 떼가 비탈로 내리달아 바다에 들어가서 물에

서 몰사하거늘

귀신들은 보이지 않은 악령이라 이들도 육체의 집(고린도전서 3장 9절: 우리는 하나님의 동역자들이요 너희는 하나님의 밭이요 하나님의 집이니라)이 필요하다. 그러나 귀신들도 아직 자기들의 심판에 때가 이르지 않음을 알고 예수께 간구해 돼지 떼에 들여보내 주소서 한 것이다.

하여 존귀에 처한 아담이 하나님의 말씀을 등짐으로 멸망하는 짐승과 같이 살게 된 것이다. 살아 계신 하나님을 모르는 자를 시편과 잠언에서는 '짐승'이라고 표현하고 있다(시편 49장 20절: 존귀에 처하나 깨닫지 못하는 사람은 멸망하는 짐승 같도다, 잠언 30장 2~3절: 나는 다른 사람에게 비하면 짐승이라 내게는 사람의 총명이 있지 아니하니라 나는 지혜를 배우지 못하였고 또 거룩하신 자를 아는 지식이 없거니와).

거룩하신 자를 알지 못하고 지혜가 없고 깨닫지 못하는 사람을 '짐승' 같다고 표현했다. 실제 하나님께서는 아담 범죄 후에는 가죽옷을 입혀(창세기 3장 21절: 여호와 하나님이 아담과 그 아내를 위하여 가죽옷을 지어 입히시니라) 에덴에서 쫓아 보내셨다.

이 사실로 보아 수많은 사람 중에 아담은 하나님의 사람이었다(창세기 6장 1~2절: 사람이 땅 위에 번성하기 시작할 때에 그들에게서 딸들이 나니, 하나님의 아들들이 사람의 딸들의 아름다움을 보고 자기들의 좋아하는 모든 자로 아내를 삼는지라). 이렇게 하나님의 아들들이 땅의 딸들을 좋아하게 되고 아내를 삼았다. 이러므로 죄악은 더 관영하게 되고 세상은 부패했다.

하여 성경은 항시 택함 받음, 기름 부음 받음으로, 구별된 자가 된다.

유대민족은 아브라함을 기점으로 하나님의 선택을 받아 선민의 반열에 오르게 된다. 이 구별된 자들에게는 하나님은 증표로 '언약(시편 89편 3절: 주께서 이르시되 내가 나의 택한 자와 언약을 맺으며 내 종 다윗에게 맹세하기를)'을 하신다. 하여 성경의 역사가 구약과 신약의 시대로 나뉘었다.

아담에게 법(法)을 주어 지키라고 명했지만 아담은 약속을 지키지 않았다(호세아 6장 7절: 저희는 아담처럼 언약을 어기고 거기서 내게 패역을 행하였느니라). 허나 하나님께서는 사람들을 죽게 내버려 두지 않으셨다. 하나님께서는 시대마다 사람들과 약속하고 이 약속을 지켜 줄 것을 간절히 원하셨지만, 그들은 때마다 하나님과의 약속을 어겼다.

아담을 통해 약속하시고 그 약속이 파기되자 당대 의인인 노아를 찾아가셨다. 노아의 세계가 또 부패하고 타락하자 아브라함을 찾아가 또 약속하시게 된다. 아브라함과 약속한 이 일을 이루시기 위해 모세를 찾아가게 되고 모세를 통해 하나님께서 아브라함과 했던 약속을 모두 이루시게 된다.

이 세상의 주관자인 임금들의 그 마음을 통해 모든 역사를 해 오셨음을 알 수 있다. 제카리아 시친은 『수메르 혹은 신들의 고향』에서 예고 없이 시작된 수메르 문명이라고 말하고 있지만, 실은 예고 없이 시작된 것이 아니라 하나님의 계획에 따라 세계사는 움직이고 있었던 것이다.

『수메르 혹은 신들의 고향』에서 제카리아 시친이 밝힌 바와 같이 구약은 페르시아의 왕들이 유대인이 아닌 이방이었음에도 그들은 핵심적인 인물이었다. 구약의 고레스는 '야훼가 임명한 왕'으로 에스라기에는 키루스가 예루살렘 성전을 재건하면서 '하늘에 계신 하나님', 즉 야훼의 명령에 따른 것이라고 말하고 있다고 했다. 이 관계를 볼 때 하나님은 히브리인들만의 신이 아니라고 설명했다.

그러면서 키루스와 페르시아 왕조의 다른 왕들은 페르시아 왕조의 창시자가 스스로 '하캄아니시(현명한 자)'라고 불렀던 전통에 따라 자신들을 같은 뜻을 지닌 '아케메네스'라고 불렀는데, 이것은 아리아어가 아니라 완벽한 셈족 호칭이라고 기록하고 있다. 그는 또 고대 페르시아의 기원이 바빌론과 아시리아 제국보다 앞선다는 것은 지금은 상식이 됐지만, 구약성서에는 바빌론과 아시리아 제국에 대한 흥망성쇠가 상세히 기록돼 있다고 설명했다.

1843년에 보타(P. E. Botta)는 현재 이라크 모술 근처의 코르사바드에 해당하는 북부 메소포타미아의 한 지역을 선택해 발굴했다. 이 발굴로 그 지역 명칭이 '두르샤르루킨(Dur-Sharru-Kin)'이라는 사실을 밝혀냈다. 이것은 히브리어의 자매어라고 할 수 있는 셈어로 '정의로운 왕의 성곽 도시'라는 뜻이라고 한다. 그리고 이 정의로운 왕의 성곽 도시는 바로 사르곤(Sargon) 2세로 밝혀졌다.

사르곤 2세가 통치하던 나라의 수도였던 이 도시 중심에는 거대한 왕궁이 있었다. 도시에서 가장 높은 건축물은 지구라트(하늘로 이어지는 계단)라고 불리는 계단식 피라미드가 있었다. 여기서 하늘로 이어지는 계단은 천국에서 쫓겨난 사람들이 천국을 그리워하며 다시 회귀하고자 하는 마음을 나타낸 것이다. 이것은 신약 사도행전 1장 다락방에서 성령을 받기 위해 모여 앉은 무리가 부활하신 예수를 보고 '주께서 이스라엘 나라를 회복하심이 이때니이까' 하고 물었던 천국을 이야기한다(사도행전 1장 6절: 저희가 모였을 때 예수께 묻자와 가로되 주께서 이스라엘 나라를 회복하심이 이때니이까 하니).

이뿐 아니라 제카리아 시친은 영국인 레야드(A. H. Layard)가 코르사바드에서 티그리스강을 따라 16킬로미터쯤 아래 지역을 택해 유물을 발굴한다. 현지인들은 그곳을 '쿠윤지크'라고 하는데 이 지역은 아시리아의 수도였던 '니네베'의 유적지로 밝혀졌다. 이로써 성서의 지명과 사건들이 실재했다는 증거들이 하나하나 드러나기 시작했다고 밝혔다.

이 니네베는 센나케리브, 에사르하돈, 아슈르바니발 등 아시리아 제국의 마지막 세 왕이 다스리던 도시였다. 구약은 센나케리브에 대해 히스기야 왕 제14년에 아시리아의 산해립(센나케리브) 왕이 올라와서 요새화된 유다의 모든 성읍을 공격해 점령했다고 증언한다(열왕기하 18장 13절: 히스기야왕 십 사년에 앗수르 왕 산헤립이 올라와서 유다 모든 견고한 성읍들을 쳐서 취하매).

또 하나님의 사자들이 센나케리브의 병사들을 쳐서 없애 버리자, 아시리아의 산해립 왕이 그곳을 떠나 니느웨(니네베) 도성으로 돌아가서 머물렀다고 전하고 있다고 증명했다(열왕기하 19장 36절: 앗수르 왕 산헤립이 떠나 돌아가서 니느웨에 거하더니).

센나케리브와 아슈르바니발에 의해 지어진 니네베의 언덕에서는 사르곤 2세의 궁전과 사원, 예술 작품 등 우리의 예상을 뛰어넘는 것들이 있었다. 그러나 에사르하돈의 궁전터였다고 추정되는 곳은 발굴할 수 없었다며 발굴 당시 그곳에는 회교 사원이 지어져 있었다고 전했다. 이 장소가 바로 하나님의 경고를 니네베에 전달하기를 거부하다가 큰 물고기의 배 속에 삼켜졌다는 요나의 무덤이 있다고 알려진 곳이라고 한다. 그러면서 많은 유물을 통해 메소포타미아의 기록과 구약의 기록이 서로 입증하고 있다고 설명했다.

 수메르 문명이 발견되므로 성경 기록이 확실해짐과 동시에 인류의 시원이 풀리는 실마리가 됐다. 1919년 대영박물관과 펜실베이니아박물관의 합동조사단에 의해 이라크 남부 텔 알우바이드에서 수메르 시대의 유물들이 발견됐다. 벽돌로 된 집들과 수많은 신전과 도자기 등이 발굴됐다. 이들은 농업과 목축을 병행했고 도시화가 이뤄졌으며 신을 모시는 지구라트 신전이 있고 주변의 어떤 지역이나 부족보다 월등한 기술과 문명을 가지고 있었다.
 수메르 문명은 창세기 6장에서 10장까지 이어지는 노아 홍수 사건 때로 추측하기도 한다. 고고학 발굴에 의하면 이 시기 유물이나 건물들에서 홍수 흔적을 발견했기 때문이다.
 제카리아 시친은 자신의 저서 『수메르 혹은 신들의 고향』에서 인간의 역사를 집대성한 바벨론의 역사학자 베로수스(Berossus)의 말을 인용한다.

 "최초의 거주자들은 자신들의 힘을 찬양하기 위해 그 끝이 하늘에 닿을 만큼 높은 탑을 건설하려고 했다고 한다. 그러나 그 탑은 신과 강한 바람에 의해 무너졌고 신들이 그때까지 한 가지 말을 사용하던 인간들을 다양한 언어로 갈라놓았다."

이어 스미스(G. Smirth)는 그리스의 역사학자인 헤스타이오스(Hestaeus)가 '고개의 기록'을 인용해, 대홍수를 벗어난 사람들이 바빌로니아의 시날(수메르) 땅에 이르렀다가 언어의 혼란으로 인해 흩어졌다고 말한 기록을 발견했다고, 제카리아 시친은 자신의 저서에서 전하고 있다.

또 기원전 100년대의 역사학자인 폴리히스토르(A. Polyhistor)는 이전에는 모든 인간이 하나의 언어를 사용했다고 주장했다. 그러면서 일부 인간들이 '하늘로 올라가기 위해' 크고 높은 탑을 쌓으려 했으며, 신이 그들의 목적을 무산시키기 위해 회오리바람을 보냈고, 각각의 부족은 다른 언어를 받게 됐다고 주장했다. 그런데 이 일이 일어난 곳은 바벨이었다고 한다.

제카리아 시친은 이렇게 성경의 이야기와 2천 년 전 그리스 역사학자들의 이야기, 그보다 앞선 베로수스의 이야기가 모두 그 이전의 수메르에서 기원했다는 설이 고고학적 발굴로 증명되면서 이 모든 것이 사실로 받아들여지고 있다고 말했다.

제카리아 시친은 이에 창세기 10장을 주목하게 된다고 밝혔다. 창세기에는 남루드(구약의 이름은 니므롯)가 '주께서 보시기에도 힘이 센 사냥꾼'으로 묘사되고 있고, 메소포타미아의 모든 왕국은 '건설한 사람'으로 표현돼 있다고 밝혔다. 수메르인들은 자신들을 '검은 머리의 사람들'이라고 불렀다. 이들의 생김새가 주위에 있던 셈어족이나 인도유럽어족의 여러 민족과는 매우 달랐다. 이러한 사실은 뒤에 밝혀지는 바와 같이 우리 대한민국이 최초의 시원지라는 것을 증명하는 데 있어 매우 귀중한 자료가 된다.

이러한 성경의 역사를 보게 되면 유대인을 가리켜 선민(選民)이라 한다. 선민이란 '하나님께 택함 받은 민족'이라는 뜻으로 아브라함을 기준으로 볼 수 있다. 하나님은 아브라함을 택하고 창세기 15장에서 약속하시고 이스라엘을 구별해 내신다. 하여 이들은 선민이 된 것이다. 하지만 이 선민은 약속을 지켜야 완전해질 수 있다(출애굽기 12장 5~6절: 세계가 다 내게 속하였나니 너희가 내 말을 잘 듣고 내 언약을 지키면 너희는 열국 중에서 내 소유가 되겠고, 너희가 내게 대하여 제사장 나라가 되며 거룩한 백성이 되리라 너는 이 말을 이스라엘 자손에게 고할찌니라).

　하지만 이스라엘은 시대 시대마다 하나님과의 약속을 어겼다. 이 약속을 어김으로 이 약속은 세계 속 역사를 통해 처음 시작(알파)한 대한민국으로 복이 돌아와 끝을 맺는다(오메가). 하여 창세기 6장에는 하나님의 사람과 땅의 사람들로 나뉜다. 이를 갈라디아서에서는 성령으로 시작했다 육체로 끝난 것으로 비유하기도 했다(갈라디아서 3장 3절: 너희가 이같이 어리석으냐 성령으로 시작하였다가 이제는 육체로 마치겠느냐).

　이로 보아 이스라엘 백성은 아담 범죄 후 노아의 홍수를 거쳐 '노아의 세 아들 셈과 함과 야벳의 후예(창세기 10장 32절: 이들은 노아 자손의 족속들이요 그 세계와 나라대로라 홍수 후에 이들에게서 땅의 열국 백성이 나뉘었더라)'로 서양 문명이 시작됐음을 알 수 있다.

　타밈 안사리도 『이슬람의 눈으로 본 세계사』에서 약 5500년 전 유프라테스강을 따라 자리한 열두 개쯤 되는 도시가 수메르라는 하나의 네트워크로 통합됐다고 말하고 있다. 이곳에서 문자, 바퀴, 수레, 도자기, 물레, 초기의 숫자 체계가 발명됐다.

또 그는 아랍인과 유대인도 모두 셈족이라며 혈통을 거슬러 올라가면 둘 다 조상이 아브라함이라고 말한다(아브라함에서 더 올라가면 아담이 조상이다). 아브라함이 두 번째 부인 하갈에게서 낳은 아들 이스마엘로부터 아랍인의 혈통이 유래했다고 본 것이다. 실제 성경 창세기 16장에는 이스마엘이 태어나게 된 경위를 자세히 설명하고 있다. 또 이스마엘의 자손이 크게 번성해 그 수가 많아 셀 수 없게 될 것과 '12방백'을 이루어 살 것을 약속하시고 있다.

타밈 안사리는 유프라테스강을 따라 자리한 '열두 개쯤 되는 도시'가 수메르라는 하나의 네트워크로 통합됐다고 말하고 있다. 이곳에서 문자, 바퀴, 수레, 도자기, 물레, 초기의 숫자 체계가 발명됐다. 또 그는 아랍인들도 유대인도 모두 셈족이라며 혈통을 거슬러 올라가면 둘의 조상 아브라함이라고 말하고 있다. 성경의 예언대로 인생을 살아가고 있었던 것이다.

성경 창세기 11장에 나오는 시날(Shinar)은 남부 메소포타미아의 초기 이름으로, 수메르(지금의 이라크 남부)를 일컫는다. 수메르인들은 자신들을 '검은 머리 사람들'이라고 불렀다. 제카리아 시친은 『수메르 혹은 신들의 고향』(37쪽)에서 '예고 없이 시작된 수메르 문명'이라고 말하며 그들이 어디서 왔는지 출처를 밝히지 못했다.

그러나 곧 수메르인들의 출처가 한국인 김정양 박사에 의해 밝혀졌다는 유명한 일화를 소개하고자 한다. 김정양 박사는 독일에서 공부하고 브란덴부르크 학술원 연구교수를 역임했다. 그는 학술원에서 동양인이라는 이유로 학술원장으로부터 연구 과제를 받았다. 그 연구 과제는 인류의 4대 문명의 하나인 메소포타미아 지방의 수메르 문명에 관한 연구였다. 학술원장은 수메르 문명은 김 박사 같은 동양 사람이 건설했으니 적격이리는 말을 던졌다고 했다. 김 박사는 연구를 통해 수메르인들은 산과 비슷한 형태의 피라미드 축대 위에 신전을 짓는 방식인 지구라트를 건축했던 점을 미루어, 그들이 동쪽에서 산이 많은 지역에서 왔으리라고 추측만 하고 있었다.

그런데 연구를 거듭할수록 놀라운 발견을 했다. 쐐기문자를 해석한 결과 옛날 안샨(Anshan: 하늘산 천산天山) 동방으로부터 학자 1천 명, 건설자 1천 명, 그들과 더불어 3천 명의 무리를 이끌고 왔다고 기록돼 있었다고 한다. 그들은 신전과 도시를 건축했고 태양력을 만들어 다스리다가 다시 동방으로 갔다고 기록돼 있었다고 말했다. 그런데 더 놀라운 것은 그분이 당굴(단군)이었고, 그 당시 태양력을 가지고 동방으로 간 기원을 환산해 보니 BC 2333년이었다는 것이다.

역사학자 문정창 선생은 영어권에서 가장 오래된『대영백과사전』의 내용을 보고『수메르의 기원은 한국이다』를 집필했다. 대영백과사전은 영어로 출판되고 있는 백과사전 중 가장 역사가 긴 책이며 세계적으로 가장 권위 있는 사전이다. 이렇게 논란의 여지가 없는『대영백과사전』을 보고 '수메르의 기원은 한국'이라고 정의했다. 문 선생에 따르면,

"수메르와 이스라엘 사람들은 머리털이 검고 곧으며 후두부가 편평하다. 또 셈족이나 함족과 다른 언어를 사용했다. 명사에다 토씨를 바꿔서 주어나 목적어로 표현하는 한국어와 유사한 교착어를 사용한다."

또 태음력을 사용하고 순장(신분이 높은 사람이 죽으면 그가 거느리고 있던 노비나 신하들도 무덤에 같이 묻는 풍습)을 했으며, 동이족에서 기원한 청회색 토기 등을 사용한다는 점이다. 또 수메르인들은 서구인보다 체구가 작고 60진법과 태음력과 최고 지도자의 상징을 봉황으로 삼은 것 등이 한민족과 유사하다고 밝혔다.

최초의 문명인 수메르에서는 신에 관한 다양한 용어들을 사용했다. 고대는 지배자와 신의 명칭을 같은 말로 사용했다. 수메르는 신을 '딩기르(dingir)'이라고 불렀다. 이를 가리켜 국내외 많은 언어학자는 단군(딩기르)을 가리킨다고 말하고 있다. 딩기르와 비슷한 몽골어 탱그리는 '하늘의 가장 높은 신'이란 뜻이 있다. 이외에도 딩기르, 딩길, 단골네(단굴네), 다누왕 등의 단어로 세계 곳곳에 남아 있다고 언어학자들은 주장하고 있다. 세계적 언어학자이자 동서 철학자, 사학자로 산스크리트어에 능통하셨던 고(故) 강상원 박사도 수메르의 언어는 대한민국 언어와 상당히 유사하다고 밝혔다.

또 환국의 임금도 수메르의 왕도 모두 인(仁)으로 불렀다. 이는 제사장의 명칭으로 환국의 통치자 환인의 인에서 나갔다. 환은 밝은 사람, 곧 어진 사람을 뜻한다. '어진 사람이 다스리는 밝은 나라', '깨달음을 얻은 나라'라는 뜻이다. 특히 환국의 역사를 다스리던 첫 번째 왕은 안파견 환인이시다. 이 안파견(Anpakin)은 '하늘 광명의 도를 계승해 세웠다'는 뜻이다. 이를 수메르 말로 바꾸면 '안(An)'은 하늘, '파(Pa)'는 꼭대기, '견(Kin)'은 태양신을 뜻한다. 하늘의 태양과 같은 머리가 되신 분이 안파견이라는 뜻이다. 곧 하늘 아버지의 대리자였다. 이 환국, 곧 신시시대(神市時代) 환인은 평균 471년 이상을 살면서 백성을 통치했다.

이는 2천 년 전 예수의 사상과도 일치한다. 예수는 하나님 아버지의 대리자 격인 대언지(代言者)였다고 고백하고 있다(요한1일 2장 1절: 만일 누가 죄를 범하면 아버지 앞에서 우리에게 '대언자'가 있으니 곧 의로우신 예수 그리스도시라). 예수는 아버지 하나님 나라를 만들기 위해 세상에 왔다며 씨를 뿌렸고, 다시 올 때(재림再臨)는 뿌린 씨의 익은 열매를 추수해 추수된 자들을 양육해 하나님의 나라 곧 영생의 시대를 열어 통치할 것을 약속했다.

이는 동양이나 서양이나 제정일치(祭政一致: 종교와 정치적 권력이 분리되지 않고 한 사람에 의해 집중된 정치 체제) 사회의 전형적인 모습을 보여 주고 있다. 신이 택해 신의 음성을 듣고 신의 대언자 역할을 한즉 신인합일(神人合一: 하늘과 하나 된 사람)된 사람들은 동서를 막론하고 똑같음을 알 수 있다.

앞서 본 김정양 박사의 증언에 따르면 서양에 문명을 알려 준 최초의 수메르 문명은 동양인이 전파한 것이고, 이 동양인이 바로 대한민국이라는 사실이다. 대한민국이 인류의 뿌리, 곧 인류문화의 고향이며 고도의 영성 문화 시대를 열었음을 알 수 있다.

단군 고조선을 기점으로 올해 단기 4356년의 해이며 서기 2023년이다. 단군 왕검의 아버지인 환웅은 천부인 3개(청동검 · 청동거울 · 청동방울)와 무리 3천 명을 거느리고 태백산 신단수 아래서 신시(神市)를 베풀어 인간의 360여 가지 법으로 세상을 다스렸다. 웅녀와 결혼하여 단군을 낳았다.

러시아 역사학자이자 국외 단군조선 1호 박사 유엠 부찐은 동북아 고대사에서 단군조선을 제외하면 아시아 역사는 이해할 수 없다고 말했다. 이런 단군조선의 언어가 수메르 언어와 유사하다고 영어로 출판되고 있는 백과사전 중 가장 긴 역사를 자랑하는 『대영백과사전』에서는 아예 '수메르의 기원은 한국'이라고 정의했다.

이집트의 '신그르(Sngr)', 히타이트의 '산하르(Sanhar)' 등 모두 수메르의 서방 방언으로 볼 수 있다. 이 수메르는 아카드 왕조에 의해 정복당했다. 이 아카드 왕조는 셈계 아므르인 왕조다.

유럽인들은 오랫동안 자신들의 문명이 그리스와 로마의 산물이라고 믿어 왔다. 유럽인들은 고대 말 교부(敎父: 교리의 정립과 교회의 발전에 이바지한 사람)들의 창세기 주해를 통해 노아의 후손들에 관한 해석이 기독교 세계에 적용돼 유럽을 축복받은 땅으로 해석했다. 이런 축복받은 땅으로 해석한 유럽인들은 자신들보다 앞선 문명이 있었다고 이야기한다며 그것을 이집트 문명이라 말한다.

하지만 수메르 문명 발견으로 이 사실이 깨지기 시작했다. 이렇게 최초로 발달한 수메르 문명이 동양에서 왔다는 사실을 접한 일본이나 중국은 수메르 문명이 자국에서 출발했다는 증거를 찾기 위해 무던히 노력해 왔지만, 아직 이렇다 할 발표를 하지 못하고 있다.

수메르에 관한 연구는 현재까지 진행형으로 앞으로 미래를 내다볼 수 있는 엄청난 역사임에 틀림없다. 서양은 이집트 문명보다 앞선 수메르 문명을 밝히기 위해 무던히 노력하고 있다. 자기 조상 격인 이들이 어디서 건너왔으며 언제 어디서 시작됐는지에 대한 질문은 이들의 정체가 발굴되면서 중요한 내용이 됐다. 서양은 이 문제에 대해 언어의 기원을 살펴보는 것과 고고학 발굴에 초점을 두고 있다.

이렇게 서양뿐 아니라 중국, 일본 등이 지대한 관심이 있는 문제에 대해 대한민국은 눈여겨봐야 한다. 김정양 박사의 증언과 우리나라가 아닌 영어권에서 가장 긴 역사를 자랑하는 『대영백과사전』에서조차 '수메르 기원은 한국'이라고 정의하고 있다. 한민족의 경서(經書) 『천부경』·『삼일신고』·『참전계경』·『부도지』 등에는 세계의 시초가 대한민국임을 기록해 놓고 있다.

이뿐 아니라 최용완은 동 아시어는 인류 문명, 문화의 어머니에서 이집트 문명 또한 고구려 영토였던 지린성 주위의 피라미드와 한반도 고분에서 보여 주는 고구려 문화와도 공통성이 많다고 주장하고 있다.

다른 나라는 없는 기록도 있는 것처럼 꾸며 만드는가 하면, 남의 나라 역사도 자기 역사인 양 왜곡하며 역사 전쟁도 불사하고 있다. 앞으로 인류의 시원을 밝히며 영원한 정신문명의 시대를 이끌 수메르 역사에 하루빨리 관심을 가지고 연구에 나서야 한다.

가나안과 시돈,
영어 알파벳의 기원이 되다

유럽은 넓은 의미에서 고대 이집트, 메소포타미아, 아시리아, 페르시아 및 소아시아의 고대 근동 문명의 역사를 포괄하고 있다. 지형적으로는 유라시아 대륙의 커다란 반도다. 유럽(Europe)은 한자 표기로 음차해 구라파(歐羅巴)라고 표기한다. 인류학적으로 다양한 인종이 섞여 있다. 메소포타미아 지방에 살던 사람들이 지칭한 '서쪽의 땅', '해가 넘어가는 나라', '어둠' 또는 '저녁'을 내포하고 있다. 또 유럽 신화와도 밀접한 관계가 있다.

고대 그리스 신화에 따르면 유럽은 페니키아 왕국의 공주 이름 '오이로파'에서 전래했다는 설이 있다. 제우스 신이 바닷가에서 놀고 있던 페니키아 공주를 납치해 크레타섬으로 데려가서 세 아들을 낳았다. 후에 그녀는 크레타 왕 아스테리온과 결혼해 크레타 왕 미노스를 낳게 된다.

그녀의 이름은 '셈족 언어'에서 유래했다. 공주를 소아시아, 곧 아나톨리아라고 하는 중동에 속한 현재 튀르키예(터키) 일부로 어원은 '태양이 떠오르는 곳' 또는 '동방의 땅'이란 의미가 있다. 유럽인들은 '빛은 오리엔트에서'라는 말을 사용하고 있다. 현재 튀르키예(터키) 반도를 일컫는 그리스어의 아나톨리아, 라틴어의 '오리엔트', 이탈리아어의 '레반트'라는 뜻은 메소포타미아 지방에 살던 사람들이 지칭한 '해가 뜨는 곳'이라는 동방을 지칭하고 있다. 이렇게 유럽은 큰 스승인 오리엔트의 문화적 실체를 이어받았지만 이를 완전히 받아들이는 데는 인색하다.

유럽은 19세기 말 유럽 중심의 인종주의적 편견에서 벗어나 새로운 역사 인식으로 서양문명과 이집트, 오리엔트문명과의 관계를 복원하고 자신들의 뿌리를 찾는 일부터 시작해야 한다.

유럽의 근본인 그리스 문명은 크레타에서 출발해 크레타문명을 만들고 다시 이집트 문명을, 다른 한 축으로는 오리엔트문명을 온몸으로 받아들여 종합해양문명을 꽃피웠다. 크레타문명이 그리스 본토로 흘러들어가 미케네문명을 만들고 끊임없이 자기화를 거쳐 그리스 문화의 전성기를 열었다. 여기에 로마가 덧세워졌다. 이렇게 유럽은 고대 그리스와 로마에 막대한 영향력을 끼치게 된다.

실제 아리스토텔레스도 지구는 둥글며 서쪽과 동쪽은 연결돼 있다고 봤다. 이렇게 유럽은 과학과 철학, 신화적 종교관과 건축, 예술 등 어느 것 하나 오리엔트문명의 신세를 지지 않은 것이 없다. 이런 상황인데도 동양을 정복한 알렉산드로스의 침략과 잔혹한 약탈에 열광하고, 그를 위대한 지도자로 치켜세우고 있다. 알렉산드로스의 죽음으로 인해 반짝하고 세워진 마케도니아를, 문명의 깊이나 역사성이 광활하고 심대했던 페르시아제국의 실체를 소외시켜 버렸다. 이렇게 유럽이 아시아의 문화를 흡수하며 지배 영향을 키워 나갔다.

알렉산드로스가 죽자 마케도니아는 곧바로 쪼개지게 되고 서아시아는 로마를 이어받은 동로마제국의 비잔틴과 사산조 페르시아의 격돌장이 된다. 이들의 300년간에 걸친 소모전으로 서아시아에서는 세기말적 혼란이 가속되자 시대적 절망감에서 이슬람이라는 새로운 종교를 탄생시킨다. 이들은 아시아의 정통적이고 오랜 사상적 기반인 유일신 사상과 토착 종교와 기존 구조를 포용하며 혼란한 시대를 통합하는 데 성공한다. 이런 이슬람 문화는 1천 년간 대제국 시대를 이루며 인류 문명의 성숙에 큰 공헌을 한다. 유럽이 암흑기를 겪을 때 그리스-로마의 지적 유산을 번역하고 재해석해 유럽에 전해 주어 이를 계기로 유럽의 르네상스가 일어나게 된 동기를 부여해 줬다.

이런 이슬람도 몽골에 의해 압바스 제국이 멸망한 후 이슬람 세계의 주도권이 투르쿠인 중심의 오스만제국으로, 오스만제국이 무너지고 터키공화국으로 독립하면서 이슬람 세계의 통합은 깨지고 만다. 오스만제국의 멸망으로 여러 소수민족이 독립하나 곧바로 영국과 프랑스를 중심으로 서구 열강들이 서아시아 일대를 식민 통치하게 된다.

이것이 오늘날 서아시아에서 벌어지고 있는 분쟁과 갈등의 씨앗이 됐다. 지금 한창 전쟁 중인 대표적 분쟁 지역인 팔레스타인만 보더라도 영국과 프랑스가 이 지역을 자기네 땅인 양 나눠 먹기로 하면서 만든 3중의 상호 모순된 비밀조약이 빌미가 됐다. 국제법과 유엔안전보장이사회 결의안, 쌍방 간의 평화협정 등이 지켜지지 않고 미국 등 강대국들이 일방적으로 이스라엘 편을 들면서 사태가 더욱 복잡하게 전개되고 있다.

유럽 탄생 과정을 생생하게 그린 크리스토퍼 도슨의 『유럽의 형성』(77

쪽)에 따르면, 선사시대 유럽은 문화적 통일성을 전혀 갖지 못했고, 유럽은 수많은 문화의 흐름이 만나는 합류점이었다. 다양한 문화들은 대부분 '고등 문명'인 고대 오리엔트(이집트와 서아시아 일대)에서 반영한 고도의 문명에서 발원했다고 기록하고 있다. 서방을 '미개 문화'로, 동방을 '고등 문명'으로 표현한 것이다. 이후 교역과 식민을 통해 또는 문화 접촉이라는 과정을 통해 서쪽으로 전파됐다고 인정하고 있다. 지중해 도나우강, 대서양 발트해는 문화가 전파되는 주요 통로였다고 밝히고 있다.

최용완의 『동 아시어는 인류 문명 · 문화의 어머니』에도 동 아시어의 홍산 문화(BC 4700~2900)에서 처음 상형 문자의 모양이 나타난다고 밝혔다. 사마리언(BC 3200~2000)의 문자보다 1천 5백 년 이전이다. 이집트의 상형문자보다 5백 년을 앞섰다고 밝혔다. 그도 그럴 것이 옷감과 종이를 발명한 곳도 동 아시어 지역이다. 가장 많은 역사적 기록이 동 아시어의 종이에 축적돼 있다.

영미권 최고 가톨릭 사학자로 평가받는 크리스토퍼 도슨이 서방을 미개 문화라고 일컫는 것에 대해 필자도 이견은 없다. 그러나 그가 말한 '동양 고등 문명에 필적하는 문화 중심지'라는 대목을 짚고 넘어가고자 한다. '필적'이란 능력이나 세력이 엇비슷해 서로 맞서는 것이다. 유럽도 인정한 동양 고등 문명의 뿌리는 동아시아, 이 중에서도 '대한민국' 임을 다시 한번 밝히고자 한다. 필자가 이 책을 기록하는 최대 이유이기도 하다.

유럽은 고대 4대 문화 발상지보다 늦게 형성됐지만, 그 어느 문화보다 근세 이후 세계사에 가장 많은 영향을 준 문화로 유럽인과 떼어서 생각할 수 없다. 이는 기독교인 그리스도교화, 서구화, 과학화, 산업화 등을 뜻하기도 한다. 유럽은 40여 개의 국가가 있으며 언어는 70여 개 다. 한 나라 안에서 2개 이상의 언어가 사용되기도 하고(스위스·벨기에), 한 개의 언어가 여러 나라에 걸쳐 사용되기도 하는 등(독일·오스트리아·스위스의 독일어) 언어 분포가 몹시 복잡하다.

유럽에서 사용되고 있는 언어를 역사 비교언어학적으로 분류하면 대부분 인도-유럽어족에 속한다. 비(非)인도-유럽어족에 속하는 언어 중 중요한 것으로는 헝가리어·핀란드어·에스토니아어(우랄-알타이어족), 바스크어(바스크어족), 그리고 몰타어(셈어족) 등이 있다.

서유럽 초기 도시를 건설한 페니키아 셈어족 문자가 영어 알파벳의 기원이다. 셈어의 원형은 시나이반도에서 시작돼 가나안에서 다양한 문자들로 파생되었다가 함의 아들 가나안의 장남 시돈의 후손인 페니키아인들은 활발한 지중해 무역 활동과 더불어 유럽 최초의 알파벳을 탄생시켰다. 페니키아인들은 22개의 알파벳을 자음으로 만들어 사용했다. 이들은 해양 무역을 통해 알파벳을 북아프리카와 유럽에 전파했고, 이에 그리스어가 만들어졌다. 이는 후일 다시 에트루리아 문자와 로마자(라틴 문자)의 형성에 기여했다.

이 알파벳의 시초는 셈족 언어다. 이집트 언어학자이자 역사의 권위자인 알란 가디너에 의해 글귀가 해독되면서 셈족 언어로 밝혀졌다.

셈족은 노아의 셋째 아들로, 아버지인 노아의 축복받은 아들이다. 함은 셈의 둘째 형으로 아버지인 노아에게 저주받은 아들이다. 결국 축복받은 셈의 문자를 저주받은 함의 아들 가나안의 장남 시돈의 후손인 페니키아(팔레스타인)인들이 세상 만방에 퍼뜨린 것이다. 약 3000년 전 페니키아인들은 레바논, 기프로스, 시리아, 이스라엘 및 북아프리카의 지중해 연안에 많은 묘비를 남겼다. 페니키아는 오늘날 시리아와 레바논, 팔레스타인 북부에서 해안지대로 지중해 동안을 일컫는 고대 지명이다. 북쪽의 에리우세루스에서 남쪽의 카르멜산까지를 가리킨다.

비블로스라는 도시에서 발원한 페니키아는 인근에 시돈, 티레, 북아프리카에 카르타고 등의 도시를 세운 해상무역이 주종인 민족이다. 비블로스(Byblos)는 그리스어로 '파피루스'라는 뜻으로 성경책『바이블』은 '비블로스'에서 유래했다. 비블로스(그리스어로 '책'을 가리킴)는 기원전 8천 년 무렵부터 형성됐다. 기원전 5천 년 이후로 지속적으로 사람이 거주해 온 인류 역사상 가장 오래된 도시 중 하나다. 청동기 시대의 신전과 페르시아 시대의 성벽, 로마식 원형 경기장, 동로마 성당, 십자군의 요새와 오스만 모스크(마스지드) 등 다양한 유적이 한 도시에 공존해 있다.

이처럼 노아의 후손들은 창세기 9장 19절과 10장 32절의 약속대로 이 세 아들로 좇아 백성이 온 땅에 퍼지게 된다. 여기에 유럽 최초의 알파벳도 탄생시켰다. 이들이 탄생시킨 알파벳으로 세계 수많은 언어가 만들어졌다.

언어별 사용자를 집계하고 있는 기관인 국제하계언어학연구소(SIL International)의 에스놀로그(Ethnologue) 2015년 통계에 따르면, 영어를 모국어로 사용하는 사람들의 수는 총 101개 나라에 약 3억 3천 5백만 명이다. 제2 언어 또는 외국어로 영어를 사용하는 사람의 수를 포함하면 1위다. 그러니 성경의 약속대로 노아의 세 형제로 인해 세계 여러 나라와 열국 백성이 생겨나고 언어 면에서도 위와 같은 결과가 나온 것은 그리 놀라운 일이 아니다.

이렇다 보니 다른 것 같은 나라의 언어를 살펴보면 서로 공통의 속성이 있는 것이다. 언어학자 노엄 촘스키는 언어에 대한 초기 이론에서 언어들 사이에는 '공통의 속성'이 있다며 이에 따라 서로 다른 언어끼리 비슷한 면을 보인다고 말했다. 또 영국 최초의 산스크리트 연구 및 인도학의 창시자이자 법률가였던 윌리엄 존스도 산스크리트와 그리스어·라틴어의 유사성을 지적했다. 인도 유럽 비교언어학상으로 '인도 유럽모어(母語)'를 가설(假說)하고 베다문학, 고전 산스크리트 문학, 비교 신화학, 인도 고대법전 등을 번역했다.

프랑스의 예수회 선교사이자 인도학자인 가스통 쾨르두도 산스크리트어·라틴어·그리스어의 동사 굴절을 비교한 결과, 이 언어들이 서로 연관돼 있다고 주장했다. 산스크리트어에 능통했던 세계적 언어학자이자 동서 철학자, 사학자인 고(故) 강상원 박사는 수메르의 언어가 대한민국 언어와 상당히 유사하다고 밝혔다. 이외에도 많은 언어학자나 여행이 자유로워지면서 각 나라 간 언어의 유사성을 주장하는 사람이 늘었다.

이렇게 언어 유사성에 대한 주장이 수없이 나오는 이유는 앞서 살핀 바와 같이 노아의 후손들로 창세기 9장의 약속과 같이 백성이 온 땅에 퍼지게 됐기 때문이다. 창세기 11장에서는 언어가 혼잡하기 전에는 모든 언어가 하나였던 시기도 있었다. 그러나 하나님이 언어를 흩으므로 많은 언어가 생겼지만, 사용하던 그 언어가 기본이 됐기에 언어 유사성이 많은 것으로 유추해 볼 수 있다.

    그리고 이 위대한 수메르인들이 출처에 대해『대영백과사전』은 '수메르의 기원은 한국'이라고 밝히고 있다. 여기에 한국인 김정양 박사의 증언으로 더욱 밝히 밝혀졌다.

    알파벳을 만든 이 페니키아(팔레스타인)인들은 가나안 장남 시돈의 후손으로, 가나안의 아버지는 노아의 둘째 아들 함이다. 함이 하나님께 죄지음으로 말미암아 손자 가나안이 저주받게 된다. 가나안에서 네피림(창세기 6장 4절, 민수기 13장 33절)이 발현한다. 이스라엘이 가나안 정복 전쟁 시 그들이 마주했던 존재가 바로 네피림이다(민수기 13장 25~33절). 그들 사이에는 우상숭배가 만연했고 추악한 가족 범죄가 행해지고 있었다.

    이에 하나님께서는 이스라엘 백성을 이집트에서 건져 내시고 이집트 땅의 풍속을 좇지 말고, 특히 하나님이 인도할 가나안 땅의 풍속과 그 어떤 규례도 행하지 말라고 경고하고 있다(레위기 18장). 하나님은 오직 하나님의 법도와 규례를 좇으라고 말씀하신다. 이것이 저들이 살길이라고 알려 주신다.

    이들 함의 아들들은 형제 가운데서 가장 많은 11명의 자녀의 이름을 남겼다. 가나안은 시돈과 헷(히타이트족)을 낳고 여부스족(헷족과 더불어 예루살렘에 정착, 예루살렘을 가리키는 말), 아모리족(가나안 전체를 대표하는 이름), 기르가스족('진흙땅에 사는'이란 뜻, 가나안 원주민으로 함 자손 중 하나: 신명기 7장 1절, 여리고 성읍 사람들과 함께 이스라엘에 대항했다가 여호수아에게 정복됐다: 민수기 3장 10절, 24장 11절), 히위

족(야곱의 딸 디나를 강간한 하몰의 아들 세겜의 조상, 창세기 34장), 알
가족(시리아의 텔 알카성읍 주인), 신족 아르왓족(페니키아 영역 최북단
항구 도시인 아르밧에 거주), 스말족(오늘날 숨라로 알려져 있음), 하맛
족(다윗때부터 신구약 중간 시대까지 역사에 꾸준히 알린 민족, 아모스 6
장 14절)의 조상이 됐다.

가나안 장자 시돈은 고대 유명도시 지중해를 넘나든 해상무역 국가
페니키아를 이른다. 페니키아는 현재 레바논 땅으로 고대 이집트에 목
재를 수출하면서 지중해 최대 무역 도시였다. 이 가나안 지경에 대해
성경은 시돈에서부터 그날을 지나 가사까지, 소돔과 고모라와 아드마
와 스보임을 지나 라사까지라고 기록하고 있다(창10장 19절).

페니키아인들은 스스로를 '가나안'이라 불렀다. 페니키아라는 명칭은
그리스인들이 자신들에게 페니키아인들이 붉은색 염료로 옷감을 만들
어 수출한 데서 유래한 명칭으로 포이니키스, 즉 '자(紫)색의 사람'이라
는 뜻이다.

'페니키아'라는 말은 그리스어로 '포이닉스(phoînix)'라고 한다. 이는
심홍색, 티리언 퍼플, 뿔고동을 뜻하는 단어로 사용됐다. 이들의 옷감
수출이 발달한 이유는 구약에서 답을 찾을 수 있다.

[출애굽기 25장 8~9절] 내가 그들 중에 거할 성소를 그들을 시켜 나를
위하여 짓되, 무릇 내가 네게 보이는 대로 장막의 식양과 그 기구의 식양을
따라 지을찌니라

출애굽기에 보면, 하나님께서 모세를 하늘에 올라오게 한 다음 하늘의 것을 보게 한다. 하나님은 모세에게 땅으로 내려가 신께서 보여 준 대로 '하늘의 모형(천국)'을 짓게 한다. 이것이 장막이다. 곧 장막은 하늘의 모형과 그림자다. 장막을 짓고 이스라엘 백성은 제사를 지내기 시작했다. 이것이 약 3500년 전 이스라엘 백성이 신에게 인도함을 받아 이집트서 출애굽(탈출) 한 이후 가나안 땅을 들어가기 위해 광야 40년 동안 이어 왔던 제사다.

이 제사에 사용됐던 주요 기구 중 하나가 실을 물들인 기구들이었다. 출애굽기 25장부터 제사를 지낼 때 규례에 대해 자세히 기록해 놨다. 특히 이 '자색의 사람'이라고 불린 이유는 앞서 성경에서 본 바 아담, 노아 이후 이들이 신이 보여 주신 대로 그대로 모형을 만들어 제사 지냈기 때문이다. 이때 청색과 자색 홍색 실과 가는 베실 등을 물들여 제사에 사용하라는 신의 명령에 따라 생겨났기에 발달할 수밖에 없는 문화다.

[출애굽기 35장 23절] 지혜로운 마음을 그들에게 충만하게 하사 여러 가지 일을 하게 하시되 조각하는 일과 공교로운 일과 청색 · 자색 · 홍색 실과 가는 베실로 수놓는 일과 짜는 일과 그 외에 여러 가지 일을 하게 하시고 공교로운 일을 연구하게 하셨나니

위의 내용에 보면 무릇 청색 · 자색 · 홍색 실과 가는 베실과 염소 털과 붉은 물을 들인 수양의 가죽과 해달의 가죽이 있는 자도 가져왔다는 기록과 생활상을 볼 때, 페니키아인들은 염료 만드는 기술이 상당히 발달(출애굽기 25장부터 제사를 지낼 때 규례에 대해 알려 줌)했음을 알 수

있다. 이는 성경학자 마크 스미스도 주장하고 있다. 마크 스미스는 고고학적 자료들이 "이스라엘의 문화는 가나안의 문화와 상당히 겹치고 있다."며 "사실상 이스라엘의 문화는 사실상 대부분 가나안의 문화였다."고 언급한 바 있다.

페니키아인들은 염료뿐 아니라 항해 기술도 발달했다. 이들은 이집트, 소아시아(후리인 · 하티인 · 히타이트인 · 루비아인), 메소포타미아(수메르 · 아카드 · 아시리아)의 사람들과 정기적인 교류를 했다고 위키백과는 밝히고 있다. 이뿐 아니라 레바논 백향목은 솔로몬의 성전 건축하는 데 중요한 역할을 한다(역대하 2장 8절).

또 대제국 히타이트의 조상이 된 함의 아들 가나안이 낳은 둘째 아들 헷족속까지 강력한 아나톨리아 제국을 건설했다. 이 대제국은 최소 5개 언어로 된 설형문자가 발견되면서 대단히 막강한 민족이었음이 입증됐다. 이들 언어의 어휘는 인도 · 유럽어족 계열로, 영어에 이들의 어휘가 지금도 그대로 연결되고 있다. 히타이트족은 기원전 14세기경에 아나톨리아의 대부분, 시리아 북서부(레반트의 북부), 남쪽으로는 리타니강의 하구(지금의 레바논)까지, 동쪽으로는 메소포타미아 북부까지 장악했다. 이런 전성기를 누리다(신명기 20장 17절, 여호수아 3장 10절, 느헤미야 9장 8절 등) 히타이트족은 성경의 약속대로 한순간에 역사 속으로 사라진다.

이외에도 함의 장남 구스의 후손들은 스바(세바Seba)와 하윌라와 삽다와 라아마와 십드가였다. 스바는 남서부 아라비아에서 홍해를 건너 지금의 수단 지역으로 들어가 스바족이 됐다(시편 72장 10절, 이사야 43장 3절, 이사야 45장 14절). 구스는 에디오피아인의 조상이 됐다(역사무엘

하 18장 21~23절, 대상 1장 32~33절, 열왕기상 10장 1~13절, 예레미아 38장 7~13절). 이렇게 이스라엘 민족은 성경의 약속대로 서양사를 이끌었다.

제카리아 시친은 『수메르 혹은 신들의 고향』에서 구약과 수메르의 기록을 종합해 봤을 때, 노아의 아버지였던 라멕의 시대에 '지구가 저주받은 고통의 시간'이 시작된 것으로 추정했다. 라멕은 노아가 그 이름에 걸맞게 그런 고통에 '휴식'을 가져다줄 것으로 희망했는데, 라멕의 그런 희망은 전혀 예상하지 못한 대홍수를 통해 이루어졌다고 표현했다. 또 많은 학자가 대홍수 이전에 아담에서 노아로 이어지는 열 명의 구약 족장들이 '수메르 왕의 연대기'에 나오는 대홍수 이전의 열 명의 왕과 일치한다고 봤다.

이렇게 아담을 시작으로 유전된 씨로 노아 아브라함을 통해 온 세계가 이뤄지고 또 나눠지고 있음을 알 수 있다(창세기 10장 25절, 32절). 혈연 학자들이 증거해 주듯이 인류는 서로 다른 존재가 아니라 연속성이 있는 하나의 근원에서 나온 것이다.

이는 혈연 학자들이 그동안의 의문과 추측을 하나로 정리해 인류의 연속성을 하나의 근원에서 찾아내어 지난 2008년 7월에 미국의 과학 잡지(Scientifc Amenrican)에 발표했던 "지구촌에 존재하는 많은 민족을 따지고 보면 전부 조상이 하나"라는 주장과 일치한다.

신과 약속한 이스라엘 '선민사상', 신권정치 시초

한없이 타락한 갈데아 우르에서 하나님은 아브라함을 택해 선민(選民) 시대를 열었다. 선민이란 신이 특정한 민족 혹은 사람들을 구원하기 위하여 선택했다는 사상이다. 신은 타락한 아담을 대신해 노아를 택하고 노아에게 한 약속을 이루기 위해 아브라함을 택해 선민사를 시작했다.

갈데아 우르에서 아브라함을 구해 온 하나님은 그를 이끌고 밖으로 나가서 하늘을 우러러 뭇별을 셀 수 있나 보라며 네 자손이 이와 같으리라는 약속을 하셨다. 하지만 어느 한 나라에 노예가 될 것을 예언하셨다.

4천 년 전 아브라함에게 신께서 약속의 말씀을 하신 그때는 유대인이 노예로 가서 살 나라가 이집트인지 알 수 없었다. 하지만 예언이 이루어지고 나니 유대민족을 노예로 삼은 나라가 이집트인지 알게 됐다. 이렇게 신께서 예언할 당시는 실상이 나타나지 않으므로 그 나라가 어떤 나라인지 알 수 없었으나 실체가 나타나 말씀에 의거해 보니 이집트인 것을 알게 된다.

아브라함은 노아의 10손으로 셈의 자손, 데라의 아들이다. 아브라함에게는 '사람의 생각'으로 낳은 첫째 이스마엘(창세기 16장 2~12절)과 '하나님 약속의 말씀'으로 낳은 이삭(창세기 17장 16~19절)이 있다.

첫째 이스마엘은 하나님께서 아브라함과 언약하신 후 오랜 시간 지나도 씨를 주지 않았다. 그러자 아내인 사라가 자신의 몸종 하갈을 통해 씨를 받고자 한다. 이에 아브라함은 하갈과 동침해 아들을 낳게 된다(창세기 16장 2~4절: 사래가 아브람에게 이르되 여호와께서 나의 생산을 허락지 아니하셨으니 원컨대 나의 여종과 동침하라 내가 혹 그로 말미암아 자녀를 얻을까 하노라 하매 아브람이 사래의 말을 들으니라 아브람의 아내 사래가 그 여종 애굽 사람 하갈을 가져 그 남편 아브람에게 첩으로 준 때는 아브람이 가나안 땅에 거한 지 십 년 후였더라 아브람이 하갈과 동침하였더니 하갈이 잉태하매 그가 자기의 잉태함을 깨닫고 그 여주인을 멸시한지라).

이에 아브라함은 사라의 몸종에게서 낳은 이스마엘이 자신의 유업을 이을 자손으로 생각했다. 그러나 하나님은 하나님과 언약해 낳은 아들이 아니므로 유업을 잇지 못할 것이라 예언한다(창세기 17장 18~20절: 아브라함이 이에 하나님께 고하되 이스마엘이나 하나님 앞에 살기를 원하나이다 하나님이 가라사대 아니라 네 아내 사라가 정녕 네게 아들을 낳으리니 너는 그 이름을 이삭이라 하라 내가 그와 내 언약을 세우리니 그의 후손에게 영원한 언약이 되리라).

그러나 이스마엘은 비록 하나님께서 약속한 자녀는 아니어도 아브라함의 육적인 혈통으로 낳은 자식이기에 이들도 12방백을 이루어 크게 번성하며 큰 나라를 이루어 산다고 예언하신다. 또 이스마엘 족속은 사람 중에 들나귀같이 되며 그 손이 모든 사람을 치겠고 모든 사람의 손이 그를 칠지며 그가 모든 형제의 '동방'에서 살 것을 예언하셨다.

창세기 18장 9~15절에서 본 바 아브라함과 사라는 하나님의 말씀을 믿지 않았다. 사라가 속으로 웃고 자기의 노쇠함과 아브라함도 늙었으니 내게 어찌 낙이 있으리오 한다. 하지만 하나님께서는 이들에게 '아들이 있을 것을 약속'하시고 이름을 이삭이라 명하고 정녕 아들을 주시게 된다.

아브라함에게 약속한 대로 아들을 주셨고, 이들은 하나님의 명령대로 이름을 '이삭'이라 했다. 이삭은 '웃음'이라는 뜻으로 사라의 몸을 통해 아브라함의 씨를 받아 이삭이 태어날 것을 약속하셨다. 하지만 그 약속을 믿지 않고 사라는 경수도 끊긴 자신이 어찌 임신한단 말인가 하며 웃었지만, 하나님께서는 약속하셨던 것을 이루어 이들에게 기쁨으로 웃게 했다.

이렇게 사라의 몸을 통해 낳은 이삭은 '약속의 자녀'로 이스라엘 12지파 혈통을 이어 간다. 이삭은 쌍둥이 에서와 야곱을 낳았다. 에서가 장자였으나 팥죽 한 그릇으로 장자권을 야곱에게 팔아 버린다(창세기 25장 29~33절: 야곱이 죽을 쑤었더니 에서가 들에서부터 돌아와서 심히 곤비하여… 야곱이 가로되 형의 장자의 명분을 오늘날 내게 팔라 에서가 가로되 내가 죽게 되었으니 이 장자의 명분이 내게 무엇이 유익하리요 야곱이 가로되 오늘 내게 맹세하라 에서가 맹세하고 장자의 명분을 야곱에게 판지라).

장자권을 판 후 아버지 이삭으로부터 모든 축복을 야곱이 받은 것을 알고 에서가 장자권 판 것을 후회하며 동생을 죽이려 한다. 이 사실(창세기 27장 41절: 그 아비가 야곱에게 축복한 그 축복을 인하여 에서가 야곱을 미워하여 심중에 이르기를 아버지를 곡할 때가 가까웠는즉 내가 내 아우 야곱을 죽이리라 하였더니)을 알게 된 어머니 리브가는 야곱을 자기 삼촌 라반에게 보낸다. 이렇게 장자권을 취득한 야곱은 어머니인 리브가의 말을 듣고 삼촌 라반의 집으로 도망한다. 삼촌 집으로 도망한 야곱은 삼촌의 두 딸인 레아와 라헬과 결혼해 12아들을 낳는다. 이들을 통해 혈통적인 육적 이스라엘 12지파가 구성된다(창세기 27장~32장, 사도행전 7장).

하나님께서 아브라함에게 약속한 대로 100세에 아들 이삭을 주셨다(창세기 21장 2~3절). '약속의 자녀' 이삭이 태어나고 하나님은 또 하나의 약속인 아브라함의 자손을 '약속한 땅'으로 보내기 위해 '이방의 객'이 돼 '종살이를 430년' 동안 시킨다. 아브라함에게 약속할 당시 이방의 객이 돼 종살이하는 그 나라가 어딘지는 알지 못했으나 이 약속이 이뤄지고 보니 이 땅은 바로 그 당시 최강국이었던 이집트였다.

이집트로 간 야곱의 12아들은 많은 자녀를 낳아 430년 동안 살면서 많은 문화적 영향을 주게 된다. 요셉이 이집트로 팔려 가 하나님을 믿는 의(義)로 보디발의 아내의 유혹과 모함을 이겨 내고 총리가 된다. 이집트 왕 바로는 자신의 꿈을 명쾌하게 해석한 요셉에게 총리를 맡긴다. 바로는 자신이 끼고 있던 옥새까지 빼 주며 모든 권한을 요셉에게 주고 전적으로 나라를 맡겨 다스리게 했다.

그 당시 이집트 주신은 태양과 나일강이었다. 이런 낮은 단계의 이집트 민족에게 천지를 창조한 하나님을 소개했다. 그리고 '하나님의 신이 감동한 사람을 우리가 어찌 얻을 수 있으리요' 하고 바로의 입을 통해 하나님을 인정하고 영광을 돌리는 역사를 만들었다. 또 요셉이 하나님과 함께하므로 이 모든 지혜와 명철이 있음을 바로로 보게 했다. 바로는 요셉에게 '너는 내 집을 치리하라 내 백성이 다 네 명을 복종하리니 나는 너보다 높음이 보좌뿐이니라' 하는 명언도 남기게 했다.

총리가 된 요셉의 아버지 야곱이 죽자, 요셉이 자기 아비를 장사하러 올라갔다. 그때 이집트 바로의 모든 신하와 바로 궁의 장로들과 애굽 땅의 모든 장로와 요셉의 온 집과 그 형제들과 그 아비의 집이 그와 함께 올라가고 그들이 요단강 건너편 아닷 타작마당에 이르러 거기서 크게 호곡하고 애통하며 요셉이 아비를 위하여 7일 동안 애곡하였더니, 그 땅 거민 가나안 백성들이 아닷 마당의 애통을 보고 가로되 이는 '애굽 사람의 큰 애통'이라 하였으니 애굽인들에 요셉은 어떤 위치였는지 엿볼 수 있다.

이로써 요셉을 통해 '살아 계신 하나님', '지혜의 신'인 하나님을 당시 최강국인 이집트 왕 바로(파라오)의 입을 통해 온 땅이 알게 했다. 바로를 통해 하나님께 영광을 올리게 한 요셉 곧 이스라엘은 이집트 문화에 영향을 끼친 것을 알 수 있다(창세가 39장~50장). 이후 요셉을 알지 못하는 새 임금이 애굽 왕위에 오르면서 이스라엘 민족을 괴롭게 하는 사건(출애굽기 1장 1~8절)이 벌어진다. 곧 하나님이 아브라함에게 약속한 말이 실체가 돼 나타난 사건이다.

[창세기 15장 13~14절] 너는 정녕히 알라 네 자손이 이방에서 객이 되어 그들을 섬기겠고 그들은 4백 년 동안 네 자손을 괴롭게 하리니 그 섬기는 나라를 내가 징계할지며 그 후에 네 자손이 큰 재물을 이끌고 나오리라

이후 하나님은 약속한 4백 년 기한이 차매 이스라엘 백성을 출애굽 시키기 위해 모세를 택해 죽음에서 건지고 이집트 왕으로 40년을 살게 하고 이집트의 모든 문화와 글을 배우게 한다. 그리고 모세를 통해 출애굽 시킨 후 '창세기 · 출애굽기 · 레위기 · 민수기 · 신명기', 곧 모세 5경을 글로 남기게 한다(창세기 2장 4절: 여호와 하나님이 천지를 창조하신 때에 천지의 창조된 대략이 이러하니라). 이 모세 5경은 이슬람교 신앙의 모태며 모세는 이슬람에서도 위대한 예언자다.

모세가 이스라엘 민족을 이집트에서 이끌고 나올 당시 이스라엘 민족은 싸움을 할 수 있는 장정만 60만 명이었으니 실로 많은 무리가 이집트에서 살았다. 야곱의 12아들 중 11번째 요셉을 통해 이집트로 이주해 레위 족속을 통해 모세가 탄생한다. 이집트 왕 바로의 딸에 의해 발견된 모세는 왕국에서 왕국의 모든 법도를 배우며 왕자로 자랐다(출애굽기 1~2장).

그 후 자기 백성을 돌볼 생각으로 돌아보다 자기 민족을 멸시하는 이집트 관원을 죽이게 된다. 모세는 이것이 발각될까 두려워 이집트에서 도망 나와 40년을 광야에서 살게 된다. 왕자로 40년, 광야 생활 40년을 산 모세가 80세 되던 해, 하나님은 4백 년 전 아브라함에게 약속한 것을 지키기 위해 모세를 택해 이집트로 가서 이스라엘 백성을 바로의 손에서 독립시킬 것을 명령한다(출애굽기 3장).

이에 모세는 독립운동가가 돼 민족을 이집트에서 독립시킨다(사도행
전 7장). 모세는 민족 지도자이자 하나님의 십계명을 받은 법률가, 재판
관으로서 이스라엘을 법적인 체계를 빠르게 잡으며 신권정치 국가로서
의 체계를 구축한다(출애굽기 1장~20장).

유대교 · 이슬람교 · 예수교 유일신 공통 조상, 아브라함 '신탁' 받다

앞서 살펴본 바와 같이 이 유럽 역사의 근원은 아브라함의 고향 수메르의 수도 갈데아 우르가 원형이다. 아브라함은 지금으로부터 약 4000년 전 사람으로 구약성서 '창세기'에 기록된 이스라엘 민족의 조상으로 '모든 민족의 아버지'라는 뜻이다. 곧 '믿음의 조상'으로 불린다. 유대교 · 그리스도교 · 이슬람교 등 유일신 종교들의 공통 조상이다.

아브라함의 역사를 창세기 12장에서 본 바 하나님께서 아브람에게 본토 친척 아비 집을 떠나 내가 네게 지시할 땅으로 가라고 명령한다. 아브라함은 큰 민족을 이루고 복을 주어 네 이름을 창대하게 해 '복의 근원'이 될 것이라는 말씀을 신께 받게 된다. 아브라함으로 인해 땅의 모든 족속이 복을 얻을 것임을 약속한다.

아브라함의 고향 갈데아 우르는 성경 11장 시날 평지로 고대 수메르의 수도다. 이 도시는 사원 등 신을 기리는 신전이 많은 우상의 나라였다. 유물에서 밝혀진 바와 같이 최초의 피라미드라고 할 수 있는 지구라트 신전이 있다. 지구라트는 하늘에 있는 신들과 지상 인간들을 연결하기 위해 높게 지어진 탑이다.

『수메르 혹은 신들의 고향』에 따르면 수메르인들은 '하늘의 신'과 '지구의 신'들이 있다고 믿었다. 이 사이에는 하늘과 땅의 신들이 있고 이들은 많은 고대 서사시에서 '고래의 신들'이라고 불렸다. 이들은 수메르인들이 하늘로부터 땅으로 내려왔다고 믿는 신들이었다. 수메르인들은 인간의 존재 자체가 그 신들의 의도적인 창조 행위로 만들어진 창조물로 생각했다. 그들이 생각한 신은 아주 강력하고 인간의 능력이나 인식을 뛰어넘는다고 생각했다. 이 신들도 인간처럼 생겼고 사랑, 증오, 충성, 부패하고 부정할 수 있는 감정을 가진 존재들로 인식했다.

이는 창세기 2장에서 하나께서 만물을 창조하시며 마지막 날 인간을 창조함과 같은 이치다(창세기 1장 27절: 하나님이 자기 형상 곧 하나님의 형상대로 사람을 창조하시되 남자와 여자를 창조하시고). 이와 같이 하나님의 모양과 형상대로 창조된 사람에게 하나님은 돕는 배필도 주신다. 그 배필을 보고 심히 기뻐하는 아담도 보게 된다. 이처럼 수메르인들이 가진 사상은 성서가 자세히 기록하고 있는 바와 같이 같은 생각을 하고 있었다.

수많은 신을 만들어 모시는 이 도시를 아브라함은 유일신 하나님의 말씀을 믿고 갈데아 우르인 고향(창세기 11장 28절: 하란은 그 아비 데라보다 먼저 본토 갈대아 우르에서 죽었더라, 31절: 데라가 그 아들 아브람과 하란의 아들 그 손자 롯과 그 자부 아브람의 아내 사래를 데리고 갈대아 우르에서 떠나 가나안 땅으로 가고자 하더니 하란에 이르러 거기 거하였으며, 창세기 15장 7절: 또 그에게 이르시되 나는 이 땅을 네게 주어 업을 삼게 하려고 너를 갈대아 우르에서 이끌어 낸 여호와로라, 느 9:7, 행 7:4, 히 11:8)을 떠나게 된다.

성경 11장에서 본 바와 같이 아브라함의 조상들은 동방으로 발길을 옮기다 시날 평지, 즉 고대 수메르에 머무르게 된다(창세기 11장 2절: 이에 그들이 동방으로 옮기다가 시날 평지를 만나 거기 거하고). 여기서 그들은 바벨탑을 쌓게 된다.

수메르인의 뜻은 '검은 머리의 사람'이라며 자신은 이러한 생김새를 강조하는 표현으로 자기 민족을 주위 민족들과 구분해 불렀다. 특히 이들의 언어는 명사에다 토씨를 바꿔서 주어나 목적어로 표현하는 교착어(agglutinative)적 성격인 우리말이 속해 있는 우랄 알타이언어의 특징을 가지고 있다.

[창세기 2장 17절] 선악을 알게 하는 나무의 실과는 먹지 말라 네가 먹는 날에는 정녕 죽으리라

[창세기 3장 12절] 아담이 가로되 하나님이 주셔서 나와 함께하게 하신 여자 그가 그 나무 실과를 내게 주므로 내가 먹었나이다

[창세기 3장 19절] 네가 얼굴에 땀이 흘러야 식물을 먹고 필경은 흙으로 돌아가리니 그 속에서 네가 취함을 입었음이라 너는 흙이니 흙으로 돌아갈 것

아담은 지금으로부터 약 6천 년 전 사람이다. 아담은 930세를 살면서 자녀들을 낳았다. 아담 원죄로 말미암아 사람은 죽게 됐다. 아담 범죄 후 세상에 더 많은 죄가 쌓이기 시작했다. 하나님은 이에 따라 홍수로 세상을 쓸어버리시기로 작정하셨다.

당대 의인인 노아에게 '구원의 처소 방주'를 만들라 알려 줬고 노아는 하나님의 말씀을 믿고 방주를 만들어 8명의 식구가 들어가 살아남게 된다. 노아는 아담의 9대손으로 약 5천 년 전 사람이다. 홍수 후 이들은 아라랏산에 머물며 포도 농사를 지으며 살다가 바벨탑 사건 후 다시 흩어져 동방을 향하다 정착한 곳이 시날 평지다.

이곳은 메소포타미아 문명 중 수메르인에 의한 수메르 문명은 노아 시대(5천 년)로부터 3천 년까지 발전했다. 이때 수메르는 세계적으로 유명한 기념비적인 건축물이 모인 거대한 도시를 건설한다. 서구 문명의 전유물이라고 여겼던 민주주의도 수메르에서 벌써 꽃피우고 있었다.

『역사는 수메르에서 시작되었다』에 따르면, 3천 년 전 수메르 의회는 '양원'으로 구성돼 있었다. 인간 역사에 기록된 최초의 정치적인 연장자들의 회합인 '상원'과 전투에 임할 수 있는 남자 시민들의 회합 '하원'이 그것이다. 그리고 그것의 성격은 전쟁과 평화의 중대한 갈림길을 결정하기 위해 소집된 '전시의회'였다. 그 회합을 통해 전쟁이나 평화를 선택해야 했고 왕은 그 결정을 승인하는 방식이었다.

『역사는 수메르에서 시작되었다』에 따르면, 수메르는 '대홍수' 직후 하늘로부터 '왕권'을 받았다. 이들은 패권을 다투는 많은 도시국가로 이루어져 있었다. 이들은 인간은 흙으로 빚어졌고, 오직 한 가지 목적을 위해 창조됐다는 굳은 확신이 있었다. 그것은 음식, 마실 것 그리고 안식처를 신들에게 제공해 봉사함으로 신들이 성스러운 활동을 할 에너지를 충전시키는 것이다. 인간은 신들에 의해 정해진 운명을 미리 알 수 없어서 삶이란 불확실성과 불안정성으로 가득 차 있다고 믿었다.

인간은 죽으면 무기력한 영혼만 남아 어둡고 황량한 저승으로 내려간다. 그곳에서의 삶이란 지상 삶의 음울하고 비참한 면의 복제판으로 생각했다. 또 인간은 신들의 즐거움을 위해 창조됐다고 확신했다. 인간은 죽게 되고 오직 신들만 불멸이라는 것을 믿었다. 더불어 수메르인들은 선과 진리, 법과 질서, 정의와 자유, 공평함과 정직함, 자비와 동정 등을 소중히 여겼다. 그리고 그들은 악과 거짓, 불법과 혼란, 부정과 억압, 죄와 심술, 잔인함과 냉혹함 등을 극도로 싫어한다며 역사는 수메르에서 시작됐다고 서술하고 있다.

수메르에도 홍수신화가 뚜렷하게 남아 있는 것으로 보아, 이는 아담의 죄악으로 당대 의인인 노아를 택해 신이 홍수로 심판한 후라 이런 분위기가 전체적으로 형성된 듯하다. 수메르 지도자들은 '이 땅에 정의를 세우고, 불만, 증오 그리고 무력을 사용한 반란을 일소해 수메르와 아카드의 사람들에게 행복을 주기 위해' 신에게 특별히 선택받았다고 스스로 선전했음이 수메르 점토판에 기록돼 있다.

수메르인은 인간의 불행은 그의 죄와 잘못된 행실의 결과라고 믿고 가르쳤다. 또 점토판에는 신들도 윤리적이고 도덕적인 사람들을 비윤리적이고 부덕한 자들보다 좋아한다고도 적혀 있다. 실제 수메르 만신전의 모든 주요한 신들은 선과 정의, 진실과 정직의 수호자들로 찬양된다.

이렇게 약 5천 년 전, 최초 문명 수메르에 영향을 준 것은 노아 홍수 사건(약 6천 년 전 아담 → 약 5천 년 전 아담의 9대손 노아)으로 본 바와 같이 이들은 아담이 죄지어 에덴동산에서 쫓겨남을 알고 있었다(수메르인들은 이유는 모르지만 신들이 하늘로부터 땅으로 내려왔다고 믿음. 죄 짓지 않은 신이면 굳이 땅에 내려와야 할 이유가 없다. 하늘에 다들 올라가고 싶지 땅으로 내려오고 싶지는 않을 것이다. 이것이 이치다). 하여 다시는 그런 죄를 짓지 않고 신들과 함께 다시 낙원에서 살아가길 원했다. 그 방법은 그들이 진실하고 화평 추구해야 하며 신에게 순종하는 것임을 알고 있었다.

피라미드와 유사한 이들의 거대한 지구라트는 수메르어로는 '기단에서 영(靈)이 창조되는 신전'이라는 뜻이다. 신전은 문화적·종교적·정치적 중심지의 역할을 했으며 대사제들이 지배하는 신정정치(神權政治: 지배자가 자신의 권력을 신으로부터 주어진 절대적인 권한) 체제였다. 이 대사제들은 도시국가의 문화적·종교적 전통들이 계속 이어지도록 하는 역할을 했으며, 하늘과 땅과 인간 사이를 중재하는 매개자로 여겨졌다. 대사제들은 모든 시간을 신전에 거주하면서 보냈는데, 대규모 관개 시설의 행정적 처리 등을 비롯하여 문명의 지속과 유지에 필요한 해당 도시국가의 행정을 담당했다.

이렇게 구약 성경에 나오는 이야기가 배경이 된 수메르인에 의해 우르남무 법전, 지구라트 건설 등이 이뤄졌다. 구약 성경 배경 중에 초기 왕조시대 수메르의 많은 도시국가가 서로 싸우는 과정에 수메르는 셈족의 아카드인이 수립한 아카드 제국에 의해 지배당한다. 또 북시리아 시날(수메르)에 걸쳐 나라를 세웠음을 성서는 기록하고 있다(창세기 10장

1~12절).

창세기 11장에서 본 바 노아의 후손은 시날 평지에서 거하게 되고 벽돌을 만들어 견고히 굽고 벽돌로 돌을 대신해 역청으로 진흙을 대신하고 성과 대를 하늘 꼭대기까지 쌓았다. 여기에 자신들의 이름을 내고 온 지면에 흩어짐을 면하려 했다. 하지만 이들의 생각은 쌓는 성을 보시려고 내려오신 신에 의해 지면에서 뿔뿔이 흩어지며 언어까지 혼잡하게 만드는 결과를 초래했다.

이 바벨탑 사건으로 하늘 꼭대기까지 높아지려는 이들의 교만이 나타났으며 인간들의 하나였던 구음(口音)마저 혼잡하게 했다. 구음이 하나였다(창세기 11장 1절: 온 땅의 구음이 하나이요 언어가 하나이었더라)는 것은 언어가 하나였다는 것이다. 하지만 인간들은 아담 범죄 후 에덴동산에서 쫓겨난 후 더 많은 교만과 욕심으로 하늘 꼭대기까지 올라가고자 바벨탑을 쌓게 되고, 이에 따라 하나님은 몇 차례에 걸쳐 사람들을 흩으신다. 이들로 땅의 열국 백성이 나뉘게 된다.

[창세기 10장 32절] 이들은 노아 자손의 족속들이요 그 세계와 나라대로라 홍수 후에 이들에게서 땅의 열국 백성이 나뉘었더라

약 5천 년 전에 홍수 후 노아의 자손들로 인해 여러 나라 백성으로 나뉘어서 각기 방언과 종족과 나라대로 바닷가의 땅에 머물렀다(창세기 10장 5절).

노아 둘째 아들 함의 자손인 구스 아들 '니므롯'은 세상에 처음 영걸이었다. 그는 시날 4성읍과 앗수르 4성읍을 건축했다(창세기 10장 9~12

절). 바벨론의 시조로서 그의 영역은 시날 땅의 바벨, 에렉, 악갓, 갈레까지 이르렀다(창세기 10장 8절: 구스가 또 니므롯을 낳았으니 그는 세상에 처음 영걸이라 그가 여호와 앞에서 특이한 사냥군이 되었으므로 속담에 이르기를 아무는 여호와 앞에 니므롯 같은 특이한 사냥꾼이로다 하더라 그의 나라는 시날 땅의 바벨과 에렉과 악갓과 갈레에서 시작되었으며, 미가 5장 6절: 그들이 칼로 앗수르 땅을 황무케 하며 니므롯 땅의 어귀를 황무케 하리라 앗수르 사람이 우리 땅에 들어와서 우리 지경을 밟을 때는 그가 우리를 그에게서 건져 내리라).

노아의 10대손 아브라함은 수메르 갈데아 우르가 고향이다. 하나님은 아브라함을 통해 가나안 땅을 주겠다고 약속한다.

[창세기 15장 13절] 여호와께서 아브람에게 이르시되 너는 정녕히 알라 네 자손이 이방에서 객이 되어 그들을 섬기겠고

[창세기 17장 1~9절] 아브람의 구십 구세 때에 여호와께서 아브람에게 나타나서 그에게 이르시되 나는 전능한 하나님이라 너는 내 앞에서 행하여 완전하라 내가 내 언약을 나와 너 사이에 세워 너로 심히 번성케 하리라… 이제 후로는 네 이름을 아브람이라 하지 아니하고 아브라함이라 하리니 이는 내가 너로 열국의 아비가 되게 함이니라 내가 너로 심히 번성케 하리니 나라들이 네게로 좇아 일어나며 열왕이 네게로 좇아 나리라 내가 내 언약을 나와 너와 네 대대 후손의 사이에 세워서… 내가 너와 네 후손에게 너의 우거하는 이 땅 곧 가나안 일경으로 주어 영원한 기업이 되게 하고 나는 그들의 하나님이 되리라 하나님이 또 아브라함에게 이르시되 그런즉 너는 내

아브라함이 신탁을 받고 유대교·이슬람교·기독교의 '믿음의 조상'
이 되는 장면이다. 믿음의 조상 뿌리가 되는 이 약속은 그냥 이뤄지는
것이 아닌 가나안 땅을 가기 위해 아브라함 자손이 이방의 객이 돼 430
년 동안 그 나라 밑에서 종노릇 한다고 예언하고 있다.

이 예언을 이루기 위한 노정은 모세 5경을 통해 자세히 기록하고 있
다. 이 기록은 고고학적 증명을 통해 우리가 상식으로 알고 있던 문명의
4대 발상지 이집트·메소포타미아·인더스·황하 문명에서 최초 문명
'수메르 문명'이 발견되면서 성서에 기록된 역사가 정확한 기록임이 속
속 밝혀지고 있다. 창세기는 약 3500년경 모세가 창세시대부터 신명기
(모세 5경) 시대까지 신께 받아 글로 기록한 경서(經書)다.

아브라함의 고향 갈데아 우르는 수메르의 수도로, 새무얼 노아 크레
이머의 『역사는 수메르에서 시작되었다』에 따르면 최초의 교육 도시로
학교생활부터 국제분쟁, 역사, 개혁, 법전, 재판, 의학, 농업, 철학,
고난과 복종(욥), 낙원(최초의 성서), 대홍수(노아), 저승(부활) 등 최초
라고 말할 수 있는 수많은 고고학적 증거가 발견됐다.

유럽 '신권정치' 원형이 된 모세

수메르부터 고대 중세까지 존재했다가 없어진 많은 나라 중 대부분 신권정치(神權政治)를 펼쳤다. 신권정치란 지배자가 '신의 대리자'로 간주하는 절대 권력으로 국민을 지배하는 정치 체제를 말한다. 신권정치는 왕권신수설(王權神受說: 왕은 신으로부터 권한을 부여받은 존재)을 낳았다.

신권정치의 대표적 모델로 모세를 들 수 있다. 모세의 조상은 아브라함으로 고향(창세기 11장 28~31절, 15장 7절, 느헤미아 9장 7절) 갈데아 우르에서 '본토 아비 집을 떠나 내가 지시한 땅으로 가라'는 '신의 음성'을 듣고 고향을 떠나게 된다.

아브라함이 갈데아 우르에서 신의 음성을 듣고 나온 시기는 앞서 살펴본 바와 같이 교육과 상업의 중심지로 번영이 절정에 달했던 시기다. 이런 갈데아 우르에서 아브라함을 불러낸 이유는 고도로 발달한 물질문명의 이기 속에 수메르가 극도로 타락해 있었기 때문이다. 물질문명은 한없이 발달했고 다신교의 폐해로 우상숭배와 함께 타락해 부패와 음란

이 얼마만큼 극심했는지 유물을 통해서 속속히 밝혀지고 있다.

이런 물질문명의 폐허와 우상숭배가 만연한 이곳에서 하나님을 믿는 아브라함을 건져 내어 자손들에게 복을 줄 것을 약속하신다. 이후 하나님의 약속대로 이스라엘 백성들은 하나님은 이집트에서 종살이하며 노역에 울부짖는 이스라엘 백성들을 430년 만에 모세를 통해 구원해 젖과 꿀이 흐르는 가나안 땅으로 인도하신다.

모세는 하나님을 직접 대면하며 사명을 감당했다. 신의 대리인으로 절대적 권력을 펼친 모세를 못마땅하게 생각한 고라와 다단과 아비람과 온이 당을 짓고 모세를 거스르게 된다. 이들은 모세에게만 하나님이 함께하느냐며 분수가 지나치며 자기를 높여 왕이 되려 한다고 분노한다. 이런 사실을 안 모세는 하나님께 고한다.

모세는 지금까지 한 모든 일이 여호와께서 나를 보내사 이 모든 일을 행케 하신 것이며 임의로 함이 아니라고 고백한다. 그러면서 만일 여호와께서 새 일을 행하사 땅으로 입을 열어 이 사람들과 그들의 모든 소속을 삼켜 산 채로 음부에 빠지게 하면 이 사람들이 과연 여호와를 멸시한 것인 줄 너희가 알게 될 것이라고 말한다. 모세가 이 말을 마치자, 그들의 밑의 땅이 갈라져 모세를 대적한 자들을 삼켜 버린다.

이렇듯 하나님은 여러 사람을 통해 당신의 말씀을 전하게 하는 것이 아니다. 이스라엘 백성을 보더라도 한 나라를 택해 택한 선민과 언약(시편 89편 3절: 주께서 이르시되 내가 나의 택한 자와 언약을 맺으며 내 종 다윗에게 맹세하기를)하고 약속한 일을 이루기 위해 하나님도 성실함으로 이루신다고 한다.

[이사야 25장 1절] 여호와여 주는 나의 하나님이시라 내가 주를 높이고 주의 이름을 찬송하오리니 주는 기사를 옛적의 정하신 뜻대로 성실함과 진실함으로 행하셨음이라

신권정치는 신의 대리자로서 신의 말씀을 전하는 전달자에 불과하다. 그러나 인간은 이런 신의 대리자로도 모자라 왕권은 신으로부터 주어진 것이며, 왕은 신에 대해서만 책임을 지며, 신민은 저항권 없이 왕에게 절대복종해야 한다는 정치 이론으로 변질된다.

모세는 하나님으로부터 부여받은 신권 자체를 두려워하고 자기 백성을 구하러 가는 것을 거절한다. 자기 백성이 하나님께 신권 받았다는 사실을 믿지 않을 것이란 생각 때문이다. 모세는 몇 번의 거절을 하게 되지만 하나님은 이적을 보이시고 '내가 너와 함께하겠다'는 말씀으로 강권하여 모세를 이집트로 보낸다. 모세를 통해 본 바와 같이 신권은 '신에게 받은 권리'를 말한다. 모세를 통해 세상에 선보인 신권정치는 신이 함께하는 사람의 면모를 가감 없이 보여 줬다.

이스라엘 역사를 보면, 하나님께서 이들 민족은 수효가 적은 나라이므로 선민으로 택했다. 유대인을 통해 선민사를 시작한 하나님은 모세가 죽자 아브라함과 약속을 이루시기 위해 여호수아를 택했다. 이처럼 신의 권한을 받은 자들은 이적과 기적을 체험하며 하나님의 약속의 자녀로 세상을 살았다.

세상 만물을 물려받은 아담을 시작으로, 아담의 범죄 후 에덴에서 쫓겨난 후에도 하나님은 사람들을 버려두지 않았다. 하나님의 신권을 당대의 의인들을 택해 부여하고 하나님의 역사를 해 왔다. 당시 수많은

사람들 중 하나님 보시기에 사람 같은 최초의 사람 아담을 택했으나 범죄하자 → 당대 의인인 노아 ，아브라함 → 모세 → 여호수아 → 선지자들 → 예수님 등을 통해 하나님은 세계사를 이끌어 왔다.

신권을 받은 자들은 하늘에 제사장을 지낼 수 있는 자격을 가지고 있었다. 그리고 신의 법도를 지킬 수 있도록 백성들을 가르치는 역할을 했다.

이집트에서 백성들을 끌어낸 모세는 시내산에서 40일 동안 하나님을 영접한다. 하나님은 모세에게 천국을 보여 주고 본 대로 이 땅에 지으라고 지은 것이 이스라엘 성막이다(출애굽기 25장 8~9절: 내가 그들 중에 거할 성소를 그들을 시켜 나를 위하여 짓되 무릇 내가 네게 보이는 대로 장막의 식양과 그 기구의 식양을 따라 지을찌니라).

이 성막 안에는 성소와 지성소가 있고, 지성소 안에는 하나님의 언약궤가 있다. 하나님께서 유대민족을 선민으로 삼고 가나안 땅으로 인도한 이유는 사람들과 함께하고 싶은 마음이다. 부모가 어찌 자식과 함께 살고 싶지 않겠는가. 죄로 인해 아담을 에덴에서 쫓아 버렸지만, 하나님은 6천 년간 끊임없이 의인(義人)을 택해 '홍익의 세상'을 만들어 이 땅 가운데 강림하시어 사람 안(고린도전서 3장 9절: 우리는 하나님의 동역자들이요 너희는 하나님의 밭이요 하나님의 집이니라)에 거하고 싶어 했다.

시대마다 의인을 찾아 헤매셨다. 하나님은 창세기 6장에서 이 땅에서 떠나신 후 다시 이 땅 가운데 오고 싶어 하셨다. 하여 이 땅에서 한 민족을 택하고 그 민족 중에서 한 사람을 택해 민족과 약속하시고 그 약속을 이루는 과정을 통해 역사하셨다.

아담(약 6천 년) 시대 → 노아(약 5천 년) 시대 → 아브라함(약 4천 년 전) 시대 → 모세, 여호수아(약 3500년 전) 시대 → 선지자들(약 3500년 전) 시대 → 예수님(약 2천 년 전) 시대 → 현재(2023년)

약 6천 년 전 에덴동산을 이끌었던 아담이 범죄하자, 하나님은 아담의 9대손인 당대 의인 노아를 택했다. 범죄한 세상을 물로 심판하신 후 이들은 아라랏산에 머물며 포도 농사를 지었다. 그러다 노아의 둘째 아들 함이 범죄하자 노아의 10대손 하나님의 말씀을 믿는 아브라함을 택해 앞으로 할 역사를 약속하시고 약속을 이루시는 역사를 반복했다.

에덴동산에 들어온 대적자로 인해 하나님이 창조한 자식들이 부패하고 타락했다. 이에 따라 세상에 전쟁이 시작됐다. 이 반복된 전쟁의 역사 속에서 가나안 전쟁을 알지 못한 이스라엘을 하나님은 시험하기도 한다(사무엘상 17장 47절: 또 여호와의 구원하심이 칼과 창에 있지 아니함을 이 무리로 알게 하리라 전쟁은 여호와께 속한 것인즉 그가 너희를 우리 손에 붙이시리라). 하나님은 이스라엘 백성에게 전쟁을 가르치기도 하고, 전쟁에서 승리 및 패하기도 하는 과정을 반복하면서 이스라엘 백성이 하나님의 약속하신 약속을 믿고 이를 행하기 간절히 바라셨다.

하지만 시대 시대마다 이스라엘은 더욱 부패했고 하나님을 떠나 악을 행했다. 최종적으로 하나님은 솔로몬 왕이 하나님을 버리고 배반하자, 솔로몬을 두 번이나 찾아간다(열왕기상 11장 9절: 솔로몬이 마음을 돌이켜 이스라엘 하나님 여호와를 떠나므로 여호와께서 저에게 진노하시니라 여호와께서 일찍이 두 번이나 저에게 나타나시고). 하지만 솔로몬은 그 마음을 돌이키지 않았다. 이에 하나님은 솔로몬이 나라를 빼앗기게 될 것과 나라가 두 쪽으로 갈라질 것을 예언한다(열왕기상 11장 11~14절).

이후 예루살렘을 수도로 하는 남왕국 유다, 사마리아를 수도로 하는 북왕국 이스라엘로 갈라지면서 하나님이 약속한 말씀이 이루어진다. 남유다의 통치는 솔로몬의 아들 르호보암이, 북이스라엘의 통치는 솔로몬의 심복이었던 여로보암이 맡게 된다(열왕기상 11장 11절: 여호와께서 솔로몬에게 말씀하시되 네게 이러한 일이 있었고 또 네가 나의 언약과 내가 네게 명한 법도를 지키지 아니하였으니 내가 결단코 이 나라를 네게서 빼앗아 네 신복에게 주리라, 열왕기상 11장 13절: 오직 내가 이 나라를 다 빼앗지 아니하고 나의 종 다윗과 나의 뺀 예루살렘을 위하여 한 지파를 네 아들에게 주리라 하셨더라).

분열 왕국(열왕기상 12장 19~20절, 14장 21절)에 접어든 북이스라엘은 BC 721년 앗수르(아시리아) 제국에 의해 멸망당한다(열왕기하 18장 9~12절). 남유다는 BC 586년경 바벨론의 침략을 받아 바벨론의 포로가 된다(열왕기하 25장 8~12절).

[출애굽기 19장 5~6절] 세계가 다 내게 속하였나니 너희가 내 말을 잘 듣고 내 언약을 지키면 너희는 열국 중에서 내 소유가 되겠고, 너희가 내게 대하여 제사장 나라가 되며 거룩한 백성이 되리라 너는 이 말을 이스라엘 자손에게 고할찌니라

유대민족은 이 약속을 모세를 통해 하나님과 피로 맺었다. 하지만 이

약속을 솔로몬이 지키지 않으므로 이들과의 계약은 완전히 파기된다(출애굽기 23장 6~8절: 모세가 피를 취하여 반은 여러 양푼에 담고 반은 단에 뿌리고 언약서를 가져 백성에게 낭독하여 들리매 그들이 가로되 여호와의 모든 말씀을 우리가 준행하리이다 모세가 그 피를 취하여 백성에게 뿌려 가로되 이는 여호와께서 이 모든 말씀에 대하여 너희와 세우신 언약의 피니라). 이후 하나님은 선지자들을 통해 메시아를 보내 구원할 것을 약속한다.

유대민족은 시대 시대마다 하나님과 약속했다. 하나님은 이스라엘을 구원하고자 약속을 어긴 이들과 끝까지 함께하길 원했다. 하지만 이스라엘은 피로 약속한 맹세를 가차 없이 파기하고, 또 파기했다. 이들은 아담 시대로부터 출애굽 시대, 사사시대를 거쳐 하나님이 유대민족을 어떤 마음으로 구원했는지 다 보고 들었지만, 이들은 아담처럼 하나님과의 언약을 지키지 않았다(호세아 6장 7절: 저희는 아담처럼 언약을 어기고 거기서 내게 패역을 행하였느니라).

사사시대를 거쳐 유대 민족은 다른 나라처럼 왕을 달라고 했다. 당시 유대민족의 왕은 하나님이셨다. 그러나 이들은 눈에 보이는 육적인 왕을 원했다. 하나님은 왕인 나를 버리는 것이라고 슬퍼했지만 이들의 기도를 하나님은 들어주셨다(사무엘상 8장 7절: 여호와께서 사무엘에게 이르시되 백성이 네게 한 말을 다 들으라 그들이 너를 버림이 아니요 나를 버려 자기들의 왕이 되지 못하게 함이니라). 그러나 이 왕권 시대를 맞이한 유대민족은 솔로몬 왕이 하나님과의 약속을 완전히 파기하므로 나라가 두 쪽으로 갈라지고 만다.

왕들이 하나님 말씀에 순종하지 않음으로 이후 선지자 시대를 열어 주셨다. 하나님은 선지자들을 통해 왕들을 깨우치고 백성을 가르치며 장래 일을 예언하며 구원자 보내 줄 것을 약속했다.

신의 글인 성경의 기록이 역사적으로 정확하다는 유물들이 나타나면서 신은 인간사에 어느 정도까지 개입하는가 하는 의문이 생긴다. 19세기 후반 발굴된 나보니두스 유물에는 더 충격적 사실들이 발견됐다. 역사가들은 다니엘서 5장이 역사적으로 잘못된 것이라고 했다.

이유는 바벨론 마지막 왕은 나보니두스지만 다니엘서에는 벨사살 왕으로 기록하고 있기 때문이다. 하지만 나보니두스 유물을 해독한 결과, 나보니두스는 달의 신을 섬기는 왕으로 제국 곳곳의 반란을 진압하기 위해 원정을 떠났다. 그러나 그의 말년에는 몸이 좋지 않아 테이마라는 곳에서 요양했기에 그의 아들 벨사살이 바벨론 수도에 남겨 두고 나라를 통치했다는 기록이 발견된 것이다.

다니엘서 5장 1절은 벨사살 왕의 연회로 시작한다. 바벨론이 이스라엘을 속국으로 사로잡고 예루살렘 성전에서 가져온 기물들을 꺼내서 연회의 도구로 사용한다. 이는 바벨론 신이 식민지 신을 제압했다는 것을 알리는 것이다. 벨사살 왕이 연회를 베푸는 가운데 귀족들과 왕후들, 후궁들이 모여 술을 마시며 예루살렘 성전에서 가져온 금 · 은 · 동 · 철 · 목 · 석으로 만든 신들을 찬양할 때, 갑자기 사람의 손가락이 나타난다.

그 손가락이 왕궁 촛대 맞은편 분벽에 글자를 쓰는데 왕이 그 글자 쓰는 손가락을 보게 된다. 이에 왕의 즐기던 빛이 변하고 그 생각이 번민하여 넓적다리 마디가 녹는 듯하고 그 무릎이 서로 부딪히게 된다. 이에 벨사살 왕이 크게 소리 질러 술객과 갈대아 술사와 점쟁이를 불러오게 한다. 바벨론 박사들에게 누구든지 이 글자를 읽고 해석하면 자주 옷을 입히고 금 사슬로 그 목에 드리우고 그로 나라의 셋째 치리자를 삼는다고 한다. 여기서 셋째 치리자 중 둘째는 본인 벨사살 왕이며, 첫째 치리자는 나보니두스라는 것을 알 수 있다. 이렇게 성경은 정확한 역사·족보·연대·사건 등을 기록한 사실임을 알 수 있다.

다니엘이 해석한 글자는 '메네 메네 데겔 우바르신', 곧 하나님이 이미 왕의 나라의 시대를 세어서 그것을 끝나게 하셨다 함이요, 데겔은 왕이 저울에 달려서 부족함이 뵈었다 함이요, 베레스는 왕의 나라가 나뉘어서 메대와 바사 사람에게 준 바 되었다 함이다.

성경의 이 기록과 함께 대륙의 모든 민족을 정복하고 가장 견고하며 아름답기로 유명한 도시 바벨론은 역사의 뒤안길로 사라졌다. 이렇게 성경은 역사와 족보, 연대 등이 정확하게 기록된 역사서요 예언서다.

여기서 우리가 얻을 수 있는 역사적 교훈은 인간은 한없이 높아지려고 하며 경제적 욕구를 채우고자 발버둥 친다는 것이다. 또 신과 같은 권위와 권력을 차지하려고 하고 하나님보다 더 높아지고자 하는 교만을 갖고 있다. 이로써 하나님은 벨사살 왕을 끝으로 바벨탑 사건으로 사람들을 흩음과 같이 바벨론을 흩어 버렸다. 애굽의 한자는 '먼지 애(埃)' 자다. 하나님 보시기에 모든 것은 먼지에 불과한 것이었다.

이스라엘의 이런 배도와 멸망이 반복된 가운데 구약은 말라기 선지자를 끝으로 400년 동안 이스라엘에 암흑기가 찾아온다. 이때 유대교에 많은 교단과 교파가 생기고 서로 나뉘게 된다. 이쯤을 기점으로 동양에서도 석가, 공자 등 많은 학파가 생겨난다.

앞서 살펴본 바와 같이 하나님은 아담을 시작으로 창세시대를 열었고, 창세시대가 저물자 출애굽 시대를 열어 주셨다. 출애굽 시대를 거쳐 사사시대를 열었고, 유대민족이 왕을 달라고 하자 왕권 시대를 열어 주셨다. 다양한 이름으로 하나님은 새 시대를 열어 주셨다. 새 시대를 열어 주실 때마다 하나님은 유대민족 중 의인 한 사람을 통해 함께하면 유대인들에게 하나님의 법을 내려 주셨다.

지금 세계 최강은 미국이다. 하지만 그 미국을 움직이고 있는 것은 세계 인구 0.2%에 불과한 유대인이다. 노벨상 수상자의 22%, 아이비리그 교수의 30%, 미국 대법관의 3분의 1, 미국 부자 20명 중 8명이 유대인이다. 여기에 종교 · 정치 · 문학 · 과학 · 언론 등 유대인은 국제 금융 시장 등에서 강력한 자본력으로 힘을 과시하고 있다. 또한 이들은 역사적 발명과 지리상의 발견뿐 아니라 민주주의 시장 경제를 발전시켰다. 프롤레타리아 독재와 사회주의를 탄생시킨 것도 유대인이다.

이 유대민족에서 예수라 하는 구원자가 약속대로 탄생한다. 그러나 이 유대민족은 하나님이 구원자를 보내 주실 것을 지금도 기대하고 있다. 구원자가 유대민족인 자기 땅에 오매 자기 백성이 영접지 아니하였으나 영접하는 자를 하나님의 자녀가 되는 권세를 주심으로 온 세계가 기독교 세계가 될 수 있었다(요한복음 1장 11절 12절: 자기 땅에 오매 자기 백성이 영접지 아니하였으나, 영접하는 자 곧 그 이름을 믿는 자들에게는 하나님의 자녀가 되는 권세를 주셨으니).

이로써 전 세계가 하나님 안에서 한 형제자매가 될 수 있는 환경이 만들어졌다(요한복음 1장 13절: 이는 혈통으로나 육정으로나 사람의 뜻으로 나지 아니하고 오직 하나님께로서 난 자들이니라). 이는 한민족이 혈통이나 육정으로나 사람의 뜻과 이익을 위해서 홍익을 이야기하는 것이 아닌, 오로지 세계를 널리 이롭게 하려는 일념의 홍익인간 세계를 꿈꾸던 것과 같은 이치다.

한편, 유대민족에서 나온 기독교는 로마 제국의 지배를 받으면서 끊임없이 약속대로 성장해 결국 콘스탄티누스가 기독교를 공인한다. 이로써 기독교가 로마를 걸쳐 유럽으로 퍼지게 된다. 1500년 전 실크로드를 통해 기독교, 곧 경교(景敎)라는 이름으로 동아시아에 들어오게 된다.

경교는 네스토리우스(368~450)라는 콘스탄티노플 대주교의 이름을 딴 것이었으나 431년 제1차 에베소 공의회에서 이단으로 규정돼 서방 기독교에 의해 배척됐다. 이들은 종교의 자유를 찾아서 실크로드를 통해 동방으로 대거 이동했다. 이들은 실크로드를 따라서 페르시아를 거쳐 아르메니아와 인도, 중앙아시아로 퍼졌고, 당나라까지 이르렀다. 몽골 제국에서도 널리 유행했다. 최근에는 발해까지 도달한 흔적이 고고학적 자료로 확인됐다.

이 실크로드를 통해 가장 먼저 경제적인 것이 오고 가는 것 같았으나, 사실 기독교가 로마의 박해 속에서 국가의 공인 종교가 되듯이 보이지 않는 신이 이 모든 것을 움직이고 있었음을 알 수 있다. 종교로 공인된 기독교는 다시 유럽을 탄생시킨다. 유럽의 문화 만든 기독교는 다시 미국이라는 나라를 탄생시킨다.

[마태복음 24장 14절] 이 천국 복음이 모든 민족에게 증거되기 위하여 온 세상에 전파되리니 그세야 끝이 오리라

실크로드를 타고 온 기독교는 동아시아에 많은 변화를 일으켰다. 그리고 다시 한번 미국을 통해 동아시아에 들어와 새로운 문화를 탄생시킨다. 미국은 신(新) 바벨탑 같은 마음, 곧 선민사상을 가지고 미국을 세운다. 그들의 건국 정신인 모두가 우러러보는 '언덕 위의 도시' 유토피아를 만들기 위해 식민지로 부름을 받은 선택된 사람들로 자부하며 인디언들을 학살하며 미국을 건설한다. 이들은 교회를 세우고 '그리스도의 영광을 위하여'라는 슬로건을 내건 하버드 대학교를 세우고 기독교 복음을 전파한다.

역사는 승자의 기록이다. 역사를 주도하는 힘을 가진 세력에 의해 좌지우지되기 때문이다. 하지만 우리는 유물과 기록물들을 통해 균형 잡힌 역사를 마주하게 되기도 한다. 이런 역사는 어디서 시작되었는가. 바로 종교에서다. 종교란 무엇인가. 종교(宗敎)를 한자로 파자(破字)해 보면 갓머리 면(宀)에 보일 시(示)다. 풀이해 보면 가장 으뜸가는 가르침이다.

이 세상에 가장 으뜸가는 것이 무엇인가. 바로 생명이다. 하여 종교는 생명을 연장해 가는 방법을 육하원칙에 대입해 알려 주어야 한다. 그래서 영어로 종교를 'religion'이라고 쓴다. 바로 생명을 연결해 주는 것이다. 이런 종교를 통해 철학과 문화, 역사, 경제 등 모든 것이 파생됐다. 이제 이렇게 끊어진 생명 줄을 연결해 기준을 다시 세워 줄 수 있는 나라가 앞으로 세계정신 지도국이 된다.

그 중심에 대한민국이 있다. 지금 K-문화는 우연히 일어나는 현상이 아니다. 이는 세계 석학들과 예언가들이 예언해 놓은 것처럼 대한민국은 최고의 나라가 된다. 이는 '신에게 바치는 송가'라는 뜻에서 알 수 있듯 미래를 꿰뚫는 영성을 지닌 선구자, 동양인 최초 노벨문학상을 받은 인도의 시성 타고르가 예언한 '동방의 등불'이다. 세계적 미래학자인 『제3의 물결』의 저자 앨빈 토플러도 한국의 잠재력과 가능성을 점쳤다. 이외에도 대한민국은 미래학자들과 예언가들이 세계 중심 국가가 된다고 예언해 놨다.

많은 미래학자 가운데 세계가 과학 혁명으로 이어진 후 영혼 혁명(영성靈性)이 일어날 것이라 예언한 이들이 무수히 많다. 이는 곧 정신 혁명이다. 이 정신 혁명 예언의 주인공은 대한민국이다. 이는 널리 사람을 이롭게 하는 세통관인 홍익인간으로 정신 종주국이 된다. 이는 원래대로 에덴동산을 회복하는 역사이며 이 역사가 완성되면 세계는 평화 세상이 된다. 하여 우리는 먼저 역사를 알고 시대를 구분해야 한다.

이 으뜸가는 가르침인 종교를 통해 문화·역사·철학·경제 등 모든 것이 파생된 만큼, 종교를 정확히 알려 주어 기준을 다시 세워 줄 수 있는 나라가 대한민국이다. 앞으로 대한민국은 정신 종주국이 된다. 이는 원래대로 에덴동산을 회복하는 역사이며 이 역사가 완성되면 세계는 평화 세상이 된다. 이는 세통관인 홍익인간으로 통일될 것이다.

하여 우리는 먼저 역사를 알고 시대를 구분해야 한다. 우리는 지금 세계와 교류하며 북한과도 교류해야 한다. 이것이 대한민국이 정신 지도국으로 우뚝 서게 될 핵심이다. 먼저 대한민국이 원래대로 통일되기 위해 남북 교류부터 시작해야 한다. 우리에게 남다른 자질과 능력이 있다고 해도 형제간 두 쪽으로 갈라진 나라의 모습은 모범적이지 않다. 이 좋은 기회를 정치의 당리당략으로 놓쳐서는 안 된다. 천손 민족, 즉 장자로서 바로 서야 다른 나라의 기준도 세워 줄 수 있다.

모세를 통해 신정정치의 정수를 보여 주신 하나님은 서양의 세계사를 구약과 신약에 맞춰 이끌어 왔다. 하지만 신약의 시대를 살아가는 현재 대한민국이 세계 중심에 서게 된다. 이것이 세계사를 이끌었던 성경에서 기록하고 있는 약속이다.

신의 사환,
부패 · 타락으로 신권정치 마감

신권정치 체제를 구축한 모세는 히브리 기자의 글에서 본 바 장래에 말할 것(하나님께서 말씀한 약속이 이루어진 실체를 증거 곧 말씀이 육체가 돼 나오신 예수님)을 증거하기 위해 하나님의 집에서 사환(使喚)으로 충성했다고 기록돼 있다(히브리서 3장 5절: 또한 모세는 장래에 말할 것을 증거하기 위하여 하나님의 온 집에서 사환으로 충성하였고).

사환이란 무엇인가. 관청이나 회사, 가게 등에서 잔심부름시키기 위해 고용된 사람을 말한다. 모세는 단순히 말해 '신의 심부름꾼'이다. 현재 기독교 목사들은 자신을 가리켜 '주의 종'이라고 부른다. 곧 심부름꾼이다. 이 심부름꾼은 원칙적으로는 하나님의 아들들로 제사를 주관하던 장자(張子)들이었다. 하지만 아담의 죄로 심부름꾼으로 신분이 하락하게 됐다.

그럼에도 하나님은 사람들에게 장자가 가지는 제사장의 직분을 다시 주고 싶어 했다. 하여 아브라함을 찾아가 이삭을 줄 것을 약속하시고 이들 육적인 혈통을 통해 유대인, 곧 선민을 택하게 된다. 이들을 택한 이유는 하나님의 장자 된 아들이 행할 수 있는 제사장의 직분을 주기 위함이었다(출애굽기 19장 5~6절: 세계가 다 내게 속하였나니 너희가 내 말을 잘 듣고 내 언약을 지키면 너희는 열국 중에서 내 소유가 되겠고, 너희가 내게 대하여 '제사장 나라'가 되며 거룩한 백성이 되리라 너는 이 말을 이스라엘 자손에게 고할찌니라).

그러나 이들은 제사장에 오르지 못한다. 이스라엘 민족의 대표성을 띠는 솔로몬이 하나님의 십계명 중 제1계명인 '나 외 다른 신을 섬기지 마라'라는 율법을 어김으로 이들은 하나님의 나라와 제사장의 직분을 얻지 못했다(열왕기상 11장 11~12절: 이 일에 대하여 명하사 다른 신을 좇지 말라 하셨으나 저가 여호와의 명령을 지키지 않았으므로, 여호와께서 솔로몬에게 말씀하시되 네게 이러한 일이 있었고 또 네가 나의 언약과 내가 네게 명한 법도를 지키지 아니하였으니 내가 결단코 이 나라를 네게서 빼앗아 네 신복에게 주리라).

수메르 문명에 뿌리를 둔 메소포타미아 문명도 연합형태로 도시국가를 이루고 도시마다 지구라트(성탑聖塔, 단탑段塔)를 짓고 제사를 지내면서 가장 높은 신을 섬기는 우르가 사환 역할을 했다. 이처럼 고대 유럽 사회 정치는 신의 심부름꾼으로 제사를 주관하며 제정일치를 펼쳤다.

모든 원형극장에서 공연의 시작과 끝에 신이 등장하는 그리스는 작은 도시국가들이 이룬 나라로, 정치적으로는 민주주의 국가 기틀을 마련했고 경제적으로는 사업과 해상무역이 발달했다. 남유럽은 발칸반도 남쪽 끝에 있다. 그리스 문명은 에게 문명, 미노스 문명과 그 뒤를 이은 미케네 문명에서 시작됐다. 역사적으로 헬라 또는 헬라스로 알려져 있으며, 영어 공식 명칭도 그리스공화국(Hellenic Republic)이다. 한자로 희랍(希臘)이라고 불리기도 했다. 수도이자 가장 큰 도시는 아테네다. 이런 그리스도 모든 원형극장에서 공연의 시작과 끝에는 신이 등장한다. 신이 모든 걸 결정한다는 의미로 신에게 '순종'하는 의미가 담겨 있다.

그리스인들은 올림포스산 위에 살고 있다는 제우스를 비롯한 12명의 신을 섬겼다. 이들의 숫자 12는 기원전 6세기경부터 그리스 신화에 정착됐다. 플라톤은 이들을 열두 달과 연관 지었다.

실제 아시아에서는 땅을 지키는 12신장(神將) 또는 십이신왕(十二神王)이라 하는 12띠가 있다. 고대 히타이트 사람들도 12신들을 섬겼다. 유대민족은 이스라엘을 기점으로 12아들을 낳아 12지파를 이뤘다. 예수님은 육적인 혈통 12지파를 파기하고 영적인 시대를 열어 주셨다. 영적 12지파를 창조하고 이 복음을 땅끝까지 전파하라고 예언했다. 이를 이루기 위해 12제자들은 자기 목숨을 바쳐 전 세계에 복음을 전파했다. 대한민국 태초의 나라 환인(桓因: 태초의 큰 나라, 밝은 나라) 시대도 12환국으로 나라를 나눠 다스려졌다.

동서양을 막론하고 역사·문화라는 형태가 모양과 형상이 비슷하게 구전되고 하나처럼 내려오고 있다는 것을 알 수 있다. 이를 통해 동서양을 막론하고 그 의미와 뜻이 통하고 말하고자 하는 것이 하나임을 알 수 있다.

예수님은 볼품없는 인간의 모습으로 왔다(이사야 53장 3절: 그는 멸시를 받아서 사람에게 싫어 버린바 되었으며 간고를 많이 겪었으며 질고를 아는 자라 마치 사람들에게 얼굴을 가리우고 보지 않음을 받는 자 같아서 멸시를 당하였고 우리도 그를 귀히 여기지 아니하였도다). 하지만 신령스럽게 변화하는 모습을 보이시며, 말씀으로 바다도 바람도 잠재우면서 신의 면모를 보여 주셨다. 이것이 인간이 신이 될 수 있다는 것을 보여 주신 것이다.

12명의 신을 섬긴 그리스인들이 생각한 신도 인간과 같은 모습을 하고 있거나 동물 모습을 하더라도 인간에게 있는 모든 감정도 신에게 있다고 믿었다. 이들이 생각하는 신은 성경과 일치한다(이사야 1장). 하나님의 모양과 형상대로 창조됐기에 인간과 신은 같은 모습이었다. 하나 다른 것이 있다면 죄로 인해 인간은 죽었던 것이고 신은 죽지 않는다는 것이다.

육체는 흩어져 없어지지만, 영(靈)은 영원불멸(永遠不滅)한 것처럼 영이신 신도 영원하다는 것을 알고 있었다(요한복음 4장 24절: 하나님은 영이시니 예배하는 자가 신령과 진정으로 예배할찌니라, 베드로전서 4장 14절: 영광의 영, 곧 하나님의 영). 이들은 신을 표현하기 위해 조각, 문학 등이 발전해 그리스 문명이 꽃피우게 됐다.

특히 이들의 지하 세계에 대한 가장 오래된 기록 『오디세이아』에서는 성경과 마찬가지로 모든 영혼은 사후에 심판받는다 생각하고 있었다. 이 생각은 역사상 가장 초기이자 가장 오래 지속된 문명 중 하나인 이집트 종교의 영향이라고 보는 학자들이 있다. 그러나 이 이집트의 사후 세계에 영향을 준 것은 유대인들이다.

유대인들은 이집트에서 430년이라는 노예 생활(출애굽기 12장 40~41절: 이스라엘 자손이 애굽에 거주한 지 사백삼십 년이라 사백삼십 년이 끝나는 그날에 여호와의 군대가 다 애굽 땅에서 나왔은즉)을 통해 이들의 문화를 전파했다.

그도 그럴 것이, 아브라함이 이스마엘과 이삭을 낳고 이삭은 에서와 야곱을 낳는다. 그리고 둘째 야곱에게서 12아들이 태어난다. 이로써 이스라엘은 12지파가 된다. 이후 야곱이 11번째인 요셉을 심히 사랑해 색동옷을 지어 입히며 차별하자 형들이 시샘하게 된다. 이 시샘으로 야곱은 이집트로 팔려 가게 되는 운명을 맞이한다.

이집트로 팔려 간 요셉은 바로 왕의 꿈을 해석하므로 이집트의 총리가 된다. 이후 요셉으로 인해 야곱의 70인 식구(신명기 10장 22절: 애굽에 내려간 네 조상들이 겨우 칠십 인이었으나 이제는 네 하나님 여호와께서 너를 하늘의 별같이 많게 하셨느니라)가 이집트에 와서 살게 된다. 요셉으로 인해 이집트에서 이들은 극진한 대우를 받는다. 요셉은 총리로서 이집트의 모든 것을 맡아 통치하게 된다.

[창세기 41장 40~46절] 너는 내 집을 치리하라 내 백성이 다 네 명을 복종하리니 나는 너보다 높음이 보좌뿐이니라 … 자기의 인장 반지를 빼어 요셉의 손에 끼우고 그에게 세마포 옷을 입히고 금사슬을 목에 걸고, 자기에게 있는 버금 수레에 그를 태우매 무리가 그 앞에서 소리 지르기를 엎드리라 하더라 바로가 그로 애굽 전국을 총리하게 하였더라 바로가 요셉에게 이르되 나는 바로라 애굽 온 땅에서 네 허락 없이는 수족을 놀릴 자가 없으리라

이로써 이집트에 이들의 문화가 전파된다(창세기 1장 7절: 이스라엘

자손은 생육하고 불어나 번성하고 매우 강하여 온 땅에 가득하게 되었더라). 이렇게 전파된 이스라엘 문화는 먼저 유일신 중심주의다. 유대인들이 믿는 천지를 창조한 유일신 하나님의 사상을 보고 이집트인들은 마야트(Maiat) 또는 우주 질서의 개념으로 파라오를 종교적 지상에 있는 신들의 화신으로 만들어 섬겼다.

또 인간이 가장 중요하게 여기는 장례문화와 사후 세계 문화(창세기 49장 29~30절: 그가 그들에게 명하여 이르되 내가 내 조상들에게로 돌아가리니 나를 헷 사람 에브론의 밭에 있는 '굴'에 우리 선조와 함께 장사하라 이 굴은 가나안 땅 마므레 앞 막벨라 밭에 있는 것이라 아브라함이 헷 사람 에브론에게서 밭과 함께 사서 그의 '매장지'를 삼았으므로)의 영향을 받았다.

요셉은 이집트의 총리로 모든 사람에게 칭송받으며 모든 권력과 부를 누린다. 그런 요셉의 아버지 야곱이 죽자 이집트 온 나라 사람들이 슬퍼한다.

[창세기 50장 3~12절] 사십 일이 걸렸으니 향으로 처리하는 데는 이 날수가 걸림이며 애굽 사람들은 칠십 일 동안 그를 위하여 곡하였더라 … 우리 아버지가 나로 맹세하게 하여 이르되 내가 죽거든 가나안 땅에 내가 파놓은 묘실에 나를 장사하라 하였나니 나로 올라가서 아버지를 장사하게 하소서 내가 다시 오리이다 하라 하였더니 … 요셉이 자기 아버지를 장사하러 올라가니 바로의 모든 신하와 바로 궁의 원로들과 애굽 땅의 모든 원로와 요셉의 온 집과 그의 형제들과 그의 아버지의 집이 그와 함께 올라가고 그들의 어린아이들과 양 떼와 소 떼만 고센 땅에 남겼으며 병거와 기병이

요셉을 따라 올라가니 그 때가 심히 컸더라 그들이 요단 강 건너편 아닷 타 작마당에 이르러 거기서 크게 울고 애통하며 요셉이 아버지를 위하여 칠 일 동안 애곡하였더니 그 땅 거민 가나안 백성들이 아닷 마당의 애통을 보 고 이르되 '이는 애굽 사람의 큰 애통'이라 하였으므로 그 땅 이름을 아벨미 스라임이라 하였으니 곧 요단 강 건너편이더라 야곱의 아들들이 아버지가 그들에게 명령한 대로 그를 위해 따라 행하여

요셉을 통해 이집트에 전파된 이스라엘 장사 지내는 법, 굴을 파 죽은 자를 장사지내는 매장문화는 이집트의 피라미드(창세기 50장 25~26절: 요셉이 또 이스라엘 자손에게 맹세시켜 이르기를 하나님이 정녕 너희를 권 고하시리니 너희는 여기서 내 해골을 메고 올라가겠다 하라 하였더라 요셉 이 일백십 세에 죽으매 그들이 그의 몸에 향 재료를 넣고 애굽에서 입관하 였더라)를 더욱 견고하게 만들어 냈다. 이집트인들도 영원한 생명(창세 기 21장 33절: 아브라함은 브엘세바에 에셀나무를 심고 거기서 영생하시 는 하나님 여호와의 이름을 불렀으며)을 갈구하며 사후 영생과 부활(요한 복음 5장 39절: 너희가 성경에서 영생을 얻는 줄 생각하고 성경을 상고하 거니와 이 성경이 곧 내게 대하여 증거하는 것이로다)을 간절히 원했다.

이스라엘은 애굽에서 자손이 생육하고 불어나 번성하고 매우 강해져 온 땅에 가득하게 됐다(출애굽기 1장 7~14절: 이스라엘 자손은 생육이 중다하고 번식하고 창성하고 심히 강대하여 온 땅에 가득하게 되었더라 … 자, 우리가 그들에게 대하여 지혜롭게 하자 두렵건대 그들이 더 많게 되면 전쟁이 일어날 때에 우리 대적과 합하여 우리와 싸우고 이 땅에서 갈까 하 노라 하고, 감독들을 그들 위에 세우고 그들에게 무거운 짐을 지워 괴롭게

하여 그들로 바로를 위하여 '국고성 비돔'과 '라암셋'을 건축하게 하니라).

심히 중다한 이스라엘 백성을 다스리고 바로를 위해 국고성 비돔과 라암셋을 건축하게 했다. 이에 따라 이집트의 문명은 더욱 견고하고 왕성해졌다(창세기 11장 1~9절: 서로 말하되 자, 벽돌을 만들어 견고히 굽자 하고 이에 벽돌로 돌을 대신하며 역청으로 진흙을 대신하고, 또 말하되 자, 성과 대를 쌓아 대 꼭대기를 하늘에 닿게 하여 우리 이름을 내고 온 지면에 흩어짐을 면하자).

이삭의 12아들 중 11번째 요셉을 통해 이집트로 들어간 유대인들은 이에 영향을 받아 왕인 바로를 유일신, 곧 태양신으로 섬겼다. 이렇게 이집트인들에게 신은 떼려야 뗄 수 없는 사이로 늘 이들은 신과 함께하는 삶을 꿈꿨다. 곧 신과 함께하거나 자신이 신이 되고자 원했다.

인간은 왜 신을 떠나 살 수 없으며 끊임없이 신을 찾거나 자신이 신이 되길 원하는가. 이는 신과 인간은 하나였기 때문이다. 모세의 제정일치 사회 전에 신은 인간의 육체에 머물렀다(고린도전서 3장 9절: 우리는 … 하나님의 집이니라). 하지만 아담의 범죄로 인해 신은 인간의 육체를 떠나가게 된다(창세기 6장 3장: 여호와께서 가라사대 나의 신이 영원히 사람과 함께하지 아니하리니 이는 그들이 육체가 됨이라 그러나 그들의 날은 일백 이십 년이 되리라 하시니라).

이후 하나님은 자신의 모양과 형상대로 창조한 사람을 에덴동산에서 쫓아 버렸다. 하지만 신은 사람을 그대로 버려두지 아니하시고 끊임없이 찾아왔다. 하나님이 사람을 떠나게 된 경위, 사람이 죽게 된 사연부터 어떻게 하면 죽지 않고 영원히 신과 함께 살 수 있는지 방법을 끊임없이 성서를 통해 알려 주셨다. 하지만 시대 시대마다 인간은 하나님을 배반했다(아모스 3장 7절: 저희는 아담처럼 언약을 어기고 거기서 내게 패역을 행하였느니라). 이것이 서양의 역사 성서가 증거하고 있는 인류 역사다.

신과 인간이 하나 된 '신인합일'의 아담의 세계에서 제정일치 사회로 전환되면서 노아, 아브라함, 모세를 통해 절정에 이른다. 앞서 살펴본 바 이스라엘 민족은 사사시대(士師時代)를 거친 후 하나님께 다른 나라처럼 왕을 주기를 원했고, 이는 왕이신 하나님을 버리는 사건이었다(사무엘상 8장 5~22절). 자식 이기는 부모 없다고 결국 하나님은 이스라엘에 사울 왕을 세워 준다.

인간은 나를 낳아 주신 모든 영의 부모이신 신을 떠나서 살 수 없다(히브리서 12장 9절: 또 우리 육체의 아버지가 우리를 징계하여도 공경하였거든 하물며 모든 영의 아버지께 더욱 복종하여 살려 하지 않겠느냐). 신을 모르고 혹은 외면하고 믿지 않지만, 어느 순간 신에 대해 생각하고 궁금해하는 이유는 하나님의 모양과 형상대로 사람을 창조하시고(창세기 1장 27~28절), 그 안에 심령을 창조했기 때문이다.

[스가랴 12장 1절] 여호와 곧 하늘을 펴시며 땅의 터를 세우시며 사람 안에 심령을 지으신 이가 가라사대

이런 부모가 자녀의 범죄로 떠나게 되고 자녀는 더욱 타락했다. 하여 시대마다 하나님은 인간에게 오고 싶어 했고, 오실 때는 부패한 사람의

마음을 청소하고 오시려 했다. 하지만 사람은 시대 시대마다 하나님을 거부했다. 하나님의 모양과 형상대로 창조된 인간은 신을 떠나 악으로 더 변질하고 타락했다. 신보다 더 우위에 서서 자기 이름을 높이려 했고, 자기보다 낮은 사람들을 누르고 기만해 온 역사가 현재의 시대 역사다.

이런 사실들로 아담 범죄 후 세상에 죄악이 관영한 고로 홍수 심판을 하시고 이후 소돔과 고모라를 심판했다. 그러나 더욱 타락해 가는 인간으로 인해 창조주는 앞으로 될 일을 예언하고 우리에게 그 예언이 이루어지길 기도하라고 알려 주신다(마태복음 6장: 주기도문).

이렇게 신과 하나 된 세계에서 신과 분리되면서 바빌로니아(바벨론) 제국에 이르러서 더 이상 '정치 최고지도자 = 종교 사제' 공식이 성립되지 않고 점점 쇠락해 갔다. 중세 가톨릭교회 치하의 봉건국가, 왕권신수설에 입각한 절대 왕정, 신의 이름을 앞세워 국민을 통치하며 전쟁으로 다른 나라를 정복하는 등 권력을 맛본 사환들 곧 제사장의 타락이 절정에 이르게 된다.

이들이 왕권신수설에 입각한 절대 왕정, 신의 이름을 앞세워 국민을 통치할 수 있었던 것은 순수하고 무지한 백성 때문이었다. 왕권을 강화하기 위해 신이 왕과 귀족들을 세웠다고 주장하는 이 말을, 백성들은 충성하며 따랐다. 평민들은 돈이 없어 성서를 읽을 수 없었다. 이렇다 보니 성서는 왕족과 귀족, 교황청 등 특권층의 소유물이었다. 이렇게 정치 이데올로기로 성서를 활용해 백성들을 지배할 수 있었다.

이렇게 순진한 백성들을 속이며 하나님의 아들들에서 심부름꾼이 된 사환들의 타락은 교황이 인간의 죄를 사면할 수 있는 '면죄부' 판매로 절정에 이르렀다. 이로써 1517년 독일 신학자 마르틴 루터가 95개조 반박문을 발표하면서 대규모 종교 개혁 운동이 펼쳐진다. 이 결과 로마 가톨릭에서 분리돼 프로테스탄트(기독교) 교회가 설립된다.

종교개혁은 독일의 여러 지방으로 확산되었고 덴마크 · 스웨덴 · 노르웨이 등 스칸디나비아 3국으로 번진다. 이 종교개혁은 스위스에서도 일어났다. 취리히에서는 츠빙글리, 슈트라스부르크에서는 부처, 제네바에서는 칼뱅 등이 주로 상공업자와 손잡고 프로테스프로테스탄트적 종교개혁에 앞장섰다. 이 같은 교회개혁 운동 과정에서 프랑스에서는 위그노전쟁, 독일에서는 30년 종교전쟁 등을 치르기도 하였다.

종교개혁을 기점으로 사람들은 종교적 번민에서 벗어나기 위한 탈출구를 삼는가 하면, 자신의 권력을 유지하기 위한 수단으로 마녀사냥이 폭발적으로 늘어나게 된다. 악마와 마법 그리고 마녀가 공동체를 파괴한다는 신념은 지배 계급과 당시의 지식인인 신부와 법관들이 만들어 낸 문화적 산물이었다.

[예레미야 17장 9절] 만물보다 거짓되고 심히 부패한 것은 마음이라 누가 능히 이를 알리요마는

보라! 사회가 얼마나 추악한 것을 신의 명령으로 또는 문화라는 이름으로 악의를 자행했는지. 마녀사냥의 공격 대상은 원죄로 각인된 여성과 남편을 잃은 과부가 대부분이었다. 종교개혁을 기준으로 중세와 근대를 구분하며, 종교개혁의 결과로 로마 가톨릭에서 분리된 교회들을

통틀어 개신교라고 부르게 된다.

이후 삼권분립(三權分立)이 대두됐다. 몽테스키외는 삼권분립이라는 개념을 통해 견제와 균형을 구현하려고 했다. 그는 권력자가 입법·행정·사법 등 국가의 모든 기능을 틀어쥐며 그 권력자에 의해 독재를 피할 수 없다고 생각했다. 이에 국가권력의 작용을 입법·행정·사법으로 나눠 권력을 분담케 해 상호 간 견제·균형을 유지하는 통치조직으로 개편된다. 대한민국의 경우 미래에 대해 구상하는 입법권은 국회, 당장 현재를 관할하는 행정권은 정부, 앞으로 일어날 사안에 관한 법 적용에 대한 일을 하는 사법권은 법원이 각각 행사한다.

정치권력과 종교 권력 등 많은 폐단 속에서 프랑스에서는 구텐베르크의 금속활자가 발명됐다. 금속활자는 나무로 만든 판본보다 내구성이 좋아 대량 인쇄가 가능해졌다. 대량 인쇄로 인쇄 가격이 저렴해지자 금속활자로 가장 먼저 인쇄된 책이 성서였다. 이에 따라 평민들도 성서를 읽을 수 있게 됐다.

평민들은 성서를 읽으면서 깨어나기 시작했다. 성경 속 예수는 하나님께 창조받은 모든 사람은 다 평등하며, 누구든지 사랑받을 가치가 있음을 설파했다. 이로 인해 평민들은 큰 충격에 휩싸이게 된다. 그동안 왕족이나 귀족들은 자신들만 신에게 선택받았고 신에게 모든 권한을 부여받았다고 주장하던 내용과 너무나 다른 내용이었기 때문이다.

깨어나기 시작한 시민들은 프랑스 시민혁명을 일으킨다. 이로써 귀족제도와 왕권의 종식, 국민의 권리와 인권과 자유, 국민대표 회의와 같은 민주주의적 제도가 세워졌다. 이들의 인권선언은 제1조에서 "인간은 자유롭게 그리고 평등하게 태어나며 그렇게 존속한다."라고 천명했다. 그리고 경제 발전 등으로 이어졌다. 이렇게 프랑스혁명은 자유·평등·박애에 근거해 근대 민주주의의 틀 안에서 정치적으로 발전시켜 나갔고 전 유럽에 그 이상을 전파했다.

이렇게 서양의 민주주의 시작은 투쟁에서 시작됐다. 신성한 주권을 신으로부터 받은 최고지도자인 정치가이자 제사장이 양심이 죽자 신이 떠났다. 이들은 대안으로 삼권분립을 내놨지만, 제도의 실행은 결국 사람이 하는 일이라 권력자의 손에서 쥐락펴락하며 속수무책인 현실을 마주하게 된다.

유교 정치 이념은 삼권분립과 비슷하다. 인의예지신(仁義禮智信)을 지켜 균형을 잡고 견제를 통해 권력의 집중과 부정을 방지하는 것이다. 이렇게 큰 줄기는 다르지 않다.

하지만 대한민국에는 수준 높은 정치 문화가 있었다. 대한민국은 건국이념부터 홍익인간이다. 널리 사람을 이롭게 한다는 뜻으로 정치·경제·사회·문화의 최고 이념으로 윤리 의식과 사상적 전통에 바탕을 두고 있다. 이것이 필자가 말하고 있는 세통관의 이념, 홍익인간으로 모든 사람의 심령을 재창조해 인류 평화에 공헌해야 한다는 이론이다.

이런 홍익인간의 뜻을 받은 백제의 '정사암' 제도, 고구려와 부여의 '제가평의'제도, 신라에는 화백제도, 조선시대는 신문고를 설치해 백성의 억울한 일을 풀어 해결해 줄 수 있는 길을 열어 준 것이다. 이런 정신을 통해 일제강점기 민족지도자뿐 아니라 시민 모두가 일어나 3·1운동의 원동력을 만들어 낸 것이다.

특히 신라는 만장일치제도인 화백제도(和白制度)를 운영했다. 회의에서 한 사람의 반대라도 있으면 결정을 내리지 못한다. 이 제도는 귀족 세력과 왕 사이의 권력을 조절하고 서로 간의 정치적 대립을 극복하는 방법이었다. 이러한 국정 운영으로 합의점을 찾은 신라는 약 1천 년간 56명의 군주를 거치며 한국사를 이끌었다.

503년 지증왕 마립간이 나라의 이름을 '덕업일신 망라사방(德業日新 網羅四方: 덕업이 나날이 새로워지고 천지를 아우른다)'에서 두 글자를 따서 '신라(新羅)'라 지었다. 이름답게 신라는 약 1천 년간 나라를 이끌었고 세계 유례에서 찾아볼 수 없는 '천년왕국'이라는 명칭을 얻었다. 신라의 경제적 풍요로움과 문화적 번성함은 멀리 서역까지 알려져 아랍인과 페르시아인들 사이에서도 이상향으로 인식됐다.

그 시대상을 알기 위해서는 사람들이 무엇을 꿈꾸고 지향했는지를 알아야 그 시대를 정확히 읽을 수 있다. 이렇듯 대한민국은 서양의 전쟁사와 달리 널리 인간을 이롭게 하는 홍익인간의 뜻으로 천하를 품을 수있는 뜻을 펼치며 정치를 펼쳐 왔다.

정치란 무엇인가. 정치란 사전적 의미로는 나라를 다스리는 일, 국가의 권력을 획득하고 유지하며 행사하는 활동으로, 국민이 인간다운 삶을 영위하게 하고 상호 간의 이해를 조정하며, 사회 질서를 바로잡는역할을 하는 것이다. 정치(政治)의 한문을 파자해 보면 '바를 정(正)'에 '칠 복(攵)' 자의 조합이다. 바르지 않는 것을 쳐서 바르게 만들어 다스린다는 의미다. 곧 질서를 잡아 다스리는 의미로 선생(先生)과도 같다.

하여 뜻을 품고 정치로 나왔다면 땅과 하늘의 바른 이치를 깨달아 근본을 알고 우주를 품는 마음으로 착하고 바른 마음으로 어진 백성을 보

살펴야 한다. 사람은 하늘의 은혜를 입고 살아온 생명체임을 깨닫게 하는 경천애인 사상으로 하늘 선생이 되어야 한다. 부모에게 효도하고 국민을 위해 나라에 충성하고, 세계를 바라볼 수 있는 시대정신의 도를 깨쳐야 한다. 모든 일을 하늘에 묻고 또 물어 우리 세대를 넘어 다음 세대에 평화를 물려줄 수 있는 유산을 남겨야 하리. 이것이 '희망의 빛'이라. 세계만방을 호령할 찬란한 우리 정신문명임을 깨쳐 국민을 일깨우고 희망을 줘야 한다.

이것이 진정한 정치요, 이런 지도자가 나오면 나라도 바르게 설 것이요, 이 정신으로 인류의 새로운 문명을 밝히게 된다. 바르지 않는 스승 밑에 국민이 바르게 자랄 수 있겠는가. 정치란 최고의 도덕이요, 스승이요, 문화며 살아 있는 역사다.

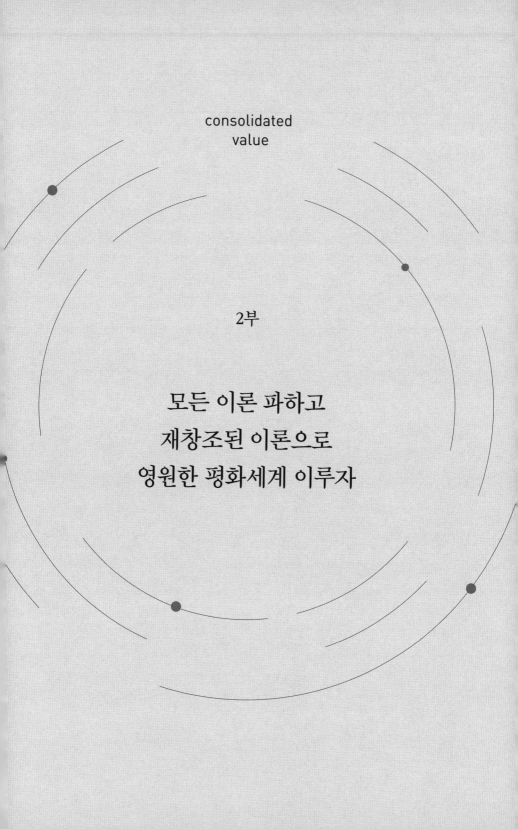

consolidated
value

2부

모든 이론 파하고
재창조된 이론으로
영원한 평화세계 이루자

유발 하라리의 말처럼 인류를 위해 발명·발전·발견된 모든 이론이 실체가 돼서 나타난 것들이 완전했다면, 인류는 지금 신의 영역에 들어갔을 것이다. 하지만 모든 이론과 발명되고 발견되고 발전됐다고 생각한 새로운 대안은 지금까지 완전하지 않았기 때문에 신의 반열에 오를 수 없었다. 앞으로도 이런 이론과 발견과 발명은 없을 것이다.

예수를 핍박하던 바울은 당시 최고의 지식인이었다. 사도바울은 태어나면서 로마인이었다고 고백한다(사도행전 22장 25~28절). 로마는 어떤 나라인가. 서양 문명을 대표하며 로마 제국의 수도였고, 유럽에서 가장 오래된 도시를 형성했다. 로마 가톨릭교회의 중심지였고 이 덕분에 유럽 문명사회에서는 로마를 가리켜 '세계의 머리', '영원한 도시'라고 부른다. '모든 길은 로마로 통한다.'는 속담도 가지고 있다.

이런 로마 시민이었던 사도바울은 그리스 문화의 최고 학문을 닦았으며 고명한 율법 박사 가말리엘의 제자로 율법의 의로는 흠이 없는 자라 스스로를 칭했다. 이런 그가 다메섹에서 홀연히 하늘에서 빛이 자신을 비춰 땅에 엎드려 예수를 만난다. 이후 사흘 동안 실명 상태가 돼 식음을 전폐하다 예수께서 아나니아에게 바울을 안수하라 명한다.

이에 아나니아가 바울에게 안수하자, 바울의 눈에서 비늘 같은 것이 떨어지면서 세상을 다시 보게 된다. 다시 눈을 뜬 사도바울은 예수께 계시(啓示)를 받고 예수를 아는 지식이 세상에서 가장 고상함을 깨닫는다. 이 깨달음으로 그동안 알았다고 자부하던 모든 지식을 배설물처럼 버려 버린다.

[빌립보서 3장 8절] 또한 모든 것을 해로 여김은 내 주 그리스도 예수를

아는 지식이 가장 고상함을 인함이라 내가 그를 위하여 모든 것을 잃어버리고 배설물로 여김은 그리스도를 얻고

이같이 예수를 만나 회심한 바울은 로마에 가서 복음을 전한다. 예수께서는 바울을 이방인에게 복음을 전하는 '나의 택한 그릇'이라며 바울이 많은 이방인을 전도할 것을 예언한다(사도행전 9장 5절, 26장 12~18절, 에베소서 3장 1~8절).

바울은 혈통으로는 아브라함의 씨다. 12지파 중에 베냐민 지파 출신이며 출신으로서 순수 히브리인이며, 난 지 8일 만에 할례를 받고 유대교와 유대 전통에 정통했던 자다(로마서 11장 1절, 고린도후서 11장 22절, 갈라디아서 1장 14절, 빌립보서 3장 5~6절). 로마 제국의 자유도시 길리기아의 다소에서 태어났으며(사도행전 21장 39절, 22장 3절), 히브리 본명은 '사울'이고 '바울'은 로마명이다.

이런 사울이 로마에 가서 복음을 전파한다. 로마뿐 아니라 로마인 · 고린도인 · 갈라디아인 · 에페소인 · 필립비인 · 골로사이인 · 데살로니카인 · 히브리인 등 수많은 곳에 가서 복음을 전하다 네로 황제의 박해 때 로마에서 순교한다.

고대 제국 중 강력한 로마 제국은 현대의 인프라 · 언어 · 문화 · 철학 · 법률 · 경제 등에서 여전히 위엄을 과시하고 있다. 로마가 남긴 유산 중 인프라로는 로마인들의 수로, 도로 및 건물을 포함한 엔지니어링 등이 유명하다. 이런 구조는 무역과 운송을 용이하게 했을 뿐만 아니라 제국 전역에 지식과 기술을 전파하는 데 도움이 됐다.

로마인의 언어인 라틴어는 서양 언어와 문학의 발전에 지대한 영향을 미쳤다. 이뿐 아니라 헬레니즘 문화 가운데 철학·예술·건축·과학은 서구 문명에 지속적인 영향을 미쳤다. 로마와 헬레니즘 문화의 영향력은 그들의 시대와 장소를 초월해 현대까지 이어져 왔다. 로마와 헬레니즘의 영향 속에 우리의 역사와 미래가 함께 있다고 해도 과언이 아니다.

또 로마가 남긴 유산 중에는 로마법에서 영감을 받은 성문법이 있다. 오늘날 대부분 국가는 성문법을 제정해 사용한다. 유죄가 입증되기 전까지는 무죄라는 '무죄추정의 원칙'은 현대 법률이 그대로 따르고 있다. 또 로마력(그레고리력)은 현대 사회에서 전 세계 표준으로 사용되는 달력이다.

이런 막강한 로마의 시민권자, 그것도 태어나면서 로마 시민이었던 사도바울은 모든 것을 배설물처럼 버렸다. 예수 그리스도의 계시받은 후, 예수를 아는 지식이 세상에 가장 고상하다는 것을 깨달았다고 고백하고 있다.

바울은 로마인들에게 예수의 부활을 전했다. 부활을 전해 들은 베뢰아 사람들은 신사적이어서 간절한 마음으로 말씀을 받고 이것이 그러한가 하여 날마다 성경을 상고했다.

바울은 아테네의 제우스, 아테나, 아프로디테 등 그리스 신상들을 보고 격분한다. 그래서 더욱 열심을 내 설교하다 아테네의 철학자들에게 바울이 붙들려 고등 재판소인 아레오바고로 가게 된다. 이들 철학자는 바울이 말하는 새 교가 무엇인지 알 수 있겠느냐고 질문한다. 그들은 바울이 전하는 '부활의 이야기'를 이상한 것이라 말하며 무슨 뜻인지 알고자 원했다.

아레오바고에 선 바울은 아테네 사람들이 종교성이 많다고 말문을 연후 너희가 '알지 못하는 신'에게라고 새긴 단을 보았다며 그 신이 누구인지 알게 하겠다고 연설한다(사도행전 17장). 바울은 우주와 그 가운데 있는 만유를 지으신 신께서는 천지의 주재라며 사람의 손으로 지은 전(殿: 집)에 계시지 아니하다고 말한다. 신은 무엇이 부족한 것처럼 사람의 손으로 섬김을 받으시는 것이 아니라며, 신은 만민에게 생명과 호흡과 만물을 친히 주는 자라고 설명한다.

그러면서 우리가 다 그를 힘입어 살며 기동하고 있다며 철학자들에게 너희도 어떤 사람들의 말과 같이 '우리가 그의 소생'이라 하니, 이처럼 신의 소생이 되었은즉, 신을 금이나 은이나 돌에다 사람의 기술과 고안으로 새긴 것들과 같지 아니하다고 말한다. 이어 천하를 공의로 심판할 날을 작정하시고 이에 저를 죽은 자 가운데서 다시 살리신 것으로 모든 사람에게 믿을 만한 증거를 주셨다며 예수의 부활을 전한다.

죽은 자의 부활을 듣고 혹은 기롱도 하고 혹은 이 일에 대하여 바울에게 그 말을 다시 듣겠다고 하는 이들이 생겨났다. 이런 과정을 통해 복음을 전한 바울은 결국 로마에서 핍박받으며 순교한다. 그러다 핍박 속에서 결국 로마는 기독교를 국교로 인정하며 온 세계에 예수의 복음을 전한다.

기독교를 핍박하던 로마, 곧 잘나가던 로마도 결국 하나님 앞에 무릎을 꿇었다. 완전한 이론, 곧 도(道: 이론 또는 말씀, 요한복음 1장 1절)가 나타나면 불완전한 이론은 다 파기된다. 고린도후서 10장에는 세상의 모든 이론은 하나님 아는 것에 대적해 높아진 것이라고 설파한다.

[고린도후서 10장 4~5절] 우리가 육체에 있어 행하나 육체대로 싸우지 아니하노니, 우리의 싸우는 병기는 육체에 속한 것이 아니요 오직 하나님 앞에서 견고한 진을 파하는 강력이라 모든 이론을 파하며 하나님 아는 것을 대적하여 높아진 것을 다 파하고 모든 생각을 사로잡아 그리스도에게 복종케 한다

그동안 인류는 수많은 세월 동안 많은 이론을 내세웠다. 하지만 유발 하라리의 질문처럼 인류를 위해 발명, 발전되고 발견된 모든 이론이 실체가 돼서 나타난 것들이 완전했다면 인류는 지금 신의 영역에 들어갔을 것이다. 하지만 그동안의 이론을 통해 나타난 철학과 문명과 과학은 불완전했고 인간의 근본인 본성을 밝혀 주지 못했다.

하여 오늘날은 하나님 아는 것에 대적하여 높아진 모든 이론을 파하고 완전한 도(道)의 깨달음이 나올 때가 됐다. 이것은 성서의 예언이고 다가올 현실이다. 유발 하라리는 지금 만들어지고 있는 인간의 알고리즘 역시 허점투성이라는 것이 언젠가는 밝혀질 것이라고 했다.

필자는 이에 대한 부연으로 에베소서 2장 2~3절의 표현을 빌리고자 한다. 에베소서 2장 2~3절에는 "그때"라며 어느 한 날을 가리킨다. 그러면서 너희가 그 가운데서 행하여 이 세상 풍속을 좇고 공중의 권세 잡은 자를 따랐다고 말한다. 그 공중 권세 잡은 자는 곧 지금 불순종의 아들들 가운데서 '역사하는 영'이라고 못 박았다. 영이란 무엇인가. 2천년 전 예수님은 내가 이르는 '말이 영'이요 생명이라고 했다.

[요한복음 6장 63절] 살리는 것은 영이니 육은 무익하니라 내가 너희에게 이른 말이 영이요 생명이라

곧 말이 영이다. 이 말은 생각에서 나오는 것이다. 이처럼 사람에게는 영(생각)이 있어 우리 몸에 들어왔다 나갔다 하는 것이다. 가룻 유다도 예수를 팔 생각을 사단이 집어넣었다고 기록돼 있다. 이렇듯 영은 들어왔다 나갔다 하는 것이다. 그래서 넋 나간 사람보고 '정신 차려'라고 말하는 것이다.

내 생각을 나만 주관하는 것 같지만, 두 가지 영이 왔다 갔다가 하면서 나를 조종하는 것이다. 하여 우리는 늘 깨어 있어야 하며 세통관인 홍익의 사상을 생각에 넣어야 두 가지 영, 곧 '좋은 영'과 '나쁜 영'이 싸울 때 좋은 생각을 많이 하는 영이 이기게 돼 있다.

에베소서 2장에서 본 바 지금껏 우리는 육체의 욕심을 따라 지내며 육체와 마음의 원하는 것을 하여 다른 이들과 같이 본질상 '진노의 자녀'였다. 유발 하라리가 말한 알고리즘 역시 허점투성이라는 것처럼 인류는 공중 권세 잡은 자, 곧 마귀라는 존재를 쫓고 있었다. 그것은 진리가 아닌 사람의 생각으로 만들어 낸 불완전한 이론과도 같은 것이다. 그러니 국가, 기업, 돈 등 우리를 도우라고 발명되고 발견된 것이 인간의 생명을 위협해 온 것이다.

인류 역사상 가장 오래된 역사서인 성서도 앞서 살펴보았듯 아담의 세계가 부패해 인간 세상을 위협하는 죽음이 찾아왔다. 신은 아담의 세계를 심판하고 당대 의인인 노아를 통해 새 시대를 열어 간다. 노아

의 뜻은 '평안'이다. 하나님은 인간과 평안을 누리며 영원히 안식하고 싶었다.

그러나 결국 당대 의인 노아도 그의 자녀들도 부패한 시대 아담의 유전자로 태어난 사람이다. 그래도 신은 노아를 택해 새 시대를 열었지만, 노아의 세계도 노아의 둘째 아들 함으로 말미암아 다시 죄를 범해 낡아지는 문명이 된다. 하나님은 다시 노아의 셋째 아들 쎔을 통해 새 시대를 열게 된다. 하지만 이 또한 아담 죄의 유전자로 난 자녀이기에 불완전했다.

하여 하나님은 완전 새로운 씨로 자녀를 낳아 죄의 세상을 끝내시는 역사를 시작한다(예레미야 31장 27절: 여호와께서 가라사대 보라 내가 사람의 씨와 짐승의 씨를 이스라엘 집과 유다 집에 뿌릴 날이 이르리니). 이 씨의 결과는 마지막 때, 곧 가을 우주 추수 때인 오늘날 약속이 이루어진다. 이는 제47대 마지막 고열가 단군 할아버지가 단군조선을 폐관하고 대한민국을 위해 2천 년 후를 약속한 오늘날이다.

아담으로 시작한 신의 역사가 아담의 9대손 노아로 노아의 10대손 아브라함으로 아브라함의 아들 이삭으로 연결되는 역사가 반복된다. 이것이 삶의 연속성을 가지고 있는 서양의 역사다. 이 역사를 통해 유럽의 수많은 나라들이 탄생하고 소멸했다.

전도서 1장 9~10절에는 "이미 있던 것이 후에 다시 있겠고 이미 한 일을 후에 다시 할찌라 해 아래는 새것이 없다"고 설명했다. 또 무엇을 가리켜 이것이 새것이라 할 것이 있겠느냐며 우리 오래전 세대에도 이미 있었다는 전도자의 말씀과 같이 이미 오래전 세대에 있던 것을 되풀이하는 인생들을 발견했을 것이다.

유발 하라리의 말처럼 고대 수렵 채집인들의 삶이 농업인보다 더 행복했을 수 있다. 농업인은 많은 노동으로 채집인들보다 더 비참하다고 봤다. 더 많은 노동으로 인류의 개체 수가 비약적으로 늘었지만, 늘어난 인류가 질서를 유지하고 조화롭게 살기 위한 특별한 장치들이 필요했다며 그 장치들이 가동되지 않았기에 인간은 더 불행하게 됐다고 봤다. 그나마 이 장치로 함무라비법전과 미국 독립선언문을 들었지만, 이 또한 불완전하다고 주장했다.

유발 하라리가 말한 것처럼 채집인들은 대량 생산해 내는 농업인들보다 더 각축전을 벌이지 않아도 되고 더 많은 양을 만들어 내기 위해 안간힘을 쓰지 않아도 될지도 모른다. 그날 하루 먹고 그다음 날 그날의 먹을 것을 찾는 이것이 더 행복하고 더 양심적이었을지도 모른다.

이제 인간은 더 많은 것, 더 좋은 것, 더 맛있는 것을 찾고 만들기 위해 더 노력한다. 그래도 본능을 채우지 못해 약물에 의존하여 더 나락으로 빠지며 더 많은 질병을 만들어 내기도 한다. AI가 인간을 초월하는 시대가 도래해도 AI가 하지 못하는 것은 피지배층이 담당해야 하고 AI를 다루는 초일류층들로 나뉘게 된다.

이렇게 나뉜 초일류층들이 피지배자의 비판력을 둔화시키며 충성심을 조성한다. 피지배층들의 관심을 퇴폐 문화, 도박 등 온갖 유흥 문화에 관심을 돌리게 한다. 이들이 유흥 문화에 빠져 있는 동안 초일류층들은 아무 거리낌 없이 자신들의 영리를 추구하거나, 피지배층들의 권리를 제대로 보장해 주지 않는다고 생각해 보자. 초일류층들의 이런 정책에 휩쓸려 우매하게 이들에게 충성하는 자들도 생기겠지만(어쩜 AI 고도의 기술로 더 교묘히 인간의 뇌를 속일지도 모른다), 의식이 깨어난 피지배자들은 또 다른 혁명을 꿈꿀 것이다.

이렇게 되면 토인비가 예측했던 것처럼, 모든 문명은 발생하고 성장했지만 결국 쇠퇴하여 원하든 원치 않든 해체돼 결국 멸망한다. 이 낡은 문명의 씨앗은 새 문명의 출발점이 된다는 토인비의 이론이 인류가 생성해 돌아가는 한 기정사실화된 이론일 것이다.

인류 탄생의 흥망성쇠는 지금까지 토인비의 말처럼 낡은 문명의 씨로 인해 재탄생했다. 하지만 이 역사의 속성이 바뀌는 때가 됐다. 이것을 전도서 3장 1절에서는 천하에 범사가 기한이 있고 모든 목적이 이룰 때가 있다고 말하고 있다. 이제 때가 돼 진리를 가지고 온 도통군자(道通君子)들이 출현하였으니 흥망성쇠, 곧 생로병사에 대한 마침표를 찍을 때가 도래했다.

도통군자들이 가지고 오는 세통관인 홍익인간 재세이화의 도(道)는 지금까지 나온 이론(理論: 사물의 이치나 지식 따위를 해명하기 위하여 논리적으로 정연하게 일반화한 명제의 체계)과는 다르다. 이것을 민족 종교들이 말하는 '천지대공사(天地大公事)'라 할 수 있다.

아담 범죄 후 약 6천 년간 나온 이론들은 사람의 유전(遺傳: 물려받아 내려옴 또는 그렇게 전해짐)으로 문명을 만들었고 세상을 변화시켰고 발전시켜 왔다. 하지만 인간이 만들어 낸 그동안의 문명은 하늘의 모형과 그림자에 불과했다. 곧 '썩어질 씨'로 지금까지의 역사를 만들었기에 흥하고 망하기를 반복했다.

하지만 생각해 보라. 이 세상의 창조 논리와 세상의 돌아가는 이치를 지식이나 논리 등을 통해 질서정연하게 알기 쉽도록 누가 풀어낼 수 있을까. 만일 이렇게 완벽한 논리가 나왔다면 인류 세계는 지금과 같이 인류의 희망이 없다고 말하는 시대는 오지 않았으리라. 새로 나온 책이 얼마 지나면 아무도 찾지 않고 보지 않는 책이 된다. 이것을 '지식의 반 감'이라고 한다. 전공 서적도 약 10년 정도 지나면 아무도 보지 않는 책이 된다. 과학의 발달로 수많은 철학 등으로 밝은 문명의 시대가 도래했다지만, 인간사 정신은 더 피폐해졌고 인류의 족속마저 우려하는 시대가 됐다.

박사란 무엇인가. 박사(博士, doctor)는 알려지지 않았던 문제를 발굴하거나, 여태껏 해결되지 못했던 문제의 정답이나 해결책을 제시할 수 있을 만큼 학식을 갖춘 것으로, 인정받는 최고의 학위 또는 그에 준하는 자격을 소지한 사람이다. 곧 지식의 선봉장이다. 이런 박사들을 만들어 내는 대학(大學)을 사람들은 위기라고 말한다. 대학의 사전적 의미는 국가와 인류 사회 발전에 필요한 학술 이론과 응용 방법을 교수하고 연구하며, 지도적 인격을 가르치는 곳이다.

이런 지도적인 인격자를 길러 냈다면 오늘날 세계가 이렇게 혼란스러울 수 있겠는가. 대한민국만 하더라도 박사들이 넘쳐나고, 석학들도 많아졌다. 세계 또한 고대부터 현재까지 철학과 과학과 수학의 대가라고 불리는 사람들은 더 늘어났다. 인류의 평화를 위해 봉헌했다고 하는 자들도 넘쳐난다. 그러나 세상은 이전 세상이나 현재나 변한 것이 없다.

『뉴욕타임즈』는 옛날에는 대학이 사람을 깨우쳐 주는 곳이었지만 이제 대학에서 학위를 받는다는 것은 그저 가문의 영광이며 개인의 영광일 뿐 그 외에 의미가 없고 대학 입시는 쓸데없는 경쟁이라며 대학의 위기를 말하고 있다. 그러니 유발 하라리도 인간이 자꾸 불행해지는 것에 대해 세상에 '왜?'라는 질문을 던진 것이다.

세계 석·박사가 기하급수적으로 늘어났지만, 인류 질서는 더 파괴되고 자국 이익만을 위한 정책들로 무력을 사용해 전쟁을 일으키며 서로 시기하고 미워하고 있다. 대학의 의미처럼 국가와 인류 사회 발전에 필요한 학술 이론과 응용 방법을 교수하고 연구한 지도적 인격자들이 진정 탄생했다면 지구촌은 평화를 유지하고 조화롭게 살아가고 있을 것이다. 수많은 석학이 태어났지만, 정답을 말하고 제대로 된 미래를 제시하는 자는 그 누구도 없었다. 대학은 진정한 지도적 인격자를 길러 내지 못했다.

이제 사람들은 대학의 위기를 말한다. 지식의 산실이라 불리던 위상은 갈수록 떨어지는 상황에서도 대학은 지식을 독점하던 상아탑 시대의 낡은 관습에서 탈피하지 못하고 있다. 이런 낡은 관습에서 탈피하지 못하는 사이, 많은 사람은 대학에 가지 않더라도 다양한 지식을 전문가 못지않게 접할 수 있게 됐다. 이는 SNS와 인공지능으로 교체되는 지식 대중화에 구글, 애플, 네이버, 삼성 등 대기업마저 교육 사업에 뛰어들면서다. 자신들은 고급 지식을 제공한다며 교육 방송사가 생기고, 돈을 벌게 해 주는 경제 방송이 생겨 정보를 돈으로 사고파는 시대가 됐다. 이렇게 변화한 지식의 형태는 모든 사람을 다양한 정보로 초대했다.

이렇게 지식의 향연이 넘쳐나게 만들어 준 계기는 앞서 살펴본 바와 같이 인쇄술의 발달이다. 인쇄술 발달로 많은 정보를 얻게 돼 깨어난 시민들은 프랑스 시민혁명을 통해 인권선언을 만들었다. 이로써 유럽 사회에 개인주의와 자유주의의 확산을 가져왔다. 그러나 이렇게 새로 일은 자유주의의 확산은 엄청난 사회적 문제점을 낳았고, 반성적 고려로 집단주의적 사상이 등장하게 된다.

하지만 집단주의적 사상은 인간을 기계 속 하나의 부품에 지나지 않게 여기며 집단을 위해 개인의 인권 존중은 인정되지 않는 폐단을 낳았다. 이렇게 다양한 지식의 향연으로 인간은 이론과 논리를 내세우고 가설을 만들어 자신이 옳다고 주장했다. 집단은 집단의 이익을 위해. 이렇게 지식을 탐한 사람들은 지식으로 부자가 됐고 새로운 권력 집단들이 탄생했다.

정보 공유가 입을 통해 전달되는 시대에서, 인쇄를 통해 종이로 옮겨 가던 시대를 넘어 SNS와 인공지능으로 교체되는 지식 대중화로 새로운 미디어 환경이 디지털 기술을 중심으로 급속히 변화하고 있다. 이렇게 넘쳐나는 지식의 향연 속에 인간의 무지 또한 넘쳐나고 있다. 이로써 인간은 자신들이 지식의 최고점에 도달했다고 자부했다.

이를 가리켜 슬로베니아 출신의 철학자이자 사회학자 레나타 살레츨은 『알고 싶지 않은 마음』에서 지식 기반 경제가 강조되는 시대에 개인 스스로가 지식의 부족함을 인정하는 것이 쉽지 않다고 했다. 이것을 가리켜 '이케아화'라고 표현했다. 이케아화 현상은 사람들이 자신의 지식이 부족하다는 사실을 인정하기를 주저한다며 그러나 정작 이 지식을 영리를 목적으로 하는 기업으로부터 가져온다고 꼬집었다.

또 이런 무지에 대해 미래학자인 엘빈토플러는 21세기 문맹은 읽지 못하고 쓰지 못하는 사람이 아니라 배우려 하지 않고 낡은 지식을 버리지 않은 사람이 될 것이라고 진단했다.

이는 지식을 알았으나 그 지식을 정보로 서로 연결하지 못하고 지식(자기 생각) 안에 갇혀 버린 자, 곧 필자는 이를 가리켜 '얼(정신)이 성숙하지 않은 어른'이라고 명명한다.

[골로새서 2장 8절] 누가 철학과 헛된 속임수로 너희를 노략할까 주의하라 이것이 사람의 유전과 세상의 초등 학문을 좇음이요 그리스도를 좇음이 아니니라

역사서인 성경 골로새서 2장에서는 세상 최고의 학문이라고 하는 철학을 가리켜 '헛된 속임수'라고 말하고 있다. 이 헛된 속임수인 철학이 각종 이론을 만들어 우리의 영혼을 훔쳐 갔다고 표현했다. 하여 세상의 최고 학문이라고 하는 철학을, 성서는 초등학문 같다고 비유한 것이다.

'신인합일'로 시작한
동방예의지국 대한민국

　진정한 철학은 무엇인가. 철학이란 세계와 인간의 삶에 대한 근본 본질, 세계관 등을 탐구하는 학문이다. 철학(哲學)의 한자를 풀어 보면 더 명확해진다. 철은 밝은 철로 '밝다'는 뜻이다. 곧 사리에 밝다는 것이다. 사리에 밝다는 것은 '세상 이치 돌아가는 것'을 안다는 것이다. 세상 돌아가는 이치를 알았다면 철학이라는 학문은 인간의 '생로병사(生老病死)'로 돌고 도는 이치를 풀었어야 했다.

　고린도후서 10장 5절의 말씀처럼 모든 이론을 파하는 오늘날은 인간의 생로병사에 대한 문제가 확실히 풀어지는 시점이다. 생로병사가 풀어지는 이 시점에 우리가 다시 생각해야 할 것이 있다. 우리의 가치관이다. 어떤 가치관을 가지고 살아가야 하느냐는 것이다. 이것은 바로 세통관인 홍익인간 재세이화다. 대한민국에 '홍익의 가치관'을 확립하고 세상 만방이 돌아가는 정확한 이치와 자연의 이치를 통해 사회적 융합을 끌어낼 도통군자(道通君子)의 출현이 있을 것이다. 이들이 세계 평화를 이루는 기초석이 될 것이다.

대한민국에 이런 도통군자 출현에 대해 명나라 말 대학자이자 예언가로 진사 벼슬을 했던 주장춘(朱長春)도 풍수지리설(風水地理說)에 따라 진인도통연계(眞人道通聯系)를 예언했다. 주장춘은 지리(地利)의 이치로 공자, 석가, 예수의 탄생과 마지막에 문명의 통일을 이루는 도통군자(道通君子)가 대한민국에서 나올 것을 예언했다. 성경에서도 도통군자, 곧 진인(眞人)들이 동방에서 탄생한다고 예언돼 있다.

조선의 예언가 남사고는 이것을 가리켜 '서기동래(西氣東來)'라 예언했다. 대한민국에서 시작한 신의 역사가 아담의 죄로 인해 서쪽으로 기울었다. 하여 지금까지 서양의 물질문명이 세상을 지배해 왔다. 하지만 서양의 물질문명에서 다시 동양의 정신문명으로 회복하는 역사가 이어진다는 얘기다. 다시 말해 서양문명은 보이는 현상의 세계를 지배하고 창조해 왔다면, 대한민국이 회복(回復: 원래의 상태로 돌이키거나 원래의 상태를 되찾음)하는 역사는 보이는 세계는 물론, 보이지 않는 정신세계도 회복해 사람이 정말 사람답게 사는 '홍익의 새 시대를 창조'한다는 것이다.

다음은 주장춘이 대한민국에 도통군자들의 탄생을 예언한 진인도통연계설이다.

[명나라 주장춘 진인도통연계] 산지조종(山之祖宗)은 곤륜산(崑崙山)이니 원명(原名)은 수미산야(須彌山也)라.

산의 근원은 곤륜산이니, 본래 이름은 수미산이다. 부연하자면 이 곤륜산을 기반으로 한 나라가 천손 민족인 대한민국이다. 이 곤륜산은 창세기 동방의 에덴동산이다. 에덴동산에서 강이 발원해 동산을 적시고 거기서부터 4근원이 갈라졌다.

[제1맥] 곤륜산제일지맥(崑崙山第一枝脈)이 입우동해(入于東海)하여 생유발산(生儒拔山)하고 유발산(儒拔山)이 생니구산(生尼丘山)하여 기맥칠십이봉(起脈七十二峯)이라. 고(故)로 생공자(生孔子)여 공자(孔子)는는 칠십이명도통야(七十二名道通也)라.

곤륜산의 제1맥이 동해 쪽으로 뻗어 나가 생기를 발하고, 유발산이 니구산을 낳아 72봉을 맺으니라. 공자가 니구산 정기를 타고 태어나 이 니구산 72봉의 기운으로 그의 제자 72명이 배출된다.

[제2맥] 곤륜산제이지맥(崑崙山第二支脈)이 입우서해(入于西海)하여 생불수산(生佛秀山)하고 불수산(佛秀山)이 생석정산(生釋定山)하여 기맥사백구십구봉(起脈四百九十九峯)하니 고(故)로 석가모니(釋迦牟尼)는 사백구십구명도통야(四百九十九名道通也)라.

곤륜산의 제2지맥이 불수산을 낳고 불수산이 석정산을 일으켜 499봉이 솟는다. 석가모니가 이 석정산의 정기를 타고 왔나니 그의 도통제자 499명 나온다.

[제3맥] 곤륜산제삼지맥(崑崙山第三支脈)이 입우서해(入于西海)하여 생감람산(生橄欖山)하고 기맥십이봉(起脈十二峯)하니 운재자오묘유(運在子

午卯酉)라. 고(故)로 생야소(生耶蘇)하여 야소(耶蘇)는 이십영도통야(十二名道通也)라.

곤륜산 제3지맥이 서쪽으로 뻗어서 감람산(올리브산)을 낳으니 이 예언에 따라 12제자가 나온다.

[제4맥] 곤륜산제사지맥(崑崙山第四支脈)이 입우동해(入于東海)하여 생백두산(生白頭山)하고 백두산(白頭山)이 생금강산(生金剛山)하여 기맥일만이천봉(起脈一萬二千峰)이라. 고(故)로 생증산(生甑山)하여 천지문호모악산하(天地門戶母嶽山下)에 도출어오야(道出於熬也)라. 고(故)로 일만이천명도통야(一萬二千名道通也)라.

곤륜산 4지맥이 동방의 영산 금강산의 정기를 타고 1만 2천 도통군자가 탄생한다. 이들은 모악산 아래서 출세한다.

이 예언의 핵심은 나라별로 선인(仙人)의 탄생을 예고한 것이다. 그동안 나라별로 선인이 탄생해 그 시대를 이끌었고 지금은 성인의 반열에 올랐다. 하지만 마지막 때는 금강산 정기를 타고 1만 2천 도통군자가 출현해 모악산 아래서 인류 구원의 대도, 즉 평화 세상을 이룬다는 예언이다.

현재까지 공자, 석가, 예수의 시대를 거쳤다. 주장춘의 예언으로 본바 금강산 정기 따라 1만 2천 도통군자들이 모악산 아래서 출세하는 예언만 남았다. 이들이 후천개벽을 열어 새 시대를 연다. 애국애족(愛國

愛族)하는 단체나 민족종교나 선도 수련하는 단체 등이 금강산의 정기를 타고 1만 2천 도통 군자가 탄생해 모악산 아래서 출세한다는 예언을 나름대로 풀어내고 있다.

성경 66권 중 맨 끝장인 요한계시록에도 이와 같은 말씀이 있다. 요한계시록 7장에는 '살아 계신 하나님의 인(印)을 가지고 해 돋는 곳(동방)'에 올라온 천사가 사람들의 이마에 인을 찍는 사건이 있다. 그런데 이들은 예수의 12제자를 기점으로 만들어진 12지파로 1지파당 1만 2천 명씩 살아 계신 하나님의 도장을 찍어 14만 4천 인으로 만든 조직이다. 이 14만 4천 인은 시온산에서 새 노래로 만국(萬國)을 소성하는 사명이 있다(요한계시록 14장). 이들이 피조물인 만물이 학수고대하는 하나님의 아들들이다(로마서 8장 19절: 피조물의 고대하는 바는 하나님의 아들들의 나타나는 것이니).

해 돋는 곳은 어디인가? 바로 대한민국이다. 한 지파당 1만 2천 명씩 하나님의 도장을 찍어 14만 4천 인이 탄생한다. 성경에서 본 바 아브라함은 육적인 혈통으로 12지파를 탄생시켰다. 후에 오신 예수께서는 이스라엘의 육적인 이 혈통을 깨고 영적인 혈통(누가복음 8장 11절: 씨는 하나님의 말씀) 말씀의 씨로 12제자를 창조했다. 하여 인류 모든 사람이 하나님의 자녀가 되는 권세를 받게 된 것이다(요한복음 1장 12~13절: 영접하는 자 곧 그 이름을 믿는 자들에게는 하나님의 자녀가 되는 권세를 주셨으니, 이는 혈통으로나 육정으로나 사람의 뜻으로 나지 아니하고 오직 하나님께로서 난 자들이니라).

해 돋는 곳에서 살아 계신 하나님의 인을 가지고 와 도장을 찍는다는 표현은 창세기 1장 26~27절에서 본 바와 같이 하나님의 모양과 형상 대로 창조돼 도장 찍은 사람과 같다. 예로부터 도장은 성스러운 물건이 었다. 단군의 아버지 환웅도 천제이신 환인으로부터 천부인(天符印)이 라는 하늘의 증표를 받아 이 땅에 내려왔다. 이들은 곧 하나님의 소유 됨을 알 수 있다. 신의 모양과 형상대로 창조됐으니 우주의 삼라만상의 섭리를 통달한 이들이다. 이들을 창조주께서는 만물의 영장으로 세워 주신 것이다. 곧 이들이 도통군자(道通君子), 즉 '깨달음을 얻어 도(道, 요한복음 1장 1절)를 통해 신과 같이 된 자들'이다. 이들은 도를 바르게 알고 진리를 깨닫고 통달해 말씀과 하나 된 사람, 모든 도를 넘나들며 진리를 말하는 사람이다(요한복음 10장 35절: 성경은 폐하지 못하나니 하나님의 말씀을 받은 사람들을 신이라 하셨거든).

이와 같이 모든 동서양의 예언처럼 신과 같은 도통군자들이 탄생한 다. 이 사람들이 유발 하라리가 말하는 진정한 호모데우스다.

그렇다면 도통군자가 탄생하는 모악산과 시온산은 어떤 산인가. 시대 마다 신의 역사는 산에서 이루어졌다. 먼저는 7대 환인 시대는 천산(天 山)에서 시작했다. 신시 배달국 시대를 연 환웅은 태백산(太白山)에서 역사했다. 고조선을 폐관한 47대 고열가 단군도 나라를 닫은 후 산으로 올라가 신선이 됐다.

먼저 신과 같은 도통군자들이 금강산 정기 따라 모이는 모악산은 어 떤 의미인가. 모악산은 전북 완주군 구이면에 있으며 '어미 모(母)'에 '큰 산 악(嶽)' 자의 한자를 쓴다. 어미 모(母)자는 말 그대로 어머니를 뜻한 다. 지구 어머니를 뜻하는 '마고'로 풀이하기도 한다. 이처럼 어머니는 자녀를 양육하고 길러 내는 온유함으로 자녀들을 출가시킨다. 이를 교육자와 비교할 수 있다. 하여 사도바울은 자신이 전도한 디모데를 아들로 표현했다(디모데전서 1장 18절: 아들 디모데야 내가 네게 이 경계로써 명하노니 전에 너를 지도한 예언을 따라 그것으로 선한 싸움을 싸우며).

또 예수의 계시 말씀으로 전도하는 사도바울 자신을 어머니가 아이를 낳는 것에 비유했다(갈라디아서 4장 19절: 나의 자녀들아 너희 속에 그리스도의 형상이 이루기까지 다시 너희를 위하여 해산하는 수고를 하노니). 이와 같은 이치로 모악산은 어머니 같은 마음으로 도통군자를 양육해 정신문명을 꽃피우는 것을 비유한 산이다. 곧 널리 사람을 이롭게 하기 위한 홍익의 세상으로 치리할 리더들이 나오는 곳이다.

또 모악산(母嶽山)의 '악(嶽)' 자를 파자해 보면 '뫼 산(山)'에, '옥 옥(獄)' 자다. '옥 옥(獄)'의 조합은 '개사슴록변 견(犭)'에 '말씀 언(言)', '개 견(犬)'이다. 이는 이 산에는 '개 같은 소리'가 없다는 뜻이다. 개소리가 없다는 것은 곧 지옥(地獄)이 없어 평화롭다는 뜻이다. 곧 천국이다. 지옥(地獄: 개소리가 없는)이 없는 모악산은 시온산이라 할 수 있다. 시온산에는 요한계시록 14장에서 본 바 하나님과 예수님이 있으신 곳으로 천국이다. 이런 시온산도 모악산처럼 실제 존재하는 산이다. 예루살렘 성전의 시온문(다윗의 문) 밖에 있는 산으로 해발고도 765m이며, 유대인들에게는 정신적인 고향이자 종교의 중심지다.

이 시온산도 모악산도 실제로 존재하는 육적인 산을 빙자한 영(이면 裏面: 겉으로 나타나거나 눈에 보이지 않는 부분)적인 산으로 비유한 산이다. 인산인해(人山人海), 즉 사람이 산을 이루고 바다를 이루었다는 뜻으로, 사람이 수없이 많이 모인 상태를 이르는 비유한 산이다. 예로부터 수양(修養: 몸과 마음을 갈고닦아 품성이나 지식, 도덕을 높은 경지로 끌어올리는 법을 터득)을 위해 산을 찾았던 것을 오늘날 비유가 풀어질 영적인 산을 비유한 것이다.

옛 선현들은 산으로 가서 수신제가(修身齊家)했다. 수신제가는 나를 알고 타인을 이해하고 더 좋은 세상을 위해 성통공완(性通功完: 도를 통해 깨달음이 이루어지는 일)의 목적이 있었다. 21세기 접어들어서는 진정한 도를 닦는다는 것은, 참다운 지식을 알고 역사를 바로 배우는 것이다.

공자는 참다운 지식이란 '사람을 아는 것'이라 했다. 사람을 알기 위해 흘러간 역사를 통해 삶과 지혜와 교훈을 얻을 수 있다. 진정한 교훈을 얻으면 마음이 변화된다. 이 변화된 마음을 교훈 삼아 인간을 이롭게 할 미래를 설계한다. 곧 현재 '나'라는 존재는 미래의 '나'라는 의미다. 하여 참다운 나를 발견한 자가 곧 도통군자요, 이 세상에 홍익의 씨를 뿌릴 수 있는 자들로 이들이 만물이 학수고대하며 기다리고 있는 하나님의 아들들이라 한다.

이러한 자들이 영적인(이면적) '시온산', 곧 '모악산'에서 출현한다. 이들이 만드는 세상이 인간을 널리 이롭게 하는 홍익인간 이화세계 세상이며, 플라톤이 주장한 소수의 지혜(智慧/知慧: 사물의 이치를 빨리 깨닫고 사물을 정확하게 처리하는 정신적 능력)를 사랑하는 자들이 다스리는 철인정치(이상국가)다. 이들이 진정한 홍익의 세상을 만들어 백성을 영원한 평화를 유산으로 남겨 줄 지도자들이다.

이렇듯 동서양의 역사 속 예언서에는 어지러워진 세상 끝에는 정의로운 새 일꾼들이 나타나 만국(萬國)을 정화해 새로운 세상을 만든다는 행복한 결말이 있다.

이 모든 예언이 땅끝 동방을 향해 있다. 경천애인(敬天愛人), 즉 하늘을 사랑하고 숭배하며 사람을 사랑하는 사상을 가진 대한민국은 하나님께서 마지막으로 사랑해 숨겨 놓은 땅이었다. 유대민족을 선민으로 택하신 이유는 이 나라가 이 세상에서 가장 작은 나라인 까닭이었다(신명기 7장 7절: 여호와께서 너희를 기뻐하시고 너희를 택하심은 … 너희는 모든 민족 중에 가장 적으니라). 현재는 대한민국이 세상에서 가장 작은 나라가 됐다. 하나님의 능력이 보이는 날이 얼마 남지 않음을 시사한다.

하나님은 세상에서 가장 작은 나라를 통해 하나님의 능력을 보이시고 하나님께로 인간들이 다시 돌아오기를 바라셨다. 그러나 유대민족은 시대 시대마다 하나님을 배반했다(이사야 1장 1~2장 4절). 그러자 하나님은 이제 새로운 민족을 통해 하나님의 역사를 시작할 것을 예언하셨다. 이것은 이 성서가 땅끝까지 전파된 후다.

하나님은 모세를 통해 창세기의 대략 들려주고 기록하게 했다(창세기 2장 4절). 창세기에는 신이 세상을 창조하는 모습이 있고, 아브라함을 통해 육적으로 낳은 혈통으로부터 하나님의 사환으로 충성한 모세의 정확한 족보, 연대와 역사와 문화가 기록돼 있다.

그런데 이렇게 신으로부터 시작한 문명(文明)을, 인간의 교만으로 자신들이 자의적(恣意的: 제멋대로 하는 생각)으로 문명이라고 정의 내리고 자신들이 창조해 낸 것이 최고라며 자만으로 살아왔다.

문명(文明)의 한자를 파자하면 '글월 문(文)'에 '밝은 명(明)'이다. 이것은 말로만 있던 글이, 밝히 우리가 볼 수 있도록 '실체(실상)'로 나타났다는 의미다. 또 생각으로 머물던 이론이 현상으로 나타나 물질화된 것이다. 이것을 가리켜 예수님이 예언, 즉 글로만 존재하다 육신이 돼 현실에 실상으로 나타났다는 것이다(요한일서 1장 1~2절: 태초부터 있는 생명의 말씀에 관하여는 우리가 들은 바요 눈으로 본 바요 주목하고 우리 손으로 만진 바라, 이 생명이 나타내신 바 된지라 이 영원한 생명을 우리가 보았고 증거하여 너희에게 전하노니 이는 아버지와 함께 계시다가 우리에게 나타내신 바 된 자).

이것을 다른 말로 '역사'라 한다. 역사(歷史)는 '인류 사회의 변천과 흥망의 과정 또는 그 기록'이다. 하여 성경은 가장 확실한 역사라 할 수 있다.

[요한복음 1장 14절] 말씀이 육신이 돼 우리 가운데 거하시매 우리가 그 영광을 보니 아버지 독생자의 영광이요 은혜와 진리가 충만하더라

위 말씀에서 본 바 예언의 문자로만 돼 있던 글이 육신이 돼 우리 앞에 밝히 나타났다. 이것을 가리켜 문자로만 예언이 기록돼 있을 때는 실체가 나타나기 전까지는 '이럴 것이다' 혹은 '저럴 것이다'라며 희미하게 알지만, 예언의 실체가 나타나면 얼굴과 얼굴을 보는 것과 같이 확실히 알게 되는 것이다(고린도전서 13장 12절: 그때에는 얼굴과 얼굴을 대하여 볼 것이요 … 내가 온전히 알리라). 이것이 글이 명확하게 실체로 밝히 나타난 최고의 문명(文明)인 것이다.

하여 모세를 통해 하나님이 기록한 모세 5경과 그 외 약 35명에서 40

명가량 선지자를 통해 기록된 성경 66권은 최고의 베스트셀러 책이며 종교 서적이요, 역사서요, 교훈서요, 미래에 대한 예언서요, 세상의 모든 지식과 지혜와 보화가 담겨 있는 책이다. 이스라엘 민족을 통해 하나님은 성서에 역사부터 이들의 족보도 연대별로 정확하게 기록했다. 또 유대인들 흥망성쇠를 이곳에 기록해 놓고 성경에 약속한 대로 이뤄가고 있는 것이 세계사며 유대인의 역사다.

앞서 살핀 바와 같이 모세를 통해 유대민족과 약속하신 하나님은 이들이 바로 하나님을 배도(背道: 등을 돌려 다른 길로 가다)하고 다른 신을 섬길 것을 예언했다(신명기 32장 15절). 이 예언은 그대로 이뤄졌다(이사야 1장~2장). 이뿐 아니라 솔로몬이 하나님 외에 다른 신을 섬기자 이스라엘 나라가 두 쪽 날 것을 예언하시고 솔로몬의 아버지 다윗을 생각해 솔로몬 때가 아닌 아들의 손에서 나라를 빼앗아 아들의 신복(臣僕)에게 넘겨줄 것을 예언한다(열왕기상 11장 11장: 여호와께서 솔로몬에게 말씀하시되 네게 이러한 일이 있었고 또 네가 나의 언약과 내가 네게 명한 법도를 지키지 아니하였으니 내가 결단코 이 나라를 네게서 빼앗아 네 신복에게 주리라).

이 예언처럼 북이스라엘은 앗수르에게 멸망하고 남유다는 바벨론에 멸망한다. 하지만 하나님은 예레미아를 통해 예언하셨던 일을 이루시기 위해 70년 동안 유대민족을 사로잡은 바벨론을 망하게 한다(예레미야 25장 11절: 이 온 땅이 황폐하여 놀램이 될 것이며 이 나라들은 칠십년 동안 바벨론 왕을 섬기리라, 예레미야 25장 12절: 나 여호와가 말하노라 칠십 년이 마치면 내가 바벨론 왕과 그 나라와 갈대아인의 땅을 그 죄악으로 인하여 벌하여 영영히 황무케 하되, 내가 그 땅에 대하여 선고한바 곧 예레미야가 열방에 대하여 예언하고 이 책에 기록한 나의 모든 말을 그 땅에 임하게 하리니).

예언대로 70년 후, 유대민족은 본국으로 돌아온다. 이는 하나님이 바벨론을 멸망시킨 고레스 왕의 마음에 감동을 준 이유다.

[에스라 1장 1절] 바사(고대 페르시아) 왕 고레스 원년에 여호와께서 예레미야의 입으로 하신 말씀을 응하게 하시려고 바사 왕 고레스의 마음을 감동시키시매 저가 온 나라에 공포도 하고 조서도 내려 가로되, 바사 왕 고레스는 말하노니 하늘의 신 여호와께서 세상 만국으로 내게 주셨고 나를 명하사 유다 예루살렘에 전을 건축하라 하셨나니, 이스라엘의 하나님은 참 신이시라 … 예루살렘으로 올라가서 거기 있는 여호와의 전을 건축하라 너희 하나님이 함께하시기를 원하노라

위키백과에 따르면, 고레스 왕은 키루스 2세 보졸그(고대 페르시아어: 𐎤𐎢𐎽𐎢𐏁 , 페르시아어: کوروش‌بزرگ, Kurosch-e bozorg)는 테이스페스(Teispes)의 증손자이며 키루스 1세의 손자이자 캄비세스 1세의 아들이며 샤한샤이다. 그는 이란인들에게 건국의 아버지로 알려져 있다. 그가 태어나기 230여 년 전, 남유다 왕국의 선지자 이사야에 의해 그 이름과 사역이 예언돼 있다. 페르시아인의 지도자로서, 그가 다스리는 동안 페르시아는 서남아시아, 중앙아시아의 대부분을 정복하고 인도에 이르는 대제국으로 성장했다. 29년 동안 통치하면서 메디아, 신바빌로니아, 리디아를 굴복시켰다.

하나님은 예언을 이루시기 위해 페르시아 왕인 고레스를 통해 그 대단하던 바벨론 제국을 멸망시킨다. 이렇게 유대민족을 통해 세계의 역사를 운행하시는 신의 섭리를 봤다. 유대인의 성서 안에는 역사도, 교훈도, 미래에 대한 예언도, 예언을 이룬 성취 결과물도 분명히 존재하고 있다. 이것은 글월 문(文)과 같이 문자로 돼 있던 것이, 밝히(明) 세상에 출현한 문명(文明)이다.

이 같은 참문명은 신이 사람과 함께하는 것이다. 그래야 사람의 양심이 밝아져 신명(神明)을 밝힐 수 있다. 이제 때가 돼 신인합일(神人合一)을 이루어 인간은 신과 함께하게 된다. 이것을 가리켜 한민족은 천손(天孫)이라고 한다. 원래 인간은 하나님의 자녀로 부모가 자녀와 살 듯 함께 살았다. 하지만 아담의 범죄 후 떠나가심으로 인간사 생로병사가 들어와 이 굴레에 가둬 버렸다.

하여 종교(宗敎)는 영어로 'religion'이다. 곧 신과 인간을 연결한다는 뜻이다. 창세기 6장에서 본 바 하나님은 인간의 죄악으로 인간을 떠났으므로 인간은 끊임없이 신을 찾았다. 신과 연결되기 위한 역할을 하기 위해 종교(宗敎: 으뜸가는 가르침)가 생긴 것이다. 신과 연결되면 끊어진 생명 줄이 다시 연결되므로 이제 영원한 시대가 오게 된다. 이것이 릴리리야 릴리리야 잊었던 낭군(신랑 되신 예수)이 다시 돌아온다는 것이다. 신랑이 다시 돌아오면 영원히 떠나지 않고 신부와 더불어 영생한다고 돼 있다(고린도전서 15장 51~54절).

이제 과학도 영생을 이야기하고 있다. 몇 년 전 세계 최대 인터넷 기업 구글이 불로장생을 위한 생명 연장에 손을 뻗었다. 구글이 8,300억

원을 투자해 만든 '노화방지연구센터'에서 연구가 한창 진행 중이다. 유전공학자들은 유전자 편집을 통해 인간의 몸속에 있는 유전자를 모두 분석하고 이를 통해 불로장생의 꿈에 한 발 다가서고 있다고 주장하고 있다.

레즈 커즈와일은 『특이점에 온다』에서 건물 유지 보수하면 건물의 수명이 늘어나듯이 몸과 뇌도 마찬가지라고 주장했다. 덧붙여, 생화학 반응들에 대해 빠르게 지식을 습득하므로 곧 영생하는 날이 올 것이라고 말했다.

진시황은 39세 나이로 중국 땅을 최초로 통일해 세상의 모든 것을 가진 왕이었다. 그의 꿈은 생로병사의 굴레에서 벗어나 영원히 사는 것이었다. 진시황은 불로초(不老草)를 찾기 위해 신하인 서복을 대한민국 서귀포에 보낸다. 서복은 불로초를 찾기 위해 동남동녀(童男童女) 3천여 명을 이끌고 대한민국 서귀포에 이른다. 이들은 한동안 이곳에 머물다 끝내 불로초를 찾지 못하고 떠난다.

진시황은 스스로 진인(眞人)이 돼 신선(神仙)이 되려고 노력했지만 결국 죽음 앞에 무릎을 꿇었다. 많은 학자는 진인(眞人)이 되는 과정을 중국의 도교의 가르침으로 생각하고 있다.

도교는 신선사상(神仙思想)을 기반으로 무위자연설(無爲自然設: 사람의 힘을 더하지 않은 그대로의 자연의 경지)을 근간으로 하는 중국의 대표적인 민족종교이자 철학사상이다. 도교에서는 많은 신에게 제사를 지내는데, 이들이 최고신으로 모시는 신은 원시천존(元始天尊) 또는 옥황상제(玉皇上帝)다. 하늘과 땅이 분리되지 않고 혼돈으로 있을 때 최초로 생긴 신이다. 이들은 수련을 통해 불로장생 등 초인적인 힘을 얻으려 했다.

이런 도교의 출발은 대한민국이다. 불로장생(신선사상神仙思想: 도를 통달해 온몸에 병이 없어 무병장수하는 것)의 시원은 한민족사와 국통(國統)의 맥을 같이하고 있다.

지금 세대가 악하고 악하기 그지없는 세상이 됐다. 그러니 만물들도 하나님의 사람들이 나타나 만물을 소성(蘇醒: 잃어버렸던 정신을 되찾거나 깨어남)하길 그토록 원한다고 하지 않던가(로마서 8장 19절). 이 일을 해야 할 당위성을 가진 대한민국은 세계 민족 중 동방예의지국(東方禮儀之國)이다. 이는 우리가 그렇게 부른 것이 아닌 앞서 본 바와 같이 중국인들이 예로부터 우리나라를 '예의 밝은 민족의 나라'라고 불렀다.

『산해경(山海經)』에도 중국인들은 우리나라를 '해 뜨는 동방의 예의지국' 또는 '군자국(君子國)'으로 일컬어 왔다고 기록돼 있다. 중국의 공자도 조선에 가서 예의를 배우며 사는 것이 소원이라 했다. 조선은 풍속이 순후하여 길을 가는 이들이 서로 양보하고, 음식을 먹는 이들이 먹을 것을 미루며, 남자와 여자가 따로 거처해 섞이지 않으니 공자마저도 살고 싶어 했던 '예의의 땅'이었다.

그런데 어찌하여 대한민국이 앞서 살펴본 바와 같이 건강한 나이대인 10대부터 30대까지의 자살률 1위가 됐을까. 최근 일어나고 있는 묻지마 폭행과 살인으로 공포에 떠는 대한민국이 됐다. 이것은 역사의 정체성을 잃어버렸기 때문이다. 질풍노도의 청소년 시기에 정확한 정체성을 찾을 수 있도록 도와줄 수 있는 역사, 곧 나의 뿌리와 앞으로 살아갈 방향을 제시할 수 있는 역사의 부재로 사람들은 헤매고 있다. 이제 산으로 올라가는 것이 아니라 정확한 역사의식을 심어 인간에게 있는 홍익의 DNA를 깨워야 한다.

중국인인 주장춘이 대한민국에 1만 2천 도통군자설을 예언했고, 성경은 지금으로부터 약 3500년 전에 최초 문명국가인 수메르, 즉 메소포타미아 문명 뒤에 꽃피운 이집트(애굽) 문명의 역사 속에서 모세를 통해 기록했다. 이렇게 전 세계인이 믿고 있는 중요 성서이며 앞서 살펴본 바와 같이 세계를 움직이고 있는 이스라엘의 역사서의 맨 끝장인 요한계시록이 대한민국 동방을 가리키고 있다. 이 역사서에서 만국을 평화의 세상으로 소성하는 14만 4천 인이 탄생하는 곳을 '해 돋는 곳'이라 칭하고 있다. 이 해 돋는 곳을 지리적으로 풀어 봐도 가장 동쪽의 대한민국이 아닌가.

예수님 탄생 후 이스라엘은 자기 땅에 구원자 예수가 오매 자기 백성이 영접지 아니했다. 그러자 예수는 육적인 혈통을 끝내고 영(靈: 정신)적인 시대를 열었다. 이 영적 시대를 열어 주신 하나님의 역사가 어디서 다시 시작됐는가. 바로 대한민국이다. 대한민국으로 온 하나님의 역사는 1903년 원산 부흥운동, 1907년 평양 대부흥운동, 1910년의 백만명구령운동을 일으켰다. 곧 지리적으로 끝판에 있는 극동 아시아 대한민국 해 돋는 곳에서 진짜 하나님의 역사가 일어나기 시작한 것이다.

극동 아시아(한국, 몽골, 중국, 일본 등) 중 가장 일찍 해가 뜨는 조선(朝鮮). 하여 중국도 대한민국을 가리켜서 해 뜨는 동방의 예의지국(君子國)으로 일컬었다. 얼마나 아름답고 예의가 바른 나라였으면 공자도 뗏목을 타고 조선에 가서 예의를 배우는 것이 소원이라고 했겠는가. 이러한 대한민국이 정체성을 바르게 찾기만 하면 세계 초강대국을 넘어서 정신 지도국으로 선생의 나라가 돼 영원한 세계 평화를 유산으로 남겨 줄 수 있다.

'뿌리 깊은 나무는 바람에 흔들리지 않는다.'라는 말처럼 뿌리가 있어야 어려움이 닥쳐와도 흔들림 없이 나아갈 수 있다. 뿌리를 내릴 수 있도록 도와줄 수 있는 것은 역사다. 우리는 역사를 통해 교훈을 얻고, 이 교훈은 우리의 거울과 경계가 되며 미래를 내다볼 수 있는 청사진이다.

앞서 본 바 제47대 고열가 단군이 고조선의 운이 다 됐음을 알고 피를 토하는 심정으로 2천 년 후를 약속하며 나라를 폐관하고 산으로 가 신선이 됐다. 하여 지금까지 홍익을 잊어버린 채 남의 나라 정신으로 살아왔다. 동방예의지국이라 조선에 와서 예를 배우고 싶다는 극찬받으면서도, 공자의 가르침인 삼강오륜(三綱五倫)을 강조한 유교 사상을 최고의 도덕 지침이라고 오랜 세월 지켜 왔다.

공자의 삼강오륜과 더불어 인의예지신이란 무엇인가. 먼저 삼강은 군위신강(君爲臣綱), 부위자강(父爲子綱), 부위부강(夫爲婦綱)으로 글자 그대로 임금과 신하, 어버이와 자식, 남편과 아내 사이에 마땅히 지켜야 할 도리다. 오륜은 부자유친(父子有親), 군신유의(君臣有義), 부부유별(夫婦有別), 장유유서(長幼有序), 붕우유신(朋友有信)으로 아버지와 아들 사이의 도(道)는 친애(親愛)에 있으며, 임금과 신하의 도리는 의리에 있고, 부부 사이에는 서로 침범치 못할 인륜(人倫)의 구별이 있으며, 어른과 어린이 사이에는 차례와 질서가 있어야 하며, 벗의 도리는 믿음에 있음을 뜻한다.

공자의 정치사상을 정리하자면, 덕(德)과 인(仁)으로 말할 수 있다. 공자가 세상을 떠난 후 스승과 나눈 이야기를 모아『논어』를 저술했다. 『논어』에 따르면 모든 행동의 궁극적 지향점이 바로 '인(仁)'에 있다고 표현하는데, 인이란 '사람을 사랑하는 것'으로 정리한다. 지식은 '사람을 아는 것'으로 정의했다. 이 인 사상은 의(義), 예(禮), 지(智), 신(信) 정신으로 이어진다. 결국 사람을 연구하고 알아서 사람을 사랑하라는 것이다. 이 사상은 공자가 태어나기 2천 년 전 단군조선이 나라를 세우면서 내세운 건국이념인 '홍익인간 이화세계'와 같은 의미로 볼 수 있다.

단군 고조선은 기본 3대 경전(『천부경』·『삼일신고』·『참전계경』)을 중심으로 수행(修行)하던 나라다. 모든 백성은 수행을 통해 나를 낳아 준 부모에게 효도하며, 나 자신을 발견하고 국가에 충성하는 충성심과 전체를 바라보는 도(道)의 경지를 배웠다. 이것이 효 · 충 · 도 정신이다.

특히『삼일신고』에는 지감(止感) · 조식(調息) · 금촉(禁觸)을 통해 도의 경지에 이르기를 바라는 이론이 있다. 지감이란 느낌을 그친다는 것으로, 느껴지는 감정을 그치고 내면의 순수함을 찾아 내부 의식으로 들어가는 수련을 말한다. 순수 내부 의식과 만나면 후에는 모든 자연 만물과 하나 돼 우주 일체를 느끼게 된다.

조식이란 호흡(숨)을 고른다는 뜻이다. 들이쉬고 내쉬는 숨을 통해 정신과 기운을 가다듬고 기운의 세기도 강 · 약으로 조절해 마음을 바꾸는 것이다. 이렇게 숨을 통해 자신을 바르게 조절하면 몸과 마음이 맑아져 몸의 평화를 이뤄 이로써 마음의 도를 스스로 닦을 수 있다.

금촉은 부딪침을 금한다는 뜻이다. 지감, 조식을 통해 일체의 감각적

욕망을 끊어 내며 본능으로부터 자유로워져 모든 것을 초월하는 경지에 이른다. 이런 상태가 되면 나는 누구이며 어떻게 살아가야 하는지에 대한 생명 근원을 깨닫게 되므로 도통군자가 되는 것이다. 이는 선도 수련 또는 국선도, 풍류도, 현묘지도, 신선도 등 여러 이름으로 불리던 수련법이다.

단군 고조선에서는 이렇게 심신 수련을 통해 몸과 마음을 닦은 군자들이 모인 국자랑(國子郎)이 있었다. 이는 배달국의 제세핵랑(濟世核郎, 3천 명)의 맥을 이은 것이다. 국자랑들은 머리에 천지화(무궁화)를 꽂았으므로 '천지화랑(天指花郎)'이라고도 불렀다.

신라는 이를 받들어 화랑도를 양성했다. 신라는 국자랑과 같이 머리에 천지화를 꽂아 자신들을 나타냈다. 신라의 왕관은 이를 증명하고 있다. 신라 고분에서 출토된 금관과 금동관을 보면 머리띠형 광배에 세 개의 잔가지 모양의 솟은 장식이 붙은 외관 형식과 그 안쪽의 새 날개 모양으로 왕관을 만들었다. 이는 자신들이 단군 고조선의 맥을 이어 천지화를 꽂은 것을 형상화해 놓은 것임을 알 수 있다.

고구려 벽화에서도 천지화를 형상해 놓은 솟은 장식과 새 날개 모양의 장식을 찾아볼 수 있다. 고구려에는 단군 고조선의 국자랑과 같은 조의선인(皂衣仙人: 검은 옷을 입은 선인(仙人)이란 뜻, 나라가 위태로우면 목숨 바침)이 있었다. 고구려는 고조선이 다스렸던 광대한 영토를 다시 찾아 영광스럽던 옛 모습을 회복하기 위해 단군 고조선의 모든 정신을 잇겠다는 다물(多勿) 정신이었다.

이는 백제의 무절(武節: 싸울아비), 고려의 재가화상(在家和尙) 또는 국선(國仙) 등으로 계승됐다. 유교가 들어오면서 명맥은 이어 가지 못했으나 청렴결백했던 조선의 선비 정신, 갑오개혁, 3·1절 만세 운동 등으로 잠재적으로 표출됐다.

이렇게 심신을 단련해 자신을 지키는 것뿐만 아니라 공의를 위해 자신의 목숨을 바치는 수련법의 출발점은 중국 도교가 아닌 단군 고조선이었다. 국자랑이 아름다운 천지화(무궁화)를 머리에 장식한 것은 이름에서 보듯 '하늘의 꽃'이라는 뜻으로 천손(天孫)임을 알림과 동시에 하늘의 자녀로 아름다운 덕을 상징한 것이다. 무궁화(無窮花)는 피고 또 피는 영원한 생명력을 표현한 것이다. 이렇게 천손으로서의 긍지를 가지고 있던 이 정신은 단군왕검 아버지 환웅 시대로 거슬러 올라간다.

그런데 재미있는 사실은 이런 머리에 꽃을 장식하는 것이 다른 나라로 흘러갔다는 점이다. 고대 그리스 로마인은 여러 꽃으로 화관(월계관)을 만들어 경기에서 경쟁한 승자에게 씌웠다. 또 서양식 왕관을 보면 황금으로 만든 잎으로 만든 것이 있다. 스키타이 왕족의 고분에서도 꽃으로 만든 왕관을 발견할 수 있다. 이처럼 단군 고조선의 문화가 많은 나라에 영향을 미친 것을 알 수 있다.

현대문명 속에서도 아직 이런 맥을 잇고 있는 곳이 있다. 선도수련의 맥을 잇고 있다고 홍보하는 국선도 홈페이지에는 환인의 뜻을 받아 환웅으로부터 단군까지 그 맥을 이어 왔다고 강조했다. 삼국시대에는 고구려의 조의선인, 신라의 화랑도 등으로 이어졌다며 시대에 따라 풍류도, 화랑도, 풍월도, 정각도, 선도, 선법, 밝 받는 법, 국선도 등으로 전래하여 내려왔다고 전하고 있다. 또 단월드도 전통 심신 수련법을 전하고 있다고 홍보하고 있다.

특히 삼국을 통일시킨 신라는 단군 고조선의 심신 수련을 통해 몸과 마음을 닦은 화랑도를 통해 인재를 양성했다. 이로써 신라는 전통을 계승해 신라를 통일할 수 있는 원천을 만든 것이다. 단재 신채호 선생은 화랑도는 우리 민족 고대로부터 내려온 현묘지도 풍류도의 맥(脈)을 이었다고 말했다.

지금으로 따지면 초·중·고 시절에 이들은 모여서 수행을 통해 옳은 행실을 가르치고, 공동체 의식과 희생정신, 선량한 인간 정신 등을 수행했다. 요즘 체육(體育)과도 같은 이치지만 지금처럼 몸(육체)만 기른 것이 아니었다. 가장 중요한 정신 수양을 통해 나를 낳아 준 부모님께 효도하고, 이웃을 사랑하며, 나라에는 충성하는 효충도(孝忠道)의 정신을 배우며 건강한 정신을 길러 냈다. 하여 『산해경』에 기록된 대로 중국인들은 고조선의 단군처럼 신선(神仙)이 되는 것이 소원이었다.

이처럼 성경에도 만물이 고대하는 하나님의 아들들이 나타나면 인간사 생로병사의 문제가 해결된다. 곧 다시 영생의 시대가 열렸다는 것이다.

금강산의 정기를 타고 모악산 아래서 1만 2천 도통군자가 출세한다는 예언을, 많은 사람이 나름대로 열심히 풀어내고 있다. 이런 진인(眞人)들이 나오는 시대를 가리켜 격암 남사고는 '송구영신 호시절 만물고대 신천운(送舊迎新 好時節 萬物苦待 新天運)'이 온다고 예언했다.

인간을 노동 · 지식에서 해방시켜 줄 'AI'…
세계, 홍익 가치관 절실

세상은 변한 듯했지만, 근본적인 생각과 행위에는 변함이 없었다. 이쯤 우리는 다시 생각할 것이 바로 AI 생각하는 시대다. 특이점에 대한 인류의 생각은 일부 천문학자들의 생각까지 바꾸고 있다. 미국 세티(외계지적생명체탐사본부) 연구소의 천문학자 세스 쇼스탁 박사는 인류가 마주하게 될 외계인은 생화학적 룰을 따르는 것이 아닌 '지각 능력이 있는 기계'일 가능성도 있음을 염두에 둬야 한다고 주장했다. 이렇게 AI뿐 아니라 외계 생명체도 이 세상을 주도하는 할 것이라는 예측하고 있다.

이제 앞으로 인간은 무엇을 해야 할까? 어떤 대응이나 장담도 쉽지 않다. 물론 상위 1% 부자들, 기계를 조종하는 이들은 초현실화 세계로 들어가겠지만 그렇지 못한 나머지 99%는 어떻게 될까? 인간이 어떤 사상과 이념을 갖느냐에 따라 곧 열릴 초연결 · 초융합 · 초지능 사회가 어떤 문화를 창출해 낼지 이것은 인류에게 매우 중대한 시점이다.

이 시점 우리는 새로운 기준을 제시해야 한다. 닉 보스트롬 옥스퍼드 대학 철학과 교수는 초지능 AI가 노동력을 책임지게 되면 인류는 오락과 문화에만 심취할 수 있는 유토피아가 올 수 있다고 했다. 단, 인류가 AI를 원하는 방향으로 실계해 안전하게 운용해야 한다는 것이다. 어쩌면 너무 당연한 이야기다. 그는 만약에 인류가 AI를 통제하지 못하면 디스토피아를 맞이할 수도 있다고 경고했다. 유발 하라리도 알고리즘에 의해 인간이 사육당할 것과 인본주의는 자연스럽게 폐기될 것임을 경고했다.

하지만 문제가 있다는 것은 답도 있다는 것이다. AI는 결코 시간과 공간을 인간의 명령 없이 만들 수 없다. 그 답은 사람이 가지고 있다. 사람이 어떤 가치관을 갖고 AI를 만들었느냐에 달려 있다는 것이다.

답은 인간이 가진 뇌 속에 있다. 『삼일신고(三一神誥)』에서는 다음과 같이 알리고 있다.

"자성구자 강재이뇌 신(自性求子 降在爾腦 神)"
스스로 구해라. 너희 머리 꼴 안에는 '신의 정신'이 내려와 있다.

이는 '한얼 속에 한울 안에 한알', 곧 우리는 우주 만물 안에 한 울타리로 나라는 존재로 연결돼 있다는 것이다. 서로 각자인 것 같지만 우리는 하나로 연결된 생명나무라 할 수 있다. 생명이라는 한 그루 나무에 핀 각각의 꽃이지만 뿌리는 하나다. 모든 것은 다시 하나로 연결돼 있다. 모든 인간은 결국 '우리는 하늘 아래 하나'다.

너도 좋고 나도 좋은 '홍익'으로 돌아가는 것은 자국우선주의를 타파하고 지속 가능한 사회를 가능케 한다. 지속 가능한 사회를 위해서는 기업 경영이 '이익 극대화'에만 머물러서는 안 된다. 공동의 이익을 위해 협력업체 · 지역사회 · 국가 등 기업이 이들과 지속 가능한 경영을 위해 세통관을 확립해 초글로벌 경제 위기를 극복해야 한다.

최고의 가치를 신에게 부여받은 인간은 교만과 타락으로 환경파괴와 불평등의 대표적 부산물이 됐다. 이제 유발 하라리가 말하는 '데이터교'라는 허구 속에 파묻혀 허우적대지 말고 데이터교를 인간 삶의 질 높은 결합 방식으로 바꿔 보자. 나의 뇌 속에 욕망이라는 단어와 그것을 갈망하는 마음이 크면 욕망을 위해 달려가게 돼 있다.

하지만 그 정보를 욕망이라는 키워드 대신 '홍익'이라는 키워드로 전환하는 방법으로 바꾸자. 고귀한 뜻을 만들어 사회화시켜야 하며 이것을 새로운 구조로 만들어야 한다. 세계를 지배하고자 하는 이들은 자신들이 원하는 방향으로 프로그램으로 기획하고 환경을 만들어 사람들에게 가장 많은 시간을 들여 노출한다. 이렇게 함으로써 자신들이 기획한 프로그램에 사람들은 슬슬 빠지게 만든다. 지금까지 인류는 물질문명만을 바라는 이런 사악한 자들에 의해 발전돼 왔다.

하지만 이제 물질문명 시대의 끝이 왔기에 다시 정신문명의 꽃을 피워야 한다. 하여 필자가 주장하는 세계통합공유가치관, 즉 너도 좋고 나도 좋은 세상을 만드는 '홍익인간 이화세계' 이념으로 사람의 기준을 빠르게 재창조해야 한다.

고요한 아침의 나라 해가 뜨는 동방, 동방예의지국인 한민족의 홍익사상이야말로 인간을 가장 인간답게 해 주고 자연의 이치를 본래대로 돌이켜 줄 수 있다. 인간 본성을 회복해 진정한 참된 자아실현을 할 수 있는 유일한 답이다.

이제 인간은 지식의 높은 교만을 잠시 내려놓고 온 인류를 사랑하는

마음으로 초연결 시대를 맞이해야 한다. 오늘의 초연결 시대의 문명인
도 몇백 년 후에 비친 미래 세대에는 미개인처럼 보일지도 모르기 때문
이다. 아직 인간은 보이지 않는 기(氣: 곧 영靈)의 세계에 입장도 하지
못했다.

흙으로 돌아갈 인간은 이제 시간과 공간과 물질을 초월해 영원히 존
재하는 신(神)에게 돌아가야 한다. '만물의 영장'으로 세움 받은 인간은
신을 앞세워 같은 사람을 기만하고 심지어 자기를 창조한 신도 기만한
죄의 역사를 살펴봤다. 하지만 신은 인간을 버리지 않았다. 신은 '만물
의 영장'의 정수, '신인합일'로 시작한 동방예의지국 대한민국을 통해 다
시 만물의 영장으로 세워 생육하고 번성하며 평화를 이뤄 땅에 충만하
게 하려 하고 있다.

신령한 신의 세계를 사랑한 경천애인 사상을 근본으로 널리 인간을
이롭게 하는 마음을 가진 대한민국을 통해 신은 다시 한번 사람에게 기
회를 주고 있다. 이 소리에 이제 진정으로 귀 기울여야 한다. 대한민국
임시헌장(임시정부법령 제1호 1919년 4월 11일 제정) 첫머리에는 '신과
인간이 하나가 돼 나라 안팎으로 협력'하라고 선포하고 있다.

환인의 아들 환웅은 인간 세상에 관한 관심과 사랑이 많았다. 환인은
환웅에게 천부인 3개를 준다. 환웅은 천부인 3개를 가지고 바람과 구
름, 비를 다스리는 신하를 거느리고 세상을 조화롭게 다스렸다. 환웅이
정착한 곳은 태백산의 신단수 근처로 이 지역을 '신시'라고 불렀다.

환웅은 인간의 모양으로 태어났다고 무턱대고 마음에 드는 여자를 만
나 결혼하지 않았다. 환웅은 자신을 몸과 마음을 닦아 수신제가해 진정

한 도(道)를 깨달아 양심을 회복한 웅녀와 결혼한다. 환웅은 웅녀와 결혼한 후 아들을 낳는다. 이 아들이 왕검이다.

왕검은 본성을 회복하고 인간으로 재창조된 어머니 웅녀와 하늘의 임금인 환인의 아들 환웅에게서 태어났다. 이에 나라를 세우는 기초 이념을 '홍익인간 재세이화'로 건국했다. 그 열매를 보고 나무를 안다고 했다. 왕검이 건국한 고조선은 제사와 정치가 하나가 된 제정일치 사회로, 제1대 단군 왕검을 시작으로 제47대 단군 고열가까지 2096년간 태평성대를 누리게 된다.

인간이 신에게 신탁받고 통치하는 것이 아닌, 인간이 신을 사랑하며 신과 하나가 되는 신인합일(神人合一), 곧 하늘의 자손임을 천명했던 나라. 그런 사람들이 모여 나라를 이룬 대한민국. 잃어버렸던 본성인 홍익의 씨, 곧 '양심의 씨'를 회복해 신이 인간과 함께할 수 있는 조건을 갖춘 동방의 예의지국 대한민국.

인간이 잃어버린 양심을 회복할 때 본심(本心)이 살아나고 이 본심은 내 생각이 되고 글이나 말이 되고 행동이 된다. 이것이 홍익의 문화다. 이렇게 본심이 살아나며 신성이 함께하므로 '신령한 사람'으로 거듭나 정신을 차리고 살 수 있게 된다. 이 문화는 인류를 살리는 희망이 된다. 홍익인간 이념의 신성이 깨어나면 대한민국은 온 인류의 빛이 된다.

인간 '지식' 앞에 겸손,
'세통관'에 경건함 가져야

공자는 인(仁)은 사람을 사랑하는 것이고, 지식은 사람을 알아 가는 것이라 했다. 이것을 한마디로 표현하면 '홍익의 씨'다. 홍익의 씨가 피어나면 인간 양심이 깨어난다. 이것이 인류 평화의 싹이 된다. 곧 인류는 '홍익'이라는 새로운 이론으로 재창조(reset)된다. 이론은 사물의 이치나 지식을 해명하기 위해 논리적으로 정연하게 일반화한 명제다. 그동안 인류는 위기를 통해서 수많은 이론을 탄생시키고 또 소멸시키기도 했다.

네이버 지식백과에서는 이론(理論)을 개개의 여러 가지 사항을 통일적으로 설명하기 위해, 또 인식을 발전시키기 위해, 이미 인식되고 정식화된 경험적 법칙을 기본적 원리에 기초해 체계화된 것으로 설명하고 있다. 또 이론은 개념을 이용해 수행되는 객관적 실재의 반영 중 최고의 형태로, 과학의 본질을 이루는 부분이며 과학 연구의 주요한 목표라고 정의하고 있다.

이어 일반적으로 이론은 인간의 사회적 실천 가운데 실천이 제기하는 문제에 대한 사고상 해결 시도로서 가설의 형태로 제기된다. 이것은 실천(물질적 생산, 과학적 실험, 계급투쟁 등) 속에서 검증된다. 이렇게 진리성(객관적 대상과 그 발전 법칙을 충분히 반영하고 있는 것)이 확인된 가설은 이론이라는 지위를 얻어 객관적 진리로 된다고 설명한다.

그러면서 다만 그것은 어디까지나 상대적 진리라고 말한다. 왜냐하면, 인간의 인식은 실천의 발전과 함께(예를 들면 자연과학에 있어서는 연구의 기술적 수단의 거대화나 정밀도의 향상 등과 함께) 발전하고, 또 객관적 실재 그 자체도 무한히 발전하기 때문이다. 이론은 이처럼 실천을 기초로 실천의 요청에 부응해 실천에 봉사함으로써 형성되지만, 일단 형성되면 실천에 대하여 상대적인 자립성을 가지게 된다고 설명하고 있다.

마르크스주의는 이론과 실천의 관계에 대한 근시안적인 이해에 반대하고, 양자의 상호 매개된 관계와 이론의 상대적 자립성을 강조한다. 그리고 이론은 이러한 규정 속에서, 다음 실천의 일반적 방법론, 즉 지침으로서의 역할을 갖게 된다. 이론을 경시하고 그때그때 무계획적인 실천을 수행하면(경험주의), 실천은 벽에 부딪히게 되고 나아가서는 이론의 발전을 가로막기도 한다. 그러나 또, 현실은 이론의 내용에 비교해 항상 더욱 풍부한 것이므로, 현실의 구체적·전면적인 연구 없이 이론을 기계적으로 실천에 적용하면 교조주의에 빠지게 된다고 설명하고 있다.

두산백과는 이론을 사물에 관한 지식을 논리적인 연관으로 하나의 체계로 이루어 놓은 것이라고 밝히고 있다. 따라서 학문이라면 거기에는 반드시 이론이 있다. 일단 이론이 형성되면 그 이론의 논리적인 결론을 끌어냄으로써 미지(未知)의 영역에 관해서도 효과 있는 예상을 하는 경우가 흔히 있다. 그러나 사물에 관한 새로운 지식으로 인해 이론 적용에 한계가 생기는 수가 있다고 설명한다. 이런 경우 이론에 구애돼 사실을 무시하는 일이 허다하다며 이것이 큰 잘못이라고 했다. 이어 이론 중에서 근본적인 전제가 있는 것, 또는 자료에 관한 보고 사항 중에서 그대로 인정해야 할 것은 공리가 된다. 이와 같은 논리적인 연결을 철저히 정리하면 공리론을 얻게 되고, 이를 논리기호로 표시하면 형식화(形式化)된 이론이 형성된다고 설명했다.

실험심리학용어사전에서는 이론을 어떤 목적을 기술하고 예측하는 아이디어들의 집합이라고 설명한다.

라이프성경사전에서 말하고 있는 이론은 헬라어 '로기스모스'는 '로기조마이(생각하다, 인식하다)'에서 파생된 말로서 '생각', '사상'이란 뜻이다. 바울이 언급한 이론은 고린도에서 유행하던 헬라 철학(고린도후서 10장 5절)을 말한다. 개역한글판에서는 '말'로 표현하기도 했다고 설명하고 있다.

이론이란 이렇게 다양하게 정의를 내리고 있다. 하여 성경에서는 이런 이론을 철학이라며 "누가 철학과 헛된 속임수로 너희를 노략질할까 걱정하라"(골로새서 2장 8절)고 피력하고 있다. 이것이 사람의 유전과 세상의 초등학문이라고 했다. 이런 초등학문을 가진 사람의 생각이나 사상이 이론이라는 이름을 내세워 철학이 된다. 즉, 인간의 본질·정치·지식·윤리 등 살아가는 것에 대한 나름대로의 추상적인 사유와 논리적 분석을 통해 학문화시킨 것이 철학이다.

철학이 발달한 그리스에서 철학자들은 인간 본질을 통해 진리를 추구했다. 철학을 중세 시대는 신학과 연계해 인간을 더 탐구하려 노력했고, 근대는 과학적으로 접근해 우리 삶의 터전인 우주 진리를 밝히고자 했다.

모든 학문엔 반드시 이론이 따른다. 일단 이론이 형성되면 논리적인 결론을 끌어냄으로써 알지 못하는 세계에 대해서도 예상을 통해 이론을 그럴싸하게 도출해 낸다. 마치 우주를 이해하고 세상을 위해 애쓰는 사람이 돼 순수하게 밝은 철학적 사고라고 믿으며 이론을 확립한다.

영국의 철학자인 화이트헤드는 "서양의 2000년 철학은 모두 플라톤의 각주에 불과하다."고 말했다. 미국의 시인 에머슨은 "철학은 플라톤이고 플라톤은 철학"이라고 평가했다. 이런 플라톤은 그리스 철학자 소크라테스의 수제자다. 소크라테스는 서양 철학에서 논리주의를 기반으로, 지식의 불확실성과 인간의 무지에 대해 강조했다.

소크라테스의 논리주의는 인간의 이성과 지식에 대한 탐구와 윤리적 가치에 대한 탐구를 중심으로 자기 성찰을 중시하는 철학적 입장이다. 그의 철학은 '논증법'이라는 방식을 통해 탐구됐다. 소크라테스는 사람들이 자신에게 질문을 하면 물어본 사람에게 다시 질문을 한다. 그리고 상대방이 질문에 대한 답을 얘기하면, 그 답에 대해 다시 캐묻는다. 이런 질문을 통해 상대방이 가진 지식의 불확실성을 드러내고, 그 지식의 한계를 보여 주는 것이 목적이다.

그도 그럴 것이, 소크라테스는 고향인 아테네를 지극히 사랑했던 철학자로서 소피스트(고대 그리스의 특정 종류의 교사를 일컫는 말, 지식을 주고 가르치는 사람)들의 궤변에 아테네가 놀아나고 있다고 생각했다. 당시 아테네를 공의공도(公義公道)로 이끌어 가는 것이 아닌 소피스트들의 이익을 위해 논리를 펴는 것을 비판했다.

이런 소크라테스의 비판에 자신들이 '궤변가(詭辯家: 타당해 보이는 논증을 이용해 거짓 주장을 참인 것처럼 꾸며 대는 일)'라는 부정적 인식이 퍼지자, 소피스트들은 소크라테스에게 누명을 씌워 사형선고를 받게 된다. 이런 와중에도 소크라테스는 '악법도 법'이라며 자신의 사형을 받아들인다. 소크라테스가 펼친 자신의 철학 사상으로 소피스트는 궤변론자였다. 하지만 정말 소크라테스가 펼친 철학만이 도덕이고 진리이며 정의였을까?

소피스트들은 돈을 받고 지식을 팔았다. 반면 소크라테스는 수업료 대신 간단한 향응(뒤풀이)을 받았다고 한다. 후에 소크라테스의 제자 플라톤은 아카데메이아라는 학교를 세워 수업료 대신 기부를 받았다.

이런 일련의 과정 때문이었는지, 아테네 시민들은 소크라테스를 소피스트의 한 사람으로서 국가와 정치를 불안하게 이끌고 간다고 봤다. 이는 동시대 극작가 아리스토파네스가 쓴『구름』에 잘 나타나 있다.『구름』은 소피스트들을 풍자한 내용인데, 소크라테스도 이 거리의 '소피스트'라고 호명하고 있다.

당시 소피스트는 말을 통해 사람을 설득했다. 이 방법으로 사람을 설득하는 사람을, 당시 사람들은 소피스트라 했다. 그렇다면 말로 자신의 주장을 펴는 것 말고 타인에게 말을 전달할 방법이 또 뭐가 있을까. 다른 방법이 있다면 그 말을 글로 옮겨 '책'으로 펴내는 것이다. 그러니

깐 그 책 또한 말을 옮겨 적은 것에 불과하다. 그러므로 세상의 모든 사람을 설득하는 기술은 '말'이다. 그래서일까. 아리스토파네스는 소크라테스를 말쟁이인 소피스트로 분류했다. 말로 사람을 설득하는 것이나, 자기의 생각을 말로 하지 않고 책에 엮어 사람을 설득하는 것이나 결국 말, 곧 '로고스(logos)'라는 것이다.

이런 논쟁을 통해 소크라테스가 '영혼'을 깊이 사유하며 도덕적 행위를 지향했듯이, 소피스트들도 자신의 주장이 옳다는 것을 증명하기 위해 말로 이기는 기술뿐 아니라, 말의 강약 조절, 제스처, 눈빛 등으로 자신들을 나타내야 했다. 또 그런 과정을 통해 자신과 타인을 신중히 바라보고 성찰하는 면모도 분명히 있었을 것이다. 왜냐하면 최초의 소피스트로 꼽히는 프로타고라스는 '인간은 만물의 척도'라며 상대성으로 인한 윤리적 기준을 고심하며 인간에게 주목했기 때문이다.

그러나 이 윤리적 기준이 소크라테스나 그의 제자 플라톤 등의 높은 도덕적 양심과 절대적 진리에 미치지는 못한 것 같다. 소크라테스는 자신이 무지하다는 사실을 깨닫고 자신을 '지혜를 추구하는 자'라고 자청했다. 반면 소피스트들은 스스로 자신들을 '지혜로운 자'라고 불렀다.

이렇게 사람의 생각으로 만들어 낸 계명들은 이것이 사실과 진실이양 세상을 지배하며, 지식이라는 이름으로 널리 교육된다. 인간은 사실과 진실이 나중에 밝혀질 때까지 이 이론을 진실이나 사실처럼 최고의 지식인 양 믿고 살아간다.

이런 수많은 철학자의 생각으로 모든 이론이 탄생했고 이와 함께 우주관은 발전됐다. 이 이론이 정확한 것인지는, 곧 선인지 악인지 밝혀지기까지는 꽤 오랜 세월을 거치기도 하고 바로 잘못된 이론으로 밝혀질 때도 있다. 오랜 세월을 따라 내려온 잘못된 이론을 바로잡기 위해서는 수천 년의 시간과 많은 희생이 따를 때도 있다.

대표적인 예가 천동설과 지동설이다. 천동설(天動說)은 지구가 우주의 중심이며, 지구 주변을 태양과 달 및 행성이 돈다고 믿는 이론이다. 이 이론은 기원전 6세기에서 기원전 4세기 사이 피타고라스와 그의 계승자들을 통해 번성했던 고대 그리스 철학 분파에 의해 정립되었다. 이들은 수(數) 이론을 만물의 근원이자 철학의 핵심 요소로 삼았다.

이 피타고라스학파는 원은 시작점과 끝점이 없고 중심으로부터 반경이 일정해 원을 가장 완벽한 도형으로 이해했다. 이로부터 피타고라스학파는 천체는 원운동을 한다는 이 이론을 천체의 운동 법칙으로 받아들였다. 피타고라스 전통을 이어받아 프톨레마이오스(C. Ptolemaeos, 1세기)는 행성은 지구를 중심으로 천구에서 원운동을 한다는 천동설을 주장한다.

이를 체계적인 이론으로 발전시킨 주요 인물은 플라톤과 아리스토텔레스다. 피타고라스의 영향을 받은 플라톤과 아리스토텔레스는 그들의 철학과 함께 우주관을 발전시켰다. 유럽의 모든 이론에 이들의 사상이 강력한 우주관을 만들어 내고 오랫동안 계승됐다.

그리스와 로마가 쇠퇴한 뒤 암흑기와 중세 시대에는 플라톤과 아리스토텔레스의 철학이 결합한 기독교 우주관이 인간의 사고체계를 지배했다. 천동설은 지구를 우주의 중심으로 보는 당시의 종교적 세계관의 지지를 받았다. 귀족들은 귀족 계급과 평민, 노예 계급으로 나눠진 것을 우주관의 통치원리로 정당화했다. 이런 잘못된 우주관의 핵심 이론인 천동설을 무기 삼아 기독교는 인간의 이성을 무참히 짓밟았다.

지구는 자전하고 있지만 사람은 그것을 느낄 수 없다. 그래서 지동설이 나오기까지 사람들은 지구가 도는 것이 아니라 하늘이 회전한다고 생각했다. 그리고 지구는 둥근 것이 아니라 네모져서 바다 끝까지 가면 떨어져 죽는다고 믿었다.

이와 반대되는 이론 '지구가 돈다'는 내용을 담은 『프톨레마이오스와 코페르니쿠스의 2대 세계체계에 관한 대화』라는 책을 교황청은 금서로 지정했다. 이 책은 코페르니쿠스가 주장한 지동설을 확립하려고 쓴 책으로, 1530년 코페르니쿠스가 60세에 가까워졌을 무렵 지동설 이론을 논문 형태로 정리한 것이다. 당시 천동설을 믿었던 교황청에 의해 이 책은 금서로 지정됐으며 이단으로 규정해 버린다.

코페르니쿠스는 논문 서문에 "그들이 아무리 이 연구에 대해 비난하고 트집을 잡더라도 나는 개의치 않을 것이며, 오히려 그들의 무모한 비판을 경멸할 것"이라고 적었다. 약 2000년 동안 굳게 믿고 있던 천동설을 부정하는 그의 논리를 비난할 것을 예상한 것이다. 그러나 그는 '지구는 돈다'는 주장의 논문을 보지 못한 채 1543년 사망하고 만다.

이 이론을 옹호했던 이탈리아의 천문학자이자 물리학자인 갈릴레오 갈릴레이(1564~1642)는 코페르니쿠스의 지동설이 옳다는 것을 증명하다 종교재판에 부쳐졌다. 로마 교황청 당국의 위협으로 천동설의 서약서에 서명하고 재판장을 나오면서 그는 "그래도 지구는 돈다."고 말했다. 코페르니쿠스의 지동설을 주장한 논문이 발표된 1543년에서 90년이 지난 1632년에 갈릴레이가 그 지동설을 증명하는 책을 냈다. 하지만

90년이 지난 그때까지도 잘못된 이론은 흔들리지 않고 있었다. 갈릴레이는 종교재판을 통해 이단으로 판결받은 후 자택 구금 중 1642년에 죽었다. 이외에도 지동설을 지지한 과학자들이 교회로부터 박해받다 기존에 잘못된 이론에 기반한 신념에 의해 죽거나 낙인찍힌 채 버려졌다.

과학은 보편적인 진리나 법칙의 발견을 목적으로 한 체계적인 지식으로 사물의 구조, 성질, 법칙 등을 관찰해 얻어진 이론적 지식의 체계다. 이렇게 관찰을 통해 지식을 얻었음에도, 새로운 관찰을 통해 기존의 이론이 한순간에 뒤집히기도 한다. 그동안 진실이고 과학이라고 믿어 왔던 이론도 한순간에 허무하게 사라진다는 것이다. 사물에 관한 새로운 지식으로 인해 이론 적용에 한계가 생기기도 한다. 이런 경우 이론에 구애돼 사실을 무시하는 일이 앞서 살펴본 바와 같이 허다했다.

인류는 일직선에서 네모난 지구로, 다시 동그란 지구로 발전해 천동설에서 지동설로 확장했다. 태양도 은하를 도는 비교적 평균 크기의 별에 불과하다. 인간이란 존재는 그에 비하면 먼지 같은 존재다. 이 때문에 인간은 지식 앞에 늘 우리는 겸손해야 하며 안다고 생각한 것에도 묵상하고 새로운 학설 앞에 진리를 알고 싶어 탐구하려는 경건한 마음을 가져야 한다.

고린도전서 10장 5절에는 하나님께서 "모든 이론을 파하며 하나님 아는 것에 대적하여 높아진 것을 파기하고 모든 생각을 사로잡아 그리스도에게 복종케 한다"는 내용이 있다. 모든 이론을 파기한다는 것은 바로 '사람의 자의적 생각'이다. 사람의 생각을 하나님 아는 것을 대적해 높아진 것이라고 말한다. 세상을 바라보는 새로운 시각이라고 착각한 자기의 생각이 얼마나 헛되고 무모한 것이었는지를 돌아볼 수 있는 시간이 필요하다. 그리고 하늘의 이치를 깨달아 존귀한 곳으로 갈 수 있는 가치 있는 이론을 찾아야 한다.

과학(科學)을 파자해 보면 좋은 땅에 벼 화(禾) 씨를 심어 싹이 나면 말 두(斗) 그릇에 담아서 열매를 수확하는 것, 곧 팥 심은 데 팥 나고 콩 심은 데 콩 나면 수확하는 것이며 말한 대로 거두는 것이다. 이것이 진정한 과학이며 하늘의 이치를 깨닫는 것이다.

'이미 오래전 세대'도 있었느니라

[전도서 1장 9절] 이미 있던 것이 후에 다시 있겠고 이미 한 일을 후에 다시 할찌라 해 아래는 새것이 없나니

이 새로운 이론을 필자는 '세계통합공유가치(세통관)'이라 명명했다. 전도서 1장 9절에서 본 바 이 세통관은 신과 상통하는 홍익인간 이화세계 이념이다. 널리 인간을 이롭게 하는 홍익인간이야말로 창세기 1장 27~28절(하나님이 자기 형상 곧 하나님의 형상대로 사람을 창조하시되 남자와 여자를 창조하시고 하나님이 그들에게 복을 주시며 하나님이 그들에게 이르시되 생육하고 번성하여 땅에 충만하라, 땅을 정복하라, 바다의 물고기와 하늘의 새와 땅에 움직이는 모든 생물을 다스리라 하시니라)의 하나님의 모양과 형상대로 창조된 창조해 만물의 영장으로 세웠다.

우리나라 말에는 유독 이치에 맞는 말이 많이 있다. 왜 그러한가. 앞서 살펴본 바 서구는 지구가 돌고 있는지 둥근지를 알게 된 것은 불과 몇 세기 전이었다. 그러나 대한민국은 수만 년 전부터 하늘이 도는 것

이 아니라 지구가 돈다는 것을 알았던 민족이다. 우리나라 말에 '하늘이 돈다'는 말이 있다. 이 말을 머리가 어지러울 때 쓴다. 곧 하늘이 돈다는 것은 이치에 맞지 않고 뭔가 잘못됐다는 말과 같다. 하늘이 원래 돌고 있다면 머리가 어지러울 때 왜 하늘이 돈다는 말로 비유했겠는가. 또 우리 민족은 수만 년 전부터 지구가 둥글다는 것을 알았다.

우주 본체와 연결된 우리는
'한얼 속에 한울 안에 한알'

한민족 3대 경전(『천부경』·『삼일신고』·『참전계경』) 중 『삼일신고』에는 '한얼 속에 한울 안에 한알'이라는 말이 있다. 이는 얼은 우주 광명 곧 한얼이며, 한얼의 자리에서 지구 한울이 나와 너와 나의 곧 이웃의 울타리를 이루며, 또 이 한얼과 한울을 통해 한 사람 한 사람의 알이라는 개체가 나왔다는 것이다.

얼은 마음(정신, 혼)을 뜻한다. 얼굴은 '얼꼴'에서 나온 순수 우리말이다. 꼴이란 형태를 가리킨다. 얼굴은 마음의 모양이 나타나는 것이다. 개인의 정신을 보려면 곧 마음을 보려면 얼굴과 말을 들어 보면 된다. 그래서 우리 민족은 사람의 정신을 상태 등을 '꼴값', '꼴불견'이라는 말로 표현했다.

만물의 영장인 사람의 둥근 얼굴을 빗대어 지구를 '한얼'로 표현했고, 지구 안에 인간이 사는 이 땅에 높지 않지만 둥글게 만든 집의 경계선을 지켜 서로 예의를 지켜 갈 수 있는 울타리를 '한울'로 표현하며, 개인의 존재는 '한알'로 표현해 둥글게 지구처럼 모나지 않게 살아가는 것이 정말 얼(정신) 차리고 사는 것, 이것이 진정으로 널리 인간을 사랑하는 큰 얼, 곧 한얼로 하나임을 알려 주는 철학이 있던 민족이다.

역사를 통해 민족의 정신을 볼 수 있다. 대한민국(大韓民國)의 정신은 홍익인간이다. 홍익인간은 우주 본체를 말하는 철학이다. 홍익인간은 우주 본체는 시작도 없고 끝도 없는 '한(韓)'의 자리, 곧 크다, 밝다'는 의미다. 이 큰 한의 자리에서 우주 만물은 하나에서 시작해(일시무시一始無始) 하나로 마치게 된다(일종무종일一始無始一).

세상의 모든 것은 연결돼 있고 어우러져 있기에 서로 이롭게 해야 한다는 철학적 사상을 가진 국가의 이념은 세상 어디에도 없다. 이런 철학을 담은 노래가 '아랫집 윗집 사이에 울타리는 있지만'이라고 시작하는 〈서로서로 도와 가며〉이다.

아랫집 윗집 사이에 울타리는 있지만
기쁜 일 슬픈 일 모두 내 일처럼 여기고
서로서로 도와 가며 한집처럼 지내자
우리는 한겨레다 단군의 자손이다

이 노래는 대한민국만을 위한 노래가 아니다. 모두가 지구에 뿌리를 내리고 사는 인간이기에 새로운 듯하나, 오래전부터 내려온 정신, 온 인류가 잠시 잊고 있었던 홍익의 본능을 노래화한 것이다. 이 홍익의 본능을 세상에 다시 전파해 전 인류에 평화를 심어 줘야 할 때가 진정 도래했다.

평화를 심어 다시는 전쟁의 역사를 되풀이해서는 안 된다. 현재 인류는 인구가 급격히 감소하고 있다. 이제는 평화를 선택해 인류가 전쟁이 아닌 평화를 위해 앞으로 나아갈 방향을 잡아야 한다. 앞서 살핀 바와 같이 현대는 디지털 전환 기술의 최고봉인 AI 기술 없이는 살아갈 수 없는 시대가 도래하고 있다. AI 기술의 발달로 인간을 노동에서 해방시켜 줄 것이다. 변호사, 의사, 회계사, 변리사 등 전문 직종은 지식의 정형화가 잘돼 있어 인공지능이 학습하기가 더 수월하다. 몸을 움직여서 하는 직종은 로봇이 고도화돼 대체될 것이다.

이런 환경에서 인간은 무엇을 할 것인가. 이제는 인간을 이롭게 하는 가치 기준을 제시해야 한다. 이제 인간의 감정을 들어 주고 치유해 주는 일에 종사하는 직업이 주목받을 것이다. 이때는 인간답게 사는 게 무엇인가에 대한 철학적 의문이 제기될 것이다. 그에 따라 인류의 사회상도 변화를 위한 새로운 철학을 찾을 것이다. 이때 영원히 존속하며 인류를 위해 서로 협력해야 할 '공유가치관'을 심어 줘야 한다. 세계적 가치관 재정립이 필요한 시기가 절대적으로 대두된 이때, 우리가 전통적으로 가진 또 인간이 잊어버렸던 신의 품성을 찾을 수 있도록 홍익인간 이념을 제시해 평화의 씨를 뿌릴 수 있도록 해야 한다.

세계 테이블 위에 여러 가지 '가치관'을 얹어 놓고 국가들이 머리를 맞대고 어떤 가치관으로 하나 될지 찾는다면 그것은 너도 좋고 나도 좋은 널리 인간을 이롭게 하자는 대한민국 건국이념이 될 것이다. 세계 그 어디를 찾아봐도 이런 이념을 가진 나라는 없다. 또 홍익인간 이념으로 나라를 건국해 나라를 시작한 나라이기에 이때를 회복한다면 다른 나라를 가르쳐 평화의 세상을 만들 수 있다.

AI가 단순히 새로운 산업의 혁명을 일으켜 기술만 바꾸는 것이 아니다. 산업혁명으로 경제 발전을 이룬 후 르네상스를 일으켰듯이 경제 구조뿐 아니라 생활양식과 정신세계까지 바꾸게 될 것이다. 문명의 패러다임을 바꾸는 초월적 기술을 가진 이 시기는 절대적으로 인간의 가치를 바꾸지 않으면 지금보다 더 혼란하고 타락한 세계가 도래할 것이다.

타락한 세계 도래를 막기 위한 가치 기준이 그 어느 때보다 절실하다. 가치 기준은 인간 중심에서 양심을 회복한 순수 의식의 세계, 곧 인류 평화적 이념인 '홍익인간'으로 세워져야 한다. 홍익인간 이념을 영원한 유산으로 후대에 남겨 주자. 이 철학이야말로 인류를 존속하는 데 있어 절대적 가치를 우리에게 심어 줄 수 있을 것이다.

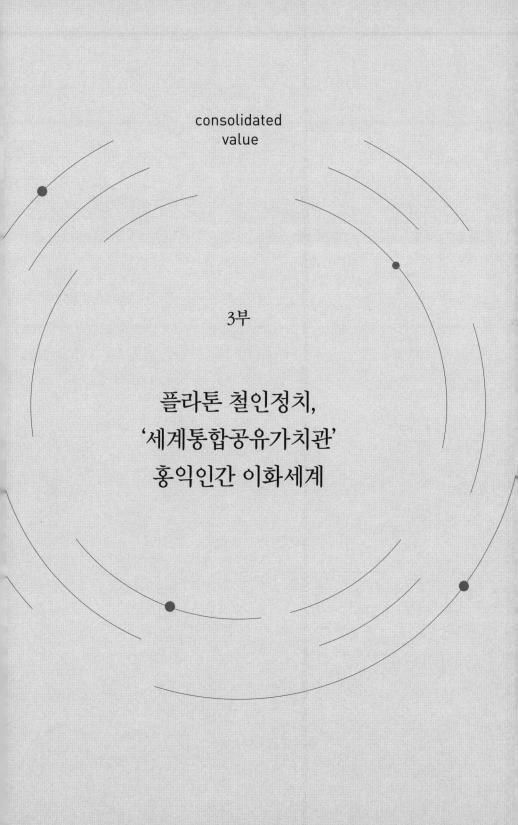

consolidated
value

3부

플라톤 철인정치,
'세계통합공유가치관'
홍익인간 이화세계

골로새서 2장 8절에서는 "누가 누가 철학과 헛된 속임수로 너희를 노략할까 주의하라 이것이 사람의 유전과 세상의 초등학문"이라고 했다. 이런 초등학문을 가진 사람의 생각이나 사상이 이론이라는 이름을 내세워 철학이 됐다. 앞서 잠시 철학에 대해 살펴본 바 인간의 본질 · 정치 · 지식 · 윤리 등 살아가는 것에 대한 나름대로 추상적인 사유와 논리적 분석을 통해 학문화시킨 것이 철학이다.

인문학의 최대 축인 철학 분야에서 중요한 양대 산맥을 차지하는 소크라테스와 플라톤과 아리스토텔레스의 철학은 현대철학과 근대철학이 오기 전까지 이들이 만들어 놓은 이론적 토대 위에서 발전했다.

소크라테스는 플라톤의 스승으로 질문을 통해 진리를 탐구했다. 그당시 지혜로운 사람이라는 소피스트가 유행했다. 이들은 금욕주의자로 자신의 수양에만 관심이 있었다. 소크라테스는 이런 소피스트를 좋아하지 않았다. 소크라테스는 자신의 수양만이 아니라 아테네 시민들 모두의 생각을 깨우고 발전시키는 교육을 해야 한다고 생각했다. 이것이 신이 자신에게 부여한 사명이라고 생각했다. 소크라테스의 철학 사상은 보편적 진리, 절대미, 절대선의 개념을 인정하며 여기에 도달하기 위해 분석 · 비교 · 변증 · 종합 등의 방법론을 제시했다.

"너 자신을 알라."는 문장은 델포이의 아폴론 신전에 있는 말로 소크라테스는 이 말로 더 유명해졌다. 소크라테스는 상대와 대화, 즉 질문을 통해 머릿속에만 존재하는 막연한 지식을 개념으로 정리하게 해 주거나 그들이 알고 있다고 믿는 것이 허상임을 알려 준다. 계속된 질문을 통해 고통 속에 지혜를 얻어 결국 나를 알게 된다는 개념이다. 이것이 바로 애를 낳는 고통으로 비유한 '산파법'이다.

소크라테스가 이 산파법을 써 당시 사람들을 깨우려고 했던 이유는 그리스 아테네는 민주주의 사회였다. 아테네 광장에서 말 잘하는 사람이 제안한 것이 대중에게 호응을 얻으면 바로 정책에 반영됐다. 이러다 보니 말을 잘하는 사람이 논리를 강화해 대중의 호응을 얻었다. 이들을 소피스트라 불렀다. 이들은 그럴듯한 논리로 말을 앞세워 대중의 마음을 사로잡았지만 정작 그들은 진짜 중요한 '도덕'이나 '선'과 같은 것을 다 버리고 오직 개인의 이기심과 승리해 권력을 잡는 일에만 집중하게 됐다. 이렇다 보니 아테네는 이기심과 말쟁이가 돼 성공 가도를 달리는 것에 혈안이 된 사람들로 인해 혼란스러운 사회로 바뀌게 됐다.

플라톤의 서서 『국가』에 따르면 '소크라테스보디 더 지혜로운 사람은 없다.'는 델포이 신전 무녀의 신탁을 친구 카이레폰에게서 듣는다. 소크라테스는 이 신탁을 통해 '신은 도대체 무슨 말을 하려는 것인지, 무슨 수수께끼를 내고 있는 것인지' 숙고하게 됐다. 소크라테스는 신탁을 통해 자신을 되돌아보았다.

이후 소크라테스는 정치가, 시인, 장인을 찾아다니며 질문을 통해 그들의 위선을 드러냈다. 자신의 무지를 전혀 깨닫지 못했고 자만하다 소크라테스가 꼬치꼬치 물어보는 산파술로 자신이 지혜롭다고 생각했는데 사실 그렇지 않다는 것을 깨닫게 되는 상황을 만들어 낸 것이다. 이때 자신이 결코 지혜롭지 못함을 깨닫고 소크라테스의 제자가 되는 사람들도 있었다. 하지만 이런 산파술을 싫어한 사람들도 생겼다.

소크라테스를 따라다니는 젊은이들도 산파술로 꼬치꼬치 캐물어 사람들을 곤혹스럽게 만들었다. 젊은이들에게 당한 사람들은 소크라테스에게 화를 내며 소크라테스가 젊은이들을 타락시키고 신성모독을 했다며 거짓 선동했다. 이로써 소크라테스는 사형선고를 받고 만다. 그는 감옥에서 제자들의 도움으로 도망갈 기회가 있었고, 법정에서는 철학을 전하지 않겠다고 하면 살려 주겠다는 회유도 받았다. 하지만 소크라테스는 '악법도 법'이라며 독배를 마신다.

소크라테스는 국가는 '국민의 방파제 역할'이라며 자연 상태 등 다양한 위험에서 보호해 준다고 믿었다. 따라서 사회구성원들이 합의한 것을 '선(善)'이라고 명명하고 '사람에게 해를 끼치는 것'은 정의가 될 수 없다는 주장을 폈다. 그리고 소크라테스는 이 혼란스러운 사회를 정리하고 사람들을 깨우침을 얻을 수 있도록 하라는 '신의 음성'을 '사명'으로 받아들인다. 결국 인간의 교만한 생각으로 만들어 낸 인간적 지혜와 지식이 소크라테스의 질문으로 인해 무너지면서 자신들의 무지를 발견하게 된다.

진리 찾는 철학자가 지도자 돼야

　이렇게 죽은 스승 때문에 플라톤은 민주주의에 대한 분노를 품게 된다. 민주제도가 좋은 제도인가. 절대 아니라는 결론을 얻게 된다. 민주주의는 다수의 권리를 보장해 주는 것이 아니다. 다수가 잘못된 방향으로 선동된다면 이 세상은 망할 수밖에 없다는 결론을 내린다.

　당시는 스파르타의 일사불란한 군인들에게 아테네가 완벽하게 패한 시기로, 아테네 시민들의 자존감마저 떨어졌다. 이때 지혜를 줄 진정한 스승이 대중이 잘못된 선동으로 스승이 죽게 되자 대중을 우매한 민중으로 정의한다. 지배체제인 '민주주의'를 우매한 다수에 의한 '우민정치'라고 비판하고, 무엇이 진리인지를 아는 철학자가 지배하는 '철인정치' 체제를 제시한다.

　철인정치(哲人政治, rule of philosophers)란 진리(眞理)와 선(善)을 아는 소수의 철학자가 하는 정치다. 플라톤은 국가를 인간의 영혼이 확대된 개념으로 비춰 봤다. 인간의 영혼이 이성(理性), 기개(氣槪), 정욕(情慾)으로 이루어져 있듯 국가 개념도 이 세 가지에 대입했다.

이 세 가지를 기초로 국가의 계급을 나눴다. 이성이 높은 철학자에게서 나온 이론(정의, 진리 등)을 바탕으로 용기 있고 기개가 있는 군인들이 나라를 지키고, 우매한 국민은 정욕에 해당하는 생산 활동에만 전념하라는 3단계 정치 체제다. 이렇게 각 계급이 자신의 직분을 충실하게 수행할 때 이상 국가가 실현된다고 주장했다.

특히 이데아(관념) 중 최고의 가치인 선, 곧 양심의 이데아를 인식하는 철학자가 통치해야 평화롭고 정의로운 세상을 유지할 수 있다는 것이다. 이성을 통해 객관적이고 합리적인 타당한 판단을 내릴 수 있는 사람이 국가의 모든 것을 결정한다. 이렇게 덕을 갖춘 통치자에게 온 국민은 복종하는 것이 정의로운 것이라고 주장했다.

여기서 '덕'이란 영혼의 탁월한 능력을 의미한다. 이처럼 보이지 않는 이데아인 마음의 눈으로 통찰되는 사물의 순수하고 완전한 형태를 통치자는 통찰할 수 있어야 한다. 그래야 공익을 위해 일할 수 있으며 이로써 빈틈없는 이상 국가, 곧 철인정치가 실현된다고 믿었다.

이것은 삶의 의미와 가치에 대해 끊임없이 질문했던 소크라테스가 "높은 성벽과 빛나는 투구와 멋진 갑옷 이것이 무슨 가치가 있는가?"라며 "지금 우리는 어떻게 살 것인지 어떤 도덕에 따라 삶의 의미를 부여할지 찾아야 한다."고 부르짖은 질문에 대한 답이라 볼 수 있다.

플라톤이 제시한 철인정치도 결국 초점은 '사람'이다. 공자가 '인(仁)'이란 '사람을 사랑하는 것'과 지식은 '사람을 아는 것'으로 정리한 것과 일치한다. 결국은 먼저 자신을 알고 사람을 연구하고 알아서 사람을 사랑하는 것이다.

플라톤이 말한 인간의 영혼이 이성, 기개, 정욕(욕구)으로 이루어졌다고 본 것은 한민족의 수행문화 속에서도 찾아볼 수 있다. 먼저 이성은 영(靈)으로, 기개는 혼(魂)으로, 정욕은 육(肉)으로 볼 수 있다. 또 다른 말로는 정욕은 정충(精充), 기개는 기장(氣壯), 이성은 신명(神明)이라고 부른다. 정충(수승화강)은 육체적 정신적 건강이다. 기장(심기혈정)은 사회적 건강이며 신명은 영적인 건강(천화)이다.

우리의 말속에는 우주 생명 근원의 원리를 담고 있다. 먼저 씩씩한 기상을 가리키는 '기개'라 할 수 있는 혼이라는 것은 사람마다 가지고 있는 정신이다. 내가 죽기 전까지는 어디로 떠나가지 않고 내게 깃들어 마음과 행동을 주관한다.

이성은 인간을 다른 동물과 구별시키는 본질적 특성으로 보이지 않는 영을 말한다. 영은 보이지 않지만 내 육체(욕구)를 왔다 갔다 한다. 육체에 영이 떠나면 사람은 죽는다. 그래서 항시 정신(얼) 차리라고 하는 것이다.

정신을 차리기 위해 먼저 단전(丹田)에 정(精)이 충만해야 한다. 그래야 그 기운이 가슴, 곧 기장(氣壯)까지 퍼져 나갈 수 있다. 이후 신명(神明)이 된다. 이 정충, 기장, 신명은 하단전과 중단전, 상단전을 일컫는다. 하단전, 곧 단전에는 정이 충만해야 한다. 정이 충만해지기 위해 음식 섭취가 기본이 되며 육체의 수련이 동반되어야 한다.

이 정에는 '후한 정'이 있고 '박한 정'이 있다. 생각해 보라. 나의 몸을 가눌 힘도 없이 허약한데 어찌 다른 사람에게 나눠 줄 정이 있겠는가. 하여 정이 후한 사람이 되기 위해서는 건강한 음식 섭취가 기본이 되어야 하고, 육체의 수련을 통해 기운을 차려야 한다. 정이 충만해지면 성욕과 식탐이 없어지며 자기 몸을 사랑하게 되고 용기와 기백이 생겨 타인을 돌아볼 수 있는 마음이 생겨난다. 단전의 뭉쳐있던 장기가 풀어지면서 이때부터는 베푸는 삶이 되는 것이다.

이 마음이 세상을 향해 뻗어 나갈 수 있게 해 주는 것이 가슴인 중단전 개발이다. 이 장성해진 기개(氣槪)가 상단전으로 올라오면 마음이 열려 배려와 존중과 기쁨이 절로 우러난다. 이로써 어떤 대상과도 교류할 수 있으며 몸과 정신이 연결돼 균형이 잡힌다. 균형이 잡히다 보니 집착에서 벗어나며 모든 존재에 대한 순수한 사랑과 연민이 싹튼다. 이로써 사랑과 용서, 성실, 책임감, 진실 등이 생기게 되므로 의식의 밝기가 밝아진다. 이때 모든 만물에 이로움을 주고 싶은 '홍익'이라는 기준이 들어서게 되고 실천하는 힘도 생긴다.

이렇게 가슴에서 기가 장(長)해지면 기운이 머리로 올라와 상단전이 열린다. 여기서 기가 장하다는 것은 '기가 세다'는 말과 다르다. 기가 어른스러워야 한다는 것이다. 기에는 맑은 기운과 탁한 기운이 있다. 맑은 기운으로 상단전이 열리면 진리를 꿰뚫는 지혜가 생기며 공의 공도 한 최선의 성군이 되는 것이다. 이로써 인간 완성, 즉 신인합일에 도달하는 단계에 이르게 된다.

이는 앞서 살펴본 바와 같이 삼일신고의 지감(止感), 조식(調息) 금촉(禁觸) 등과 같다. 내면의 순수함을 찾아 외부에서 내부 의식으로 들어가는 수련으로 모든 자연 만물과 하나 돼 우주 일체를 느끼게 된다. 이렇게 자신을 바르게 조절해 마음의 도를 스스로 닦을 수 있는 생명 근원의 깨닫게 되므로 도통군자가 되는 것이다. 이것이 플라톤이 말하는 철인왕이다.

이와 같은 수련 과정을, 단군 고조선 시대에는 온 국민이 체육 하듯이 자신을 수련하고 닦을 수 있도록 돕는 역할을 통치자들이 했다. 이는 '건강한 신체에 건강한 정신이 깃든다.'는 말을 실천화한 것이다.

건강한 신체는 보이는 것의 실체다. 이 건강한 신체에 들어가는 것이 건강한 정신이다. 결국 보이는 것은 보이지 않는 것을 투영한다. 서로 떨어질 수 없는 불가결의 상태다. 이 사상은 앞서 살펴본 바와 같이 한민족의 한얼(하나님) 사상과 같은 맥락이다. 지구가 둥글다는 이론을 알았던 한민족은 '한얼 속에 한울 안에 한알'이라는 위대한 말을 남겼다.

우주 광명과 지구에 울타리를 두르고 너와 내가 함께 사는 세상이다. 이 사람들은 연결돼 있고 우주와도 연결된 우린 하나다. 그러니 사람의 정신은 늘 함께 어우러져야 하고 사람을 살피듯 만물도 살펴야 한다. 이들이 만물이 고대하는 도통군자다. 이 도통군자들이 통치하는 세계는 홍익인간 이화세계다. 이 홍익은 우주 본체와 하나가 된 이론이며 최고의 철학이다.

"당신의 나라는 위대하다. 다른 나라는 나라가 탄생하고 성인(聖人)이 나오지만 당신 나라는 성인이 나라를 건국했다."

1986년 전두환 전 대통령이 프랑스를 방문해 자크 시라크 대통령을 만났을 당시 시라크 대통령이 한 말이다. 그러면서 그는 제1대 단군왕검을 성인으로 추앙했다. 이유는 고조선의 건국이념인 홍익인간 때문이다. 『25시』 작가이자 신부인 루마니아의 게오르규(C. V. Gheorghiu)

도 "홍익인간 이념은 지구상에서 가장 위대한 법률"이라고 극찬했다.

우주 본체를 말하는 이 홍익 철학을 플라톤은 '철인정치'라고 정의했다. 그는 개인의 정의로운 또는 행복한 삶은 그가 속한 공동체의 삶과 분리해 생각할 수 없다고 했다. 따라서 개인의 정의로운 삶의 속성에 대한 탐구는 필연적으로 정의로운 공동체의 속성에 대한 탐구와 연관돼 있다고 정의했다.

이처럼 플라톤은 통치자 계급의 목표는 지혜의 덕을 갖추는 것이며 이 지혜를 얻기 위해 이성을 갈고닦는 혹독한 훈련을 통해 양성된다고 했다. 그래야 절대적이고 보편적 진리인 이데아를 통찰할 수 있다고 주장했다. 이처럼 플라톤은 가장 지혜로운 스승을 잃어버린 분노로 우매한 민중을 깨우는 지혜의 덕을 갖춘 철학자, 곧 철인왕이야말로 올바른 정치를 할 것이라고 믿었다. 사랑하는 스승을 잃은 후 플라톤이 깨달은 지혜였다.

그렇다면 플라톤의 스승인 소크라테스를 죽인 민주주의는 무엇인가? 민주주의(民主主義)는 국민이 직접 뽑은 대리로 정치적 권력을 행사하는 정치 체제를 의미한다. 민주주의는 다양한 의견을 존중하고 다수결 원칙에 따라 결정을 내리며 개인의 자유와 평등을 중요시한다. 계층 간의 격차를 줄이고 권력이 국민에게 분산돼 있다. 이를 통해 국민은 정치 참여를 통해 의사를 표현하고 정부의 정치에 영향을 줄 수 있다.

반면, 플라톤의 철인정치는 진리를 탐구하고 지혜가 있는 철학자가 국가를 이끄는 정치로, 권력이 철학자 왕들에게 집중돼 있다. 플라톤의 철인정치에서는 일반 국민의 정치 참여가 제한적이다. 철학자가 국가를 이끄는 것이 가장 이상적이라고 믿기 때문이다. 자신의 스승을 죽인 것은 거짓 선동된 우매한 백성이라고 생각한 플라톤이다. 이처럼 일반 국민의 정치 참여는 국가의 발전을 방해할 수 있다고 생각했다.

민주주의에서 교육은 모든 사람에게 평등한 기회를 제공하는 수단이다. 교육을 통해 개인은 자기 능력을 개발하고 사회에 기여할 수 있는 지식과 기술을 습득한다. 플라톤의 철인정치에서 교육은 국가 발전을 위해 꼭 필요하며 각 계층에 맞는 교육이 필요하다. 특히 철학자는 철학·수학·정치 등의 교육을 받아 지혜롭고 도덕적인 통치자가 되기 위한 기초를 마련해야 한다고 주장했다.

결론적으로 민주주의와 플라톤의 철인정치는 권력의 분배, 정치 참여, 국가의 목표 사회 계층 그리고 교육과 같은 여러 가지 측면에서 근본적인 차이가 있는 것처럼 보인다. 하지만 현대 사회는 이 모든 것을 개인 선택에 따라 개발할 수 있다. 민주주의에서 강조하는 평등과 개인의 자유를 누릴 수 있으며, 플라톤의 주장처럼 이상적인 국가를 위해 사회 질서와 정의를 구축하는 것에도 자유롭게 참여할 수 있다.

그렇다면 사회주의(社會主義)란 무엇인가. 네이버 지식백과에 따르면, 사회주의는 인간 개개인의 의사와 자유를 최대한 보장하기보다는 사회 전체의 이익을 중시하는 이데올로기이다. 사회주의는 인간은 고립돼 홀로 존재할 수 있는 존재가 아니라, 사회 속에서 생활을 영위하면서 공동체를 구성하고 살아가게 되므로 사회공동체의 이익을 우선하고 따라서 개인의 자유는 제한될 수 있다는 방향을 제시한다.

이는 시민혁명 이후 등장한 자유주의에 대항하는 이론으로, 산업화의 진전으로 등장한 사회적 불평등과 경제 가치 배분의 불균형에서 나타났다. 사회주의 등장 배경을 플라톤이 주장한 통치계급의 재산 공유와 국가에 의한 자녀의 공동 양육으로 봤다. 사회가 조화롭고 자신의 역할에 따른 삶을 강조함으로써 이상 사회를 주장하게 된다.

공산주의(共産主義)란 무엇인가. 위기백과에 따르면 생산수단의 공공 소유에 기반을 둔 경제·사회·정치 공동체 형성에 관한 사상 또는 이러한 사회 형성을 목표로 삼는 형식적·실질적 정치 운동에 관한 사상이다.

공산주의를 뜻하는 'communism'은 'Communisme'이라는 프랑스어로부터 비롯됐으며, 'Communisme'은 라틴어로 '공동체·공유(共有)·공공(公共)' 등을 뜻하는 'Commúnis'에서 유래했다. 사유 재산을 부정하고 공유재산을 실현해 빈부의 격차를 없앤다는 사상이다.

이 사상은 플라톤(Platon)의 『국가』를 통해서도 볼 수 있다. 플라톤은 공동체에서 철학적 지성이 가장 뛰어난 철인왕의 출현을 고대했다. 이런 철인왕은 자기 재산을 공공의 재산으로 바치고 공동체의 이익을 최우선으로 여기며, 철저히 양심에 따라 민중을 통치해야 한다고 주장했다.

이는 초기 기독교 공동체에서도 발견할 수 있다. 신약 사도행전 2장과 5장에서 이들은 자기 소유를 팔아 공동으로 공유하고 모든 것을 나눴다. 그들은 돈과 재산을 모아 사회의 가난한 이들과 공동체를 돕기 위해 사용했다.

이는 모세가 이집트에서 자기 백성을 끌어내어 가나안 땅으로 입성하기 40년 동안 공동생활을 한 것과도 같다. 모세는 이 공동체를 이끌어

가는 것이 얼마나 힘들었으며 이 백성을 자신이 낳았냐며 차라리 자신을 죽여 백성들의 아우성을 듣지 않게 해 달라고 하나님께 고하기도 했다(민수기 11장 11~15절).

이처럼 공산주의적 사고는 고대 사회에도 존재했다. 원시 기독교 공산주의의 근본적인 가치도 고대 공동체와 같이 사랑, 자비, 평등, 그리고 형제 사랑에 기반했다.

이 사상이 현실 정치에서 본격적인 운동으로 발전하게 된 시점은 19세기 유럽의 산업화 시기다. 이 당시 유럽은 급속한 산업 발전에 따른 갖가지 사회병리현상을 겪고 있었는데, 공산주의는 이 현상을 해결하기 위해 주창됐다.

산업혁명이라는 이름으로 유럽 전역의 노동자들과 어린아이들이 하루 12시간 넘게 일하다가 죽는 일이 속출했고, 일을 많이 해도 빈곤 상태를 벗어나기 힘들었다. 이 때문에 수많은 사회 문제가 생기기 시작했다.

프랑스의 공상적 사회주의의 대표자 중 하나인 생시몽은 부자와 노동자들이 서로 협력하고 합의하면서 물건을 만드는 환경을 만들어야 한다고 주장했다. 대신 공동 거주지역을 만들어서 좋은 집과 나쁜 집을 만들어, 일을 잘하면 좋은 집에서 일을 못 하면 나쁜 집에서 살아야 한다며 능력에 따라 일하는 것이 보장되어야 한다고 주장했다. 이것이 최초의 사회주의 정책들이었다.

영국의 사회개혁가 로버트 오언은 협동조합을 만들고 임금과 노동 조건을 좋게 고쳐 노동자에게 의욕을 북돋는 운동을 벌여 '사회주의'라는 단어가 등장한다. 프랑스 혁명운동가 그라쿠스 바뵈프는 귀족들만 토지를 많이 갖고 있고 일반 평민들은 토지가 없다며 토지를 평등하게 나눠 줘야 한다고 주장했다. 이렇게 바뵈프로부터 '공산주의'라는 단어가 등장한다. 공산주의는 '공동체·공유(共有)·공공(公共)'을 뜻하는 것처럼 당시에는 사회주의나 공산주의나 다를 게 없는 비슷한 의미로 사용됐다.

그런데 칼 마르크스와 앵겔스가 이들을 몽상일 뿐이라며 비판하기 시작한다. 칼 마르크스와 앵겔스 자신들의 이론을 과학적인 사상이라며 과거 바뵈프와 오언이 등이 주장하던 공산주의와 사회주의가 아닌 공산주의 사상 '마르크스주의(Marxism)'가 탄생한다. 칼 마르크스는 노예나 귀족이나 평민 같은 개념도 없고 국가도 없던 시대를 '원시공산사회'로 정의했다. 그러다 사유 재산이라는 개념이 생기는 시대를 '노예제'로 분류했다.

중세 유럽 봉건 사회에서 평민들이 땅 주인들에게 땅을 빌려 농사짓는 세상을 '봉건제도'로 불렀다. 봉건제도가 지나면서 산업혁명을 거쳐 수많은 기술 발전에 공장들이 들어서면서 부자와 빈곤층 개념이 뚜렷하게 생긴 1800년대와 1900년대 초 빈민들이 굶어 죽어 가던 시기를 '자본주의'로 정의했다.

19세기 초반까지 '공산주의'라는 용어는 인간이 갖는 형이상학적 도덕성 발현 및 로고스(Logos)의 실천적 구현을 통하여 지상천국을 건설하기 위한 일종의 인본주의(Humanism) 정치 운동으로 간주됐다.

플라톤은 철인왕이 출현해야 하며, 이런 철인왕은 자기 재산을 공공의 재산으로 바치며 철저히 양심에 따라 민중을 통치해야 한다고 주장했다. 따라서 공산주의는 본래 국가의 소멸을 주장하는 사상과는 무관하였다.

칼 마르크스도 자본주의가 만들어 놓은 기술과 생산 공장들을 노동자들이 일으킨 혁명으로 모든 사람이 도덕적인 마음을 가지고 열심히 살아가면 사회주의를 걸쳐 공산주의가 지상 낙원을 만들 수 있다고 주창했다.

이처럼 수많은 새로운 이론이 생겨날 때는 부패하고 도덕적으로 타락한 사회를 변화시키려는 움직임으로 태어난다. 하지만 모든 것이 이론대로 되는 것이 아니다. 플라톤이 주장한 철인왕이나 칼 마르크스가 주장한 공산주의니 이 이론 모두 평등과 공동체의 복지 증진을 목표로 했다.

그러나 이 이론들도 사람의 계명으로 만든 이론에 불과했다. 서양사 2000년 철학을 모두 플라톤의 각주에 불과하다고 할 정도로 높이 사고 있는 플라톤의 이론도 하나의 이론에 불과했다. 성서에서는 이렇게 사람들이 만들어 낸 이론을 하나님 아는 것을 대적하여 높아진 이론이라 했다(고린도후서 10장 5절).

'지혜의 근본=하나님 경외',
아포리아 시대 세통관으로

통치자는 선의 이데아를 인식하고 평화롭고 정의로운 세상을 유지하고, 국민은 이런 덕을 갖춘 지도자에게 복종해야 한다는 플라톤의 철인정치를, 그 어떤 민족도 펼치지 못했다.

하지만 플라톤이 이런 이상국을 제시하기 전, 한민족은 철인정치 사상으로 나라를 건국했고 국민은 순응했다. 지도자가 보이지 않는 선의 이데아를 인식하고 나라를 건국하고 통치했으며, 이 지도자는 진리와 선을 알게 해 국민을 악으로부터 구해 냈다. 하여 공자도 동이(東夷)에 가서 천수를 누리며 살고 싶다고 하지 않았는가.

선이란 무엇인가. 선과 악을 분별할 수 있는 기준은 무엇인가. 한민족의 선의 기준은 하늘이었다. 한민족은 하늘을 사랑하고 숭상하는 경천애인(敬天愛人: 하늘을 공경하고 사람을 사랑함) 사상으로 '태초의 인류 시대 마고', '환인', '환웅' 시대를 거쳤다. 이후 단군 시대로 넘어오면서 경천애인 사상을 꽃피우는 홍익인간 이념으로 고조선 개천 이화세계를 펼치며 덕으로 세상을 다스렸다. 성서에서도 선의 기준은 예수님도 아니고 그 어떤 것도 아닌 오직 유일하신 한 분 하나님만을 절대적 선으로 기준히고 있다(마가복음 10장 18절).

플라톤은 소피스트들의 상대주의를 논박하기 위해 이데아 이론을 제시했다. 플라톤에 의하면 이데아(관념)는 감각 세계의 너머에 있는 실재이자 모든 사물의 원형이다. 이데아는 지각되거나 시간에 의해 변형되거나 사라지는 것이 아니라 경험의 세계를 넘어서서 이루어지는 인식의 최고 단계이다. 이것을 우리 민족은 영과 혼과 육으로 나눠 알기 쉽게 깨우쳐 주었다.

또 지혜를 사랑하고 진리를 추구하는 철인왕이 나라를 다스린다면 이데아 중 최고의 가치인 선(善), 곧 양심의 진리 이데아를 추구할 수 있다고 봤다. 플라톤은 이상적인 형상 이데아를 통해 현실, 곧 사물을 보는 것이라며 현실에서 보는 것은 다 가짜라고 생각했다. 가장 이상적으로 완벽한 사람이 따로 존재하고 우리는 그것의 모방에 지나지 않는다고 생각했다.

이 주장은 히브리서 8장 5절의 내용과 같은 이치다.

[히브리서 8장 5절] 그들이 섬기는 것은 하늘에 있는 것의 모형과 그림자라 모세가 장막을 지으려 할 때에 지시하심을 얻음과 같으니 이르시되 삼가 모든 것을 산에서 네게 보이던 본을 따라 지으라 하셨느니라

사도바울도 유대민족에게 가장 중요했던 장막에 대해 이 땅의 것은 하늘의 모형과 그림자라고 표현했다. 모세는 장막을 하나님이 보여 주

신 대로 그대로 이 땅에 지었다. 히브리서 10장에서도 율법은 장차 오는 좋은 일의 그림자며 참형상이 아니라고 했다. 히브리서 9장에서 장막은 현재까지 모형이고 이것을 개혁할 때까지 맡겨 둔 것이라 했고 참형상이 나타난다고 했다. 모형과 그림자로 이 땅에 있던 장막 예수로 개혁돼 나타났다. 곧 철인왕이 탄생한 것이다.

이렇게 모세가 하나님이 하늘에서 보여 준 대로 이 땅에 지은 장막을 개혁될 때까지는 그림자에 지나지 않았다. 하지만 유대인은 이 사실을 몰랐다. 예수님과 사도바울이 이 모든 것을 해석해 준 다음에야 은장막이 개혁돼 나타난 것을 예수님의 12제자도 알게 됐다.

철학이 발달한 그리스에서 철학자들은 인간 본질을 통해 진리를 추구했다. 철학을 중세 시대는 신학과 연계해 인간을 더 탐구하려고 노력했고, 근대는 과학적으로 접근해 우리 삶의 터전인 우주 진리를 밝히고자 했다.

서양 정신세계 시조로 인정받는 아리스토텔레스도 17세가 되자 그의 스승 플라톤의 학원 '아카데메이아'에서 공부해 플라톤이 세상을 떠날 때까지 20년간 아테네에 머물렀다. 아리스토텔레스는 스승인 플라톤과는 다르게 모방을 단순히 복제나 모조품으로 보지 않았다. 그는 현실세계의 사물이 실재의 반영이며 본질을 가지고 있다고 주장했다. 우리가 보는 나무는 실제로 사물의 본질을 담고 있으며, 형태와 능력은 나무의 이상적인 본질을 표현하고 있다고 말했다.

그리스 철학자로 흔히 '철학의 아버지'라 불리는 탈레스는 세상의 근원을 물이라고 주장했다. 탈레스가 창시한 밀레투스학파에서는 이후 아낙시만드로스, 아낙시메네스, 헤라클레이토스 등이 등장한다. 이들 모두 세계의 근원을 불변하는 하나의 개념으로 설명하려 시도했다는 공통점을 남겼다. 아낙시만드로스는 실체가 정해져 있지 않으며 사라지지도 않고 무한히 운동하는 물질인 아페이론이 만물의 근원이라고 주장했다. 아낙시메네스는 공기가 만물의 근원이라고 주장했고, 헤라클레이토스는 불을 만물의 근원이라고 봤다. 세계를 이성으로 이해하고 합리적으로 설명하려 시도했다. 여기에 그리스인들은 과학적인 인과관계에 따라 세상을 설명하려고 했다.

이후 밀레투스학파의 영향을 받아 이탈리아 엘레아에서 엘레아학파가 등장한다. 엘레아학파의 대표학자인 파르메니데스는 세상의 모든 "운동과 변화"는 논리적으로 불가능한 것이라고 주장했다. 이는 밀레투스학파의 헤라클레이토스가 내세운 '만물은 변화한다.'는 주장을 반박한 것으로, 이런 업적 덕분에 후일 '형이상학의 아버지'라 불리기도 했다.

파르메니데스와 엘레아학파의 등장으로 인해 생겨난 또 다른 학파가 다원론자들이다. 파르메니데스의 존재에 관한 학설이 대두된 이후 더 이상 이전의 일원론만으로 세계를 설명하기가 어려워졌기 때문이다. 예전에는 불이면 불, 물이면 물, 공기면 공기 이렇게 하나의 존재가 만물의 근원이라는 일원론을 내세웠지만 파르메니데스가 이에 의문을 제기하면서 일원론이 무너지게 된 것이다. 다원론자의 가장 유명한 학자는 데모크리토스로, 원자론을 제기했다. 데모크리토스는 만물이 완전하게 채워진 입자인 원자와 텅 빈 공간 진공으로 이루어져 있다고 생각했고, 이들이 결합과 해체를 반복하며 물질이 이루어지고 소멸한다고 믿었다. 데모크리토스는 다중우주의 개념을 제시하기도 했다.

이렇게 민주주의가 꽃피웠던 고대 그리스 아테네에서는 말 잘하는 기술이 최고였다. 그래서 점차 기원전 5세기와 기원전 4세기에 말 잘하는 법인 수사학, 웅변술을 전문적으로 가르치는 소피스트들이 등장했고 수많은 철학자도 탄생했다.

[고린도후서 10장 5절] 하나님 아는 것을 대적하여 높아진 것을 다 무너뜨리고 모든 생각을 사로잡아 그리스도에게 복종하게 하니

고린도후서 10장 5절에는 세상의 모든 이론을 하나님보다 높아진 이론이며 하나님을 대적한다고 표현하고 있다. 그도 그럴 것이 요한복음 1장 1절에 본 바 하나님은 태초의 말씀이다. 곧 하나님은 언어(말씀) 그 자체였다. 천지 창조주가 하는 말씀보다 더 높은 언어는 없다. 하지만 이 세상은 너무도 많은 이론(사람의 생각)을 탄생시켜 사람의 생각을 혼잡하게 했다.

이렇게 태어난 사람의 생각을 새 이론으로 다양화라는 이름으로 교육했지만, 인간의 양심은 밝힐 수 없었고 인간 세상은 더욱 타락했다. 사람의 생각은 창조주가 보는 관점에서는 분열로 가는 길이었다.

해서 호세아 4장 6절과 같이 "내 백성이 지식이 없으므로 망하는도다 네가 지식을 버렸으니 나도 너를 버려 내 제사장이 되지 못하게 할 것이요 네가 네 하나님의 율법을 잊었으니 나도 네 자녀들을 잊어버리리라"고 예언하고 모든 이론을 파한다고 약속했다.

이론은 가설을 통해 이론으로 정착된다. 모든 이론은 '임시적 특성'을 가지고 있다. 결국 이론이 만들어지기까지는 '그럴 것이다', '이럴 것이다' 혹은 '그럴 수도 있다'는 사람의 생각이 가설로 나와 여러 가지 나름의 검증을 통해 이론으로 발전된다. 이 이론은 여러 사람이 생각할 수 있는 사상(事象: 관찰할 수 있는 형체로 나타나는 사물)으로 다시 넓혀가기도 한다. 하지만 새로운 지식으로 인해 사물을 바라보는 것이 이론에 구애돼 사실을 무시하는 한계에 부딪힐 수 있다. 또 최고의 이론이라도 나중에 새로운 증거에 의해 뒤집힐 수 있다. 그래서 모든 이론은 임시적 특성을 가진다고 도출할 수 있다.

국가가 세워지는 것도 하나의 이론과 사상에 의해 세워진다. 그동안 수많은 국가가 세워지고 소멸해 왔다. 국가를 세우는 통치자의 사상(思想: 사유를 통해 생겨나는 생각)을 사상(事象: 관찰할 수 있는 형체로 나타나는 사물이나 현상)으로 나타내 국가를 탄생시켰다. 통치자의 이론과 사상을 기준으로 국가를 세우고 이론과 사상으로 국가를 통치했다.

이때 통치자의 그릇된 이론 또는 잘못 만들어진 이론으로 국가가 형성되면 미개인 국가가 탄생한다. 이런 국가는 문화가 없고 미래도 없는 국가로 전락해 수많은 국민이 고난과 고통의 나락으로 빠지게 된다. 따라서 문화는 개인과 집단, 국가 및 세계 사회에 매우 중요한 영향을 미친다. 어떤 문화를 갖느냐에 따라 삶의 질이 달라진다.

앞서 말한 바와 같이 대한민국은 높은 문화의 힘을 가지고 있다. 신과 인간이 함께하는 문화를 가지고 있는 대한민국이기에 '동방예의지국'이라는 칭호도, 경천애인과 홍익인간이라는 사상도 가지고 있다. 이는 천지를 창조하신 하나님이 첫 하늘을 연 곳이기 때문이다. 하여 예로부터 근본을 가지고 있던 민족이었기에 하나님의 문화가 가장 많이 남아 있는 민족이다.

먼저 나를 낳아 준 육신의 부모에게 효(孝)를 다하는 근본된 마음을 가지고 있었다. 이렇게 마음에 근본된 효의 물이 넘치면 자신의 조국을 바라보게 된다. 조국을 사랑하는 마음이 충(忠)으로 변하면서 마음에 중심을 잡게 된다. 하여 국가 기관이 나서서 인재를 양성했다. 이것이 단군 고조선의 국자랑, 신라의 화랑도, 고구려의 조의선인, 백제의 싸울아비 등이다.

이는 플라톤이 주장하던 철인왕의 탄생이며 교육의 중요성과도 연계된다. 부모에게서 나온 청소년을 국가에서 책임지고 육체와 정신을 함께 길러 내는 것이다. 이로써 이들은 플라톤이 주장하던 철인왕이 되는 것이다. 이렇게 나라에서 인재를 발굴해 이들은 나라를 이끄는 통치자가 됐다. 곧 이것을 영과 육체의 성장으로 신령스러운 존재가 된다고 말할 수 있다.

이렇게 영적인 성장이 이뤄지면 조국에 대한 개념에서 지구촌이라는 전체를 바라볼 수 있는 도(道)의 마음이 발생한다. 이것은 플라톤이 주장한 것처럼 이데아 중 최고의 가치인 선, 곧 양심의 이데아를 인식하는 단계를 지나 완성의 단계에 이른 것이다. 이렇게 진리(眞理)와 선(善)을 아는 철학자 무수하게 탄생하고 나라를 다스리고 모든 국민을 도의 경지에 이르게 지도하던 민족이 한민족이었다. 그러니 많은 민중이 통치자를 존경하며 섬겼던 것이다.

이것이 곧 효 · 충 · 도 사상이다. 이러한 위대한 사상은 소크라테스나 공자가 태어나기 전 경천애인 사상으로 나라를 연 환인 시대부터 내려왔다. 이 사상이 단군왕검의 건국이념인 홍익인간 이화세계를 탄생시켰다.

그러니 나 혼자가 아닌 세상의 모든 것은 '우리'로 연결돼 있다. 우리로 어우러져 있기에 서로 이롭게 해야 한다는 홍익인간은 세상 최고 철학적 사상이다. 우린 모두 아랫집 윗집 사이에 울타리는 있지만 기쁜일 슬픈 일 모두 내 일처럼 여기고 서로서로 도와 가야 한다. 지구에 뿌리를 내리고 사는 사람이기에 새로운 듯하나 오래전부터 내려온 정신, 온 인류가 잠시 잊고 있었던 홍익의 본능을 재점화해 홍익의 본능을 세상에 다시 전파해 전 인류에 평화를 심어 줘야 한다.

그런데 최근 국내에서 회자되는 단어가 '각자도생(各自圖生)'이다. 위기 상황에서 나온 말로 '각각 스스로 살기를 꾀한다'는 뜻이다. 서양에도 비슷한 말이 있다. 항해술이 발달했던 그리스에서 배가 좌초돼 절체절명의 위기에 이르렀을 때 '길 없음, 막다른 골목'이라는 의미로 쓰였던 '아포리아(Aporia)'이다.

그런데 대한민국 현실은 안타깝게도 홍익의 사상을 잃어버리고 방황하고 있다. 대한민국뿐만이 아닌 전 세계가 아포리아에 빠져 있다. 세계 경찰국이라고 하는 미국부터 그 미국을 낳은 영국은 식민지(植民地) 개척의 선구자다. 영국은 프랑스 등 강대국들과 식민지 확보 정책인 제국주의를 펼쳤다. 고대 로마의 '식민시(植民市)'를 뜻하는 라틴어 'colonia'에서 유래한 식민주의 역사에서 명백히 알 수 있듯이, 식민주의란 어떤 민족이나 국가가 다른 민족이나 국가를 지배하는 정책이나 방식을 뜻한다.

식민주의 역사는 고대 로마서부터 이어져 왔기에 역사 또한 길다. 이렇게 긴 역사 속에 근대적이라고 표현하는 식민주의는 포르투갈, 스페인, 영국, 네덜란드 등 유럽 열강들이 아메리카, 아프리카, 인도양 등 세계의 여러 지역을 정복해 금·상아·향료·노동력 등을 착취하면서 정치·경제를 잡아 이들을 지배했다. 이런 식민주의가 오늘날은 민족적 지배와 피지배, 직접적이거나 간접적으로 한 사회, 국가 혹은 민족이 다른 사회, 정치·경제적 관계 속에서 지배하는 뜻으로 넓게 사용되고 있다.

이런 분위기 속에서 생산 활동의 분업화와 기계화로 2차·3차 산업의 비율이 높아지는 현상과 그에 따른 사회·문화구조의 변화로 산업혁명이 일어나게 된다. 산업혁명으로 대규모 생산과 개인에게는 능력에 따른 풍요를 선사하게 된다. 사유재산제에 바탕을 두고 이윤 획득을 위해 상품과 생산과 소비가 이뤄지면서 자본주의가 탄생한다. 자본주의 탄생과 함께 부의 불균형을 심화시켜 사회적 불평등을 낳게 됐다.

하지만 대한민국을 비롯한 많은 나라가 자본주의라는 경제체제에 있다. 이렇다 보니 인간 생활을 물질로만 보는 사회가 대두됐다. 이로써 배금주의 사상이 탄생했다. '황금만능주의' 또는 '물질만능주의'라고 하는 돈을 삶의 가장 중요한 가치로 여겨 모든 것을 돈과 연관 지어 생각하고, 돈이면 무엇이든 할 수 있다는 돈 제일주의다. 돈 제일주의로 인해 개인주의와 이기주의로 인간성 상실의 시대를 맞이하게 된다.

이런 폐해 속에 앞서 살핀 바와 같이 마르크스는 『자본론』에서 이러한 배금주의 사상을 물신숭배로 정의하는 새로운 학설을 제시하며 자본주의 생산체제를 비판했다. 이렇다 보니 물질적 가치가 정신적 가치를 앞서게 돼 정신이 피폐해졌다. 이 모든 것을 파괴하기 위해 또 다른 가설을 내놓고 이론화시켜 실상으로 나타내는 사상들이 탄생했다.

산업화의 발전으로 자본가와 노동자들의 극심한 대립은 두 계급 간의 갈등으로 나타났다. 이러한 혼란 속에서 새로운 사회에 대한 대안으로 사회주의 이론이 나왔다.

여기에 자기 능력에 따라 재산을 모으고 쓸 수 있는 자유를 중요하게 생각한 자본주의 이론을 파괴하고자 공산주의가 탄생한다. 모든 국민이 평등하게 나눠 갖기 위해 개인이 재산을 모으는 것을 금지하고, 생산되는 이익을 모든 국민이 골고루 나누려는 경제체제에 목표를 둔 공산주의 탄생으로, 세계 냉전이 시작되면서 새로운 이론에 대한민국이 최고 피해자로 남게 된다.

자본주의, 민주주의, 공산주의 등의 이론으로 인해 둘로 셋으로 쪼개져 인류가 갈 바를 알지 못하고 있다. 여기에 세계적 코로나19 팬데믹으로 세계가 큰 타격을 받았고 불평등은 더 심화됐다. 2023년은 글로벌 경제위기로 세계 기업들은 아우성친다. '지속 가능한 사업'을 찾기 위해 혈안이 돼 있다. 무엇으로 지속 가능한 사업을 지속할 것인가? 몇백 년 후에는 또 어떤 지속 가능한 것을 찾아 나설까.

'신(新)냉전' 체제로 갈 것인가?
'각자도생'할 것인가?
'공유가치'로 다 같이 사는 길로 갈 것인가?

지금 세계는 이 중요한 갈림길에 서 있다. 세계는 결국 하나 된 공유가치를 찾아야 한다. 이런 아포리아 시대 인류가 모든 차이와 경계를 넘어 난국을 극복할 수 있는 가치통합을 제시해야 한다. 그래야 여타의 지구적 난제도 충분히 헤쳐 나갈 수 있다.

21세기는 일상의 모든 것이 데이터화된다. 방대한 데이터를 분류하고 규칙을 분석하기 위해 논리적 사고와 문제 해결 능력과 창의력을 키워야 한다. 그러기 위해서는 '언어 감각'을 열어야 한다. 생각을 통해 데이터를 분석하고 논리적 사고력과 추론 능력을 발휘할 수 없다. 대학이라는 곳도 전문 내용을 기술적 언어로 사고하고 표현하는 방법을 배우는 과정에 불과하다.

이를 위해 고전을 읽어야 한다고 주장하는 사람들이 많다. 하지만 역사를 알게 되면 고전을 읽는 것과 같다. 고전이란 역사의 긴 터널에서 나온 것이므로 역사를 알아야 고전과 현대의 시간을 동시에 알 수 있는 지혜가 생긴다. 이렇게 최고의 역사가 기록된 것은 성경이다. 하여 성경을 상고한다는 것은 지혜와 교훈을 얻을 수 있다. 여기에 한민족의 3대 경전(『천부경』·『삼일신고』·『참전계경』)은 성경의 뼈대와도 같으니 경서를 통해 우리는 신냉전 체계로 가는 것을 막고 온 인류가 공존하는 평화 문화 세상을 확산시켜야 한다.

그동안 물질 만능과 성장만을 위한 정책으로 인해 발병되는 폐해가 인류 역사상 반복됐음을 알 수 있다. 역사는 스스로 오는 것인가, 우리에 의해서 오는가. 역사를 잃은 민족에게 미래는 없다. 이제는 새로운 세계 통합공유가치관이 절실하다. 이는 세계를 살릴 수 있는 장자의 역할을 해야 할 대한민국에서 제시한다. 왜 그러한가? 지혜와 지식의 근본인 하나님께서 시작한 최초의 나라, 하나님께서 가장 사랑하시는 나라이기 때문이다.

몽골인이 대한민국을 솔롱고스, 곧 무지개의 나라라고 부른다. 몽골 출신 이성과 이용 농구 선수들은 지난 2009년 중앙일보와의 인터뷰에서 몽골에서는 "한국을 '무지개의 나라'라고 부른다."며 "솔롱고스에서 프로 선수가 되는 것이 꿈"이라고 밝혔다. 솔롱고스는 성경에서 하나님의 약속을 의미한다(창세기 9장 13절). 노아의 홍수 후 하나님은 다시는 인간 세상을 물로 심판하시지 않는다며 '언약의 상징'으로 무지개를 보이셨다. 후에 모든 약속을 이룰 사람을 동방으로부터 부른다고 기록돼 있다.

[이사야 46장 1~11절] … 내가 동방에서 독수리를 부르며 먼 나라에서 나의 모략을 이룰 사람을 부를 것이라 내가 말하였은즉 정녕 이룰 것이요 경영하였은즉 정녕 행하리라

대한민국임시헌장 선포문에는 신과 인간이 하나가 되어 나라 안팎으로 협력하고 호응하라고 명시하고 있다. 대한민국 교육지표 역시 하나님을 사랑하고 사람을 사랑하는 경천애인 사상에서 나온 '홍익인간'이다.

나를 낳아 준 육신의 부모에게 어떻게 효도하고 하나님께 어떻게 효도해야 하는지를 아는 나라(히브리서 12장 9절: 또 우리 육체의 아버지가 우리를 징계하여도 공경하였거든 하물며 모든 영의 아버지께 더욱 복종하여 살려 하지 않겠느냐). 신과 인간이 하나가 되는 신인합일(神人合一)의

방법을 아는 나라.

이는 우리의 생활풍습 가운데 마을 입구에 마을의 안녕을 기원하는 솟대(노아가 새를 날려 보냄으로 세상에 물이 감한 줄을 알게 되는 장면, 곧 생명 줄이 다시 이어짐), 신명(神明: 신이 함께해야 마음이 즐겁고 밝아짐)이라는 언어 속에 잠재의식 또는 무의식 속에 많이 남아 있음을 알 수 있다.

세계적 언어학 박사인 고(故) 강상원 박사가 산스크리트어로 '노아'라는 말은 '노 젓는다'의 뜻이라고 밝혔다. 또 '노 젓는다'는 우리나라 말로 '릴리리야 릴리리야'라고 주장했다. '릴리리야'는 강을 저어 내려간다는 뜻이며, 이 릴리리야는 나일강을 이야기한다고 했다. 나일강을 따라 배에 사람을 태우고 노 저어 가는 사람이 '노아'라는 것이다. 이는 "돛대도 아니 달고 삿대도 없이 가기도 잘도 간다"는 노랫말과 같다고 했다. 그러면서 강 박사는 이는 자기 학설이 아니라 산스크리리트어에 근거해서 뿌리를 말하는 것이라고 덧붙였다.

이어 이집트 언어와 우리 언어가 대단히 유사하다고 밝혔다. 이 주장은 세계 언어학자들이 말하는 언어의 뿌리는 동남 아시어에 모여 있다는 말을 뒷받침해 준다. 최용완의 『동 아시어는 인류 문명·문화의 어머니』라는 책에서도 언어학자들은 동남 아시어 언어 중 인도 드라비디언 언어가 동 아시어인의 한국인 언어로 연결된다고 주장했다. 현존하는 현대 인류의 가장 오래된 언어의 형태다. 인도어의 인도 아리언 원어는 산스크리트어고 한국어는 산스크리트어에 속한다는 연구가 진행되고 있다고 밝혔다.

또 미개발 지역 언어일수록 무질서하지만 한국어에는 운문이 있고 산문이 있다며 운문은 노랫가락처럼 음률이 있고, 많은 뜻을 함축적으로 나타내며, 한국 문학의 시조와 시(詩)가 됐다고 말했다. 그러면서 한국의 노래엔 창이 있고, 호남의 창에는 동편제와 서편제로 나뉜다고 했다. 언어 안에 운문이 전해지고, 노래 안에 창이 정해지는 한국인의 언어가 현대 인류의 동 아시어 고대 문화를 잘 계승해 온 본적자인 듯하다고 말했다.

언어와 문자로 인해 인간은 위대하다. 인간은 문자와 언어를 통해 소통하고 '나는 누구이며 어디서 왔는지' 근본을 찾기에 만물의 영장이다. 이는 예수님이 "내가 너희에게 이른 말이 영이요 생명이라"(요한복음 6장 63절)고 말씀하신 내용과 같다.

최용완은 동 아시어는 인류 문명, 문화의 어머니에서 조하나 니콜스라 언어학자가 주장한 세계 언어의 근원이 동남 아시어에 있다고 주장한 설명을 들어, 가장 많은 역사적 기록도 동 아시어의 종이에 축적돼 있으며 사마리언(BC 3200~2000)들이 흙으로 구워 남긴 토기 기록도 동 아시어의 용어에 관한 그림으로 풀이된다고 밝혔다.

이렇게 세월이 흘러 인구가 팽창하면서 동 아시어 문자는 해안선을 따라 아메리카 대륙의 마야 문자로 변했다고 말했다. 그리고 같은 때에 유럽 해안으로 이주해 페니키아 문자로 이전했음을 추측할 수 있다고 주장했다. 앞으로 진행되는 연구와 나타날 유물 등을 통해 인류의 시원이 대한민국임을 천명하는 계기가 될 것이다.

이제 예수님의 천국 복음이 땅끝까지 전파됐다. 전파되면 끝이 오고 새 하늘 새 땅에 열린다고 예언했다. 기미독립선언서에는 우리나라에서 새 하늘 새 땅이 열린다고 기록돼 있다. 독립선언서에는 조선의 독립 차원이 아닌 인류 평등의 대도(大道)가 담겨 있다. 위력의 시대는 가고 도의 시대 곧 도통군자 들의 신천지 곧 참다운 평화 하늘의 것이 안전하게 전개된다.

전쟁,
꽃 한 번 피우지 못한 '청년들의 희생'

대한민국은 일제의 침입과 동족상잔이라는 뼈아픈 전쟁의 시련을 겪었다. 이는 세계를 정신문화로 호령하며 장자의 역할을 했던 민족이기에 아픔만큼 성숙해졌다. 이제 잠들어 있던 영(정신)을 깨워야 한다. 그러기 위해서는 우리가 먼저 완전하게 온전해져야 한다. 현재 둘로 쪼개져 있는 남과 북을 하나로 연결해야 한다. 우리의 뼈아픈 역사를 통해 교훈을 얻는다.

유대인은 로마로부터 시작된 핍박으로 약 2천 년간 떠돌아다니다가 1948년 국토를 회복했다. 이들은 갖은 핍박을 당하다 나치로부터 유대인 대학살이라는 엄청난 고문을 당하게 된다. 뼈아픈 역사를 잊지 말자고 수많은 유대인이 기부로 시작해 만든 독일의 '아우슈비츠 수용소'. 유대인들이 이토록 끔찍한 현장을 돈을 들여 무료로 개방하는 것은 많은 사람이 와서 보기 원하기 때문이다. 더 궁극적 목표는 '다음 세대들을 위해 보존해 놓았다'는 것이다. 역사를 잊은 민족에게 미래는 없다는 말과 같다. 이처럼 역사를 통해 교훈을 얻고 그 교훈은 미래며 현재의 우리다.

하여 역사를 알아야 한다. 이제부터라도 제대로 된 국가 뿌리 근본부터 알아야 한다. 더 이상 민족이 사분오열돼서는 안 된다. 이것은 국가의 일을 하는 공무원부터 국민으로부터 권력을 이양받은 선출직까지 이들의 할 일은 근본된 역사를 알아야 한다. 역사를 알고 나면 우리 대한민국이 자랑스러워질 것이며, 이 마음이 서면 국가를 위해 충성하는 마음이 생겨 주인의식으로 일할 수 있게 된다. 그렇게 되면 아포리아를 맞이한 현시점에 대한민국이 나가야 할 방향이 명확해질 것이다.

우리는 원래 하나였다. 원래대로 돌려놓자. 그것이 우리 미래 세대를 위해 할 수 있는 지금 기성세대가 할 수 있는 최고의 선물이다. 대한민국을 사랑한다면 모두 행복한 세상에서 살고 싶다면 우린 이 일에 마음을 모아야 한다.

올해는 단기 4356년이다. 단기는 단군이 즉위한 해인 서력기원전 2333년을 원년(元年)으로 하는 우리나라의 기원이다. 제1대 왕검 단군 즉위부터 마지막 고열가 단군까지 총 47명의 단군이 있었다. 47명의 단군이 통치한 기간만 2096년이다. 이 기간 마지막 고열가 단군께서는 나라의 흥망을 예언하며 2천 년 후를 약속하고, 단군 고조선을 폐하고 산으로 올라가 신선(神仙)이 된다.

세계에서는 수많은 나라가 생겨나고 흩어지고 소멸하는 과정을 거치며 전쟁과 내란으로 망했다. 하지만 대한민국의 역사처럼 나라를 스스로 임금이 닫아 버린 민족은 이 세상 어디를 봐도 없다. 제47대 고열가 단군께서는 백성이 수양하지 않고 향락을 즐기는 것은 백성을 잘못 돌본 자신의 탓이라 한탄하시며 나라를 폐관하면서 2천 년 후를 약속했다. 그날이 지금 우리 눈앞에 펼쳐져 있는 것이다.

유대인의 경전 잠언서 9장 10절에는 여호와를 경외하는 것이 지혜의 근본이요 거룩하신 자를 아는 것이 명철이라고 기록한다(잠언 1:7, 시편 111:10). 이는 대한민국의 경천애인 사상과 같다. 아포리아 시대에 진정으로 회복되어야 할 사상이다.

consolidated
value

4부

인류 모든 족속은 한 혈통,
세계 통합은
12환국 회복으로

모든 인류는 자기의 생각으로 인해 죄에 빠지고 각자의 이데올로기로 정체성을 달리하며 나눠지고 파괴되고 전쟁했다. 이 과거의 이념적 이론들을 파하고 인류 '시원의 역사'를 펼쳤던 한민족의 '홍익 사상'에서 교훈을 얻어 온 세상을 이롭게 해야 한다. 그동안 많은 이념은 '사람의 생각(사람의 계명)'으로 만들어져 인류를 지배했다. 그 결과 희망은 없고 비판·폭력·파괴·전쟁 등 갈등만 존재해 인류 생존을 위협하고 있다. 그러므로 사람의 계명은 파하고 역사 속에서 교훈을 찾고 교훈 속에서 현재의 답을 찾아 미래를 밝혀야 한다.

한민족이 잃어버렸던 홍익인간 정체성의 역사를 찾게 되면 통일된다. '홍익 정체성'이 살아나면 한민족의 통일을 넘어 혼란에 빠진 세계를 하나로 묶을 수 있다. 그동안 인간 삶의 모든 상호관계에 홍익이 빠져 혼란이 왔다. 홍익을 잊어버린 것은 나의 양심을 잃어버린 것과 같다. 곧 창조주인 신을 잃어버린 것이다. 하여 인간은 신(神)을 잃어버리고 자기 정신(情神)으로만 살다 죽게 됐다. 하지만 이 신과 통하는 홍익의 가치로 양심을 찾게 되면 모든 인류에 영원한 평화가 찾아오고 인간의 수명은 길어져 장수하게 된다.

따라서 남북한의 통일을 넘어 세계 평화를 위해 포괄적 담론, 즉 '세계통합공유가치관(세통관)'을 한민족이 제시해야 한다. 인간에게 이로움을 주지 못하는 이론은 애초에 '헛된 속임수'와 같은 이론이다. 유일한 분단국인 한민족은 인류를 살릴 수 있는 강력한 이론을 태초부터 가지고 탄생한 나라다.

이 세계를 통합하고 공유가치관을 가지고 살아갈 수 있는 가장 강력한 이론은 앞서 밝힌 홍익인간이다. 이를 통해 세상을 살릴 수 있다. 인간을 이롭게 하는 홍익 정신, 곧 신의 정신으로 모든 사람은 재창조되어야 한다. 이 홍익인간을 '세계통합공유가치관(세통관)'으로 명명한다. 신한국 통일을 위해 한민족은 세통관으로 새롭게 편성해 '지속 가능한' 인류를 만들어 세계 통일에 이바지해야 한다. 인류는 새로운 세통관을 간절히 원하고 있다. 곧 인간의 양심이 되살아나길 만물이 학수고대하고 있다.

세통관의 가치 '홍익인간'은 일반적 사상의 고찰을 통해 보더라도 비전과 이념적 기초가 제일 이상적이다. 이 기초는 그 누구도 이해할 수 있고 반론할 수 없으며 사람과 세상을 이롭게 한다.

플라톤은 철인 사상을 통해 통치자는 존재(存在)에 대해 알아야 한다고 설파했다. 존재라는 것은 만물의 모든 것을 말한다. 그리고 이 만물을 지혜의 덕으로 사랑하는 사상을 가져야 한다고 했다. 결국 하늘과 땅과 사람이 부합하는 이상적인 사상을 철인정치라 했다. 곧 널리 인간을 이롭게 하는 홍익과 상통한다. 신이 '자신의 모양과 형상'대로 창조한 사람에게 지혜를 주고 '만물의 영장'으로 세우고 모든 만물을 사랑하며 홍익으로 다스리길 원했다.

누가복음 8장 11절에서 본 바 씨는 하나님의 말씀이라고 했다. 하나님의 말씀으로 가르침을 받는다는 것은 하나님의 씨로 새롭게 난다는 것이다. 곧 하나님의 말씀으로 창조한 사람 중심에 태양과 같은 '양심'으로 존재했던 홍익의 DNA를 되찾아 세계인의 마음에 '홍익 정신'의 씨앗을 뿌려 다시 한 혈통(씨, 말이 씨가 되는 것, 생각이 같은 사람, 가치가 같은 사람)을 만들어 세계 평화를 이뤄야 한다.

인류 76억 명의 인구 중 기독교(가톨릭 · 성공회 · 개신교 · 정교회 등)는 33.0%로 25억 7천만 명으로 가장 많다. 이슬람은 24.0%로 18억 2천만 명이다. 기독교와 이슬람은 같은 하나님을 섬기는 종교이다.

[사도행전 17장 26절] 인류의 모든 족속을 한 혈통으로 만드사 온 땅에 살게 하시고 그들의 연대를 정하시며 거주의 경계를 한정하셨으니

사도행전에는 하나님이 '인류(人類)의 모든 족속(族屬)을 한 혈통(血統)으로 만든다'고 약속돼 있다. 하나님이 인간을 온 땅에 거(居)하게 하시고 세상사의 연대(年代)를 정(定)하시며 거주(居住)의 경계(境界)를 정한다고 하셨으니 이 약속은 이뤄질 것이다. 또 이사야 66장 7~9절에는 하나님께서 '나라를 하루에 생기게 하며 민족을 순식간에 나겠다'는 약속이 있다.

유대인을 통해서 본 바 하나님의 나라는 항상 12지파였다. 아브라함의 혈통을 통해 낳은 야곱으로 12아들이 이스라엘이 됐다(창세기 32~50장). 예수님은 육적인 혈통을 끝내시고 영적인 혈통으로 12제자들 만들었다(요한복음 1장 11~13절, 마태복음 1장, 마태복음 10장).

제카리아 시친은 『수메르 혹은 신들의 고향』에서 수많은 학자가 대홍수 이전에 아담에서 노아로 이어지는 열 명의 구약 족장들이 '수메르 왕의 연대기'에 나오는 대홍수 이전의 열 명의 왕과 일치한다고 봤다.

[창세기 10장 25절] 에벨은 두 아들을 낳고 하나의 이름을 벨렉이라 하였으니 그때에 세상이 나뉘었음이요 벨렉의 아우의 이름은 욕단이며

[창세기 10장 32절] 이들은 그 백성들의 족보에 따르면 노아 자손의 족속들이요 홍수 후에 이들에게서 그 땅의 백성들이 나뉘었더라

이렇게 아담을 시작으로 유전된 씨로 노아 아브라함을 통해 온 세계가 이뤄지고 또 나눠지고 있음을 살펴봤다. 혈연 학자들도 이를 증명해주듯이 온 인류 세계는 서로 다른 존재가 아니라 인류의 연속성은 하나의 근원으로 이루어졌다고 입을 모으고 있다.

사도행전 1장에서 베드로는 이스라엘의 회복을 예수님께 물어본다. 하지만 예수님은 이스라엘 회복은 이 복음이 땅끝까지 가야 이뤄진다고 약속한다. 이 약속은 대한민국을 통해 이뤄진다.

조선시대 이맥이 지은 『태백일사』에 따르면 대한민국은 하나님께서 시작한 최초의 나라로서 환인을 기초로 12분국으로 시작됐다. 12분국은 비리국, 양운국, 구막한국, 구다천국, 일군국, 우루국(필라국), 객현한국, 구모액국, 매구여국(직구다국), 사납아국, 선비국(시위국), 수밀이국(수메르 문명 추정)이다.

이렇게 12환국부터 시작해서 신시배달국과 고조선의 지도자들 중에는 외국인들도 많이 섞여 있었다. 이렇게 12개의 연합으로 이뤄진 한민족은 조그마한 나라가 아니라 전 세계를 호령했던 민족이었다. 이런 민족이 기상을 잃어버리고 사분오열되면서 고조선이 다시 건국됐다.

이는 혈연 학자들이 그동안의 의문과 추측을 하나로 정리해 인류의 연속성을 하나의 근원에서 찾아내어 지난 2008년 7월에 미국의 과학 잡지(Scientifc Amenrican)에 발표했던 "지구촌에 존재하는 많은 민족은 따지고 보면 전부 조상이 하나"라는 주장과 일치한다.

환국은 안파견 환인, 혁서 환인, 고시리 환인, 주우양 환인, 석제임 환인, 구을리 환인, 지우리 환인으로 7세 환인이 통치하셨고 3301년의 역사가 있다. 제1세 안파견의 뜻은 '하늘을 받들어 아버지의 도를 확립시킨다'는 뜻으로 경천애인 사상으로 하나님을 섬기는 거룩한 나라로 신선의 시대, 곧 조화(造花) 시대였다. 이는 요한복음 10장 35절의 말씀처럼 성경은 폐하지 못하나니 하나님의 말씀을 받은 사람을 신(神)이라 했다는 말씀이다.

신의 정신과 상통하는 '홍익의 씨'로 모든 인간을 평화롭고 조화롭게 재창조해야 한다. 재창조되는 홍익인간 시대는 한민족을 중심으로 하나의 통치권 아래 온 인류가 12지파로 나눠 하나로 모여 살던 시대 회복(回復)이요, 하나로 통합된 세계 정부를 다시 세워야 절체절명의 때를 맞이했다.

아담의 태초 범죄로 인해 평화롭게 신선같이 모여 살던 사람들은 흩어지게(노아의 홍수) 됐다. 세계 원래 사시장춘(四時長春) 봄만 있던 시절에서 사계절(四季節)이 생기며 인간은 일하고 먹고사는 인생으로 전락하게 되며 돈의 노예가 돼 정신은 잃어버리고 육체로만 살게 됐다.

홍익인간은 '신의 본성'이며 전 세계를 하나로 묶는 열쇠다. 노아 홍수로 인해 사람들은 완전히 흩어져 세계 각지로 뻗어 나갔다. 이 뻗어 나간 인생들은 각자 살길을 찾으며 약육강식이 돼 전쟁하며 오늘날까지 살아왔다. 노아 홍수 후 한민족은 약 5천 년간 함께 살다가 6·25전쟁 후 떨어져 산 지 75년째다.

하여 홍익인간 이론만이 남북을 하나로 묶을 수 있는 이론이며 더 나아가 온 세계를 하나로 공유할 수 있다. 이는 역사적 고찰을 통해 전 세계가 하나였음을 확인하고 다시 신의 본성인 홍익인간으로 돌아가 세계 통일 비전과 이념적 기준을 세워야 한다.

그러기 위해서는 동질성 회복을 위해 먼저 남북이 교류해야 하며 평화 문화를 확산해야 한다. 서로 일관된 원칙을 세워 평화의 목소리를 내야 한다. 먼저 평화 교육을 통해 평화의 가치와 소중함을 알려야 하며, 평화가 일상이 되도록 문화적 접근이 필요하다.

남북 통합과 공존의
다 함께 사는 세상을 위해

문화적 접근을 통해 화합의 씨앗을 뿌려야 한다. 이 씨앗은 바로 역사다. 역사를 통해 우리는 동질성을 갖는다. 근현대사가 아니라 앞서 밝힌 대로 고조선부터 환인 환국 시대를 되찾는 작업부터 남북이 힘을 합쳐야 한다. 아직 북한에는 발굴되지 않고 그대로 보존된 유물들이 많다. 이 문화유산을 발굴해 잘 보존하고 역사를 밝혀내야 한다.

악한 감정으로 전쟁이 일어나 강남에 미사일이 떨어지면 남과 북은 모두가 끝장난다. 어느 하나가 사는 것이 아닌 둘 다 망하는 길로 들어서는 것이다. 전쟁이 터지면 전쟁터에 가서 목숨을 잃는 것은 '꽃 한번 피워 보지 못한 청년'들이다. 왜 청년들을 전쟁터로 내보내 서로 죽이고 죽이는 전쟁을 해야 하는가.

정말 나라와 국민을 사랑한다면 평화 세계를 구축하기 위해 먼저 힘써야 한다. 우리 기성세대는 미래의 주역인 청년에게 평화를 유산으로 남겨 줘야 한다. 이것은 기성세대가 할 수 있는 가장 큰 일이다. 그리고 기성세대는 그동안 보릿고개부터 전쟁의 폐허에서 세계에서 찾기 어려운 새 역사를 써 왔다.

1945년 광복 직후 미군의 점령지역행정구호원조(GARIOA)로부터 해외원조가 시작됐다. 1948년까지 이어진 GARIOA 원조 규모는 약 4억 달러에 이른다. 1950년대 말까지 미국이 주 원조국이었다. 당시 인플레이션 억제와 재정 안정을 위한 물자원조 및 산업설비 투자가 주를 이뤘다. 1954년부터 1960년 사이 한국경제는 연평균 4.9%의 성장을 이루었다. 이는 해외의 무상원조 덕분이었다. 우리나라가 1945년부터 1999년까지 외국으로부터 받은 유·무상 원조의 규모는 127억 달러에 이른다.

우리나라는 1995년 세계은행의 유상차관 졸업국이 됐다. 1996년 12월에는 선진국 진입의 관문인 OECD에 가입했고 1999년에는 ODA를 받은 지 54년 만에 피원조국에서 공식 제외됐다. 대한민국은 2009년 11월 25일 OECD 산하 기구인 개발원조위원회(DAC)에 가입했다. 이로써 수원국에서 공여국으로 전환됐다. 이는 세계에서 찾아볼 수 없는 전례다.

이뿐 아니라 지난 2021년 7월 2일 개최된 제68차 유엔무역개발회의(UNCTAD) 무역개발이사회는 대한민국의 지위를 그룹 A(아시아·아프리카)에서 그룹 B(선진국)로 변경하는 것을 만장일치로 가결했다. 우리나라는 1964년 UNCTAD 설립 이래 그룹 A에 속해 왔다. 세계 10위 경제규모, P4G 정상회의 개최 및 G7 정상회의 참석 등 국제무대에서 높아진 위상과 현실에 부합하는 역할 확대를 위해 선진국 그룹 B로 변경을 추진했고 성과를 냈다. 그룹 A에서 그룹 B로 이동한 것은 UNCTAD 설립 이후 57년 만에 처음 있는 사례다.

한국전쟁 연합군 총사령관이었던 맥아더는 전쟁으로 황폐해진 우리 국토를 보고 "기적이 일어나지 않는 한 이 나라가 다시 일어서기까지 100년은 걸릴 것"이라고 말했다. 하지만 대한민국은 '도움받던 나라'에서 '도와주는 나라'로 발전했다.

이는 이 시대를 살아가고 있는 허리 축이었던 어르신들의 덕분이다. 이 어르신들은 이긴 자들로 그 누구보다 평화를 사랑할 것이다. 나라를 빼앗긴 일제강점기를 지나 동족상잔의 비극으로 꽃 한번 피워 보지 못한 젊은 청년에서 더 나아가 학생에 이르기까지 죽음의 골짜기인 전쟁터에 나가서 목숨을 바치며 살아남은 분들의 피와 땀과 노력이 오늘을 만들었다. 이 어르신들은 전쟁의 참혹함을 너무도 잘 알기에 이 시대의 청년에게만큼은 평화를 물려주기를 간절히 원할 것이다.

남북 교류의 중대성,
통합신뢰 프로세스 구축

　남북한 간의 교류는 한반도 분단 이후 지속해 이루어져 왔지만, 정치적인 양극화로 인해 중단되거나 제한된 경우가 있었다. 특별법을 제정해 어떠한 상황에서도 분쟁 해결과 평화 문화 확산에 대해 남북한 신뢰 프로세스에 사인한 내용에 대해서는 그 누구도 건들 수 없도록 천명해야 한다.

　지난 2014년 박근혜 전 대통령은 "통일은 대박이다"라고 말해 화제가 됐다. 박 대통령은 취임 후 첫 기자회견 및 신년 정국구상 발표에서 다음과 같이 밝혔다.

　"내년이면 분단된 지 70년이 된다. 우리 대한민국이 세계적으로 한 단계 더 도약하기 위해서는 남북한의 대립과 전쟁 위협, 핵 위협에서 벗어나 한반도 통일시대를 열어 가야만 하고, 그것을 위한 준비에 들어가야 한다."

　이후 동아일보는 「'준비하면 대박' 본보 통일프로젝트와 맞닿아」란 제목의 기사를 게재했다. 동아일보는 "남북이 통일되면 2050년경 세계 9위의 경제대국이 될 것이라고 현대경제연구원은 전망한다."면서 "국제기구와 전문가들은 7,500만 인구를 가진 '통일 한국'이 경제적 정치적으로 세계의 주도국이 될 것으로 예견했다."고 전했다. 이어 "세계적인 투자 전문가 짐 로저스는 '남북 통합이 시작되면 최소 3억 달러 재산을 북한에 투자하고 싶다'고 했다."면서 "분단 극복뿐 아니라 한국의 도약을 위해서도 통일은 절실하다."고 주장했다. 이는 박근혜 전 대통령이 통일 드라이브로 "통일은 대박이다"라고 말한 뒤라 많은 주목을 받았다.

조선일보은 2014년 새해 벽두에 대형 기획기사 「통일은 미래다」를 통해 경제나 사회적으로 통일이 남북 모두에게 도움이 된다는 사실을 입체적으로 그려 냈다. 특히 방상훈 조선일보 사장은 "분단이야말로 일제가 이 땅에 남긴 가장 크고 나쁜 잔재"라며 "동북아의 평화와 안정을 위해서, 한계에 부닥친 경제를 한반도 규모로 키워 새로운 성장 동력을 찾기 위해서 적극적으로 통일로 가는 여정에 지혜를 모아야 한다."고 주장했다. 이는 분단을 당연히 여기거나 통일에 대한 반감이 큰 젊은이들의 인식을 바꾸는 데 크게 이바지했다.

박근혜 대통령은 통일 준비, 취약 계층 및 탈북자 지원, 이산가족 상봉 제안, 남북 농업 협력 등을 분야별로 언급했다. 이는 동아일보가 짚어 나가고자 한 것과 같은 맥락이었다. 또 박 대통령은 은 "남북 관계가 어려운 속에서도 북한 주민에게 인도적 지원은 지속하겠다."고 말했는데 이것을 두고 동아일보는 자신들이 주장한 7대 다짐 중 북한 영유아의 인도적 지원을 촉구한 '북한 어린이는 통일코리아의 미래다'와 직결된다고 말했다.

더 나아가 동아일보는 「통일, 치밀하게 준비해야 '대박'」이란 사설로 힘을 실었다. 사설에는 다음과 같은 문장이 담겨 있었다.

"통일은 한민족의 비원이자 한반도 평화를 확보할 수 있는 가장 확실한 방법이다. 언제 통일될지 예측할 수는 없지만 우리가 지금부터 차근차근 준비해야 하는 이유가 여기에 있다."

사망자는 이미 가자지구에서만 1만 명을 훌쩍 넘어섰다. 가자지구 보건부는 이스라엘이 대규모 반격에 나선 2023년 11월 7일 이후 가자에서만 1만 812명이 숨지고 2만 6,000명 이상이 부상을 입었다고 9일 밝혔다. 사망자 가운데 어린이는 4,412명, 여성은 2,918명이다. 어린이 1,400명을 포함한 2,650명은 여전히 잔해에 깔려 있는 상태다. 이스라엘에서는 1,400명 이상이 사망했는데 이 중 대부분은 하마스의 기습 공격으로 숨진 것으로 파악됐다.

이에 따라 국제사회로부터 인도주의와 확전 우려에 대한 목소리가 커지고 있지만, 이스라엘군은 보복전을 더 치밀하게 해 나가고 있다. 앞서 이스라엘이 '눈에는 눈, 이에는 이'라는 율법을 철저하게 지키는 유대교 국가인 만큼 피를 부르는 보복전이 극악으로 치달을 거란 전망이 나왔었는데, 이러한 우려가 결국 현실이 된 셈이다.

이번 전쟁을 통해 국제법의 한계도 여실히 드러나고 있다. 현재의 국제법은 전쟁을 할 수 있는 구조다. 때에 따라 민간인 살상도 허용된다. '비례성의 원칙'에 따라, 얻을 수 있는 군사적 이익이 민간의 피해와 비례하는지를 중점적으로 보기 때문이다. 국제인도법으로 불리는 전쟁법은 무력 분쟁을 전제로 한 법 개념으로, 최대한이 아닌 꼭 지켜야 하는 최소한의 인도적 원칙만 담고 있다. 현재의 이 같은 국제법으론 실질적인 민간인 피해 방지나 나아가 전쟁 억지력을 갖추기엔 한계가 있다.

이런 국제법도 전쟁하지 못하게 만들어야 하고, 인간 존중의 완벽한 법률을 만들어 전쟁을 다시는 못 하게 만듦으로써 '전쟁 종식, 세계 평화'를 이룰 일을 제사장 나라인 대한민국이 만들어 내야 한다.

그러기 위해서는 먼저 남과 북이 교류할 것을 제언한다. 한국교원단체총연합회(교총)은 남북 교육 교류의 복원을 위해 교육 대표자를 교총이 개최하는 전국교육자료전에 공식 초정하고 남북 교육 대표자회의 개최를 제안한 바 있다. 이처럼 대한민국 정부도 이제 문화 교류, 인적 교류, 역사 교류, 문화 교류, 경제 교류, 인도적 지원 강화 등의 교류가 지속될 수 있도록 정책 지원과 배려가 필요하다.

또 남북 교류에 있어 이념이나 진영 논리를 배제하여야 하며, 언론 등도 인류 평화의 새로운 패러다임을 위한 새로운 아이디어를 끊임없이 제시해야 한다. 1972년 빌리블란트 동방정책 문화정책 시작을 방송이 공유했던 것처럼. 이것이 언론의 사명이다.

한민족은 한 뿌리다. 우리는 함께 살아야 한다. 우리는 홍익의 DNA가 흐르고 있다. 남북한의 공유가치는 홍익의 정신이다. 냉전은 다시없어야 한다. 마음의 벽을 허물고 이산가족 찾기부터 새로운 평화협정에 나서야 한다.

새롭게 시작하자. 남북한 합동 역사 연구와 교류를 통해 홍익의 DNA를 깨우고 파주 장단면에 북한 주민이 에이치 플랜 버스 타고 내려와 일하고 퇴근할 수 있는 환경을 만들어야 한다. 그러면 고용 문제가 해결될 것이다.

독일이 통일하면서 만들어진 EU의 목적은 유럽 통합이 아니라 단순한 연합체였다. 각자 주권을 가지고 유럽 통합 위원회가 만들어진 것이다. 유럽의 통합은 예전의 강대국이 약소국을 정복해 그들의 영향권 아래 둔 것이 아니라 소통과 타협을 통해 통합을 만들었다. 다양한 이념을 토대로 다양한 분야의 협의체를 만들어서 상호 간의 관계를 수평적·평화적 수단으로 통합을 추진했다.

우리는 독일 통일을 보면서 무엇을 해야 할 것인가? 지금 당장 할 일은 잃어버린 세월을 다시 찾기 위해 먼저 만나는 것이 급선무다. 서로 변론하고 이야기하면 분명한 민족의 공통성이 나온다. 이 민족의 공통성, 곧 합의점은 '홍익'이다. 서로 변론하며 이야기하다 보면 그 중심에 민족이 있을 것이다. 민족을 잘 살리기 위한 협의점, 곧 그 중심에 건국이념인 '홍익'이 있다는 것을 알게 될 것이다.

이렇게 서로 연애하듯 알아 갈 때 마음의 벽이 허물어질 것이요, 이로써 민족의 동질성을 찾을 것이다. 이렇게 통합을 위해 만나 벽을 허무는 것은 시대적 흐름이요 우리의 사명이다. 이처럼 서로가 같다는 것을 알게 되는 것은 일상적인 삶을 영위시키는 근본이요 남과 북을 이어 줄 인문학의 꽃이다. 피는 꽃은 아름답다. 만나는 그 순간 서로의 가슴에 평화의 꽃을 피워 보자. 하여 사상과 사상이 하나 되어 인류 평화를 이루자. 통일을 이룩하여 후대에 영원한 유산으로 물려주자.

우린 5천 년을 함께 살았고 떨어져 산 지 79년째다. 이제 우리 널리 인간을 이롭게 하는 덕목으로 하나 되자. 하나 돼 조상의 빛난 얼을 오늘에 되살려 안으로 일심단결하자. 우리가 남북으로 분단돼 골육상잔의 비극을 통해 전쟁이 얼마나 뼈에 사무치고 아픈지 알았으니 이제 인류 평화를 위해 일하자.

성서의 맨 끝장 요한계시록 4장에는 하나님의 보좌 형상이 나온다. 이 보좌 형상은 대한민국의 태극기와 같다. 대한민국 태극기와 같은 하나님의 보좌가 이 땅에 온다고 기록돼 있다. 하나님이 이 땅 가운데 오시면 평화가 온다는 것이 계시록의 핵심이다. 이것은 마태복음 6장 10절 하늘에서 이룬 것이 땅에서도 이루어진다고 기도하란 주기도문이 대한민국에서 이루어진다는 얘기다. 이렇게 복 받은 대한민국을 몇 명의 위정자들로 인해 더 이상 두 쪽으로 나뉘어서는 안 된다. 너와 나와 우리의 후손과 인류를 위하여. 하여 남북 교류부터 하자.

꽃 한번 피워 보지 못한 청년들을 전쟁터로 다시는 보내지 말 것을 당부한다. 나라와 국민을 사랑한다면 먼저 나라 안팎으로 하나 되어야 한다. 그리고 UN이 제정한 국제법을 개정해야 한다. 필요에 따라 전쟁을 할 수 뿐이 없게 만든 법이 무슨 소용이 있는가. 전쟁을 아예 할 수 없게 국제법을 개정해 전쟁 없는 평화의 세계를 후대에 유산으로 물려줘야 하리. 이것이 이 책을 읽는 독자분들과 이 책을 기록한 저자의 시대적 사명임을 밝힌다.

참
고
자
료

『격암유록』

『고문자와 고대사신론』

『다시 보는 5만 년의 역사』

『부도지』

『삼일신고』

『성경전서(신약 · 구약)』

『산해경』

『샤먼바이블』

『수메르 혹은 신들의 고향 1 · 2』

『역사는 수메르에서 시작되었다』

『역사의 연구』

『유럽역사』

『유럽의 형성』

『이슬람의 눈으로 본 세계사』

『특이점이 온다』

『한경대전』

『호모데우스』

『환단고기』

네이버 지식백과

한국민족문화대백과